本书是北京拓思德科技有限公司委托课题、江苏高校优势学科建设工程资助项目与江苏高校品牌专业建设工程资助项目的成果之一

互联网+教育丛书

互联网+教育

中国基础教育大数据

杨现民　田雪松　编著

電子工業出版社
Publishing House of Electronics Industry
北京•BEIJING

内 容 简 介

本书对国内基础教育领域大数据的整体发展与走向做了较为系统的调研分析，提出了大数据在基础教育领域的五大应用模式（驱动教育政策科学化、驱动教育评价体系重构、推动区域教育均衡发展、助推学校教育质量提升及促进师生个性化发展）与七类分析模型（教育决策支持模型、教育舆情监测模型、适应性学习模型、学习预警模型、深度学习分析模型、学业评价模型、学生画像模型），同时也对教育大数据的采集技术、管理机制、行业发展等议题进行了探讨。最后归纳了主要结论，并对教育决策者、教育管理者、教师与学生及行业从业者分别提出了建议。

本书既有教育大数据理论的阐述，也提供了实践案例和发展思路，能为教育行政部门制定教育大数据发展规划、为广大教育信息化企业开展教育大数据产品研发、为教育研究机构和一线学校开展教育大数据研究与应用提供参考和指导。

图书在版编目（CIP）数据

互联网+教育：中国基础教育大数据 / 杨现民，田雪松编著. —北京：电子工业出版社，2016.8
（互联网+教育丛书）
ISBN 978-7-121-29139-5

Ⅰ. ①互… Ⅱ. ①杨… ②田… Ⅲ. ①网络教育—基础教育—研究—中国 Ⅳ. ①G639.2

中国版本图书馆 CIP 数据核字（2016）第 140326 号

责任编辑：董亚峰　　特约编辑：刘广钦　刘红涛
印　　刷：北京虎彩文化传播有限公司
装　　订：北京虎彩文化传播有限公司
出版发行：电子工业出版社
　　　　　北京市海淀区万寿路 173 信箱　邮编 100036
开　　本：787×1 092　1/16　印张：19　字数：328 千字
版　　次：2016 年 8 月第 1 版
印　　次：2023 年 7 月第 13 次印刷
定　　价：76.00 元

凡所购买电子工业出版社图书有缺损问题，请向购买书店调换。若书店售缺，请与本社发行部联系，联系及邮购电话：（010）88254888，88258888。

质量投诉请发邮件至 zlts@phei.com.cn，盗版侵权举报请发邮件至 dbqq@phei.com.cn。

本书咨询联系方式：（010）88254694。

专家委员会

编委会

贡献者

序言 / Preface

2015 年国家正式启动了“互联网+”行动计划和大数据两大国家战略。国务院发布的《促进大数据发展行动纲要》明确提出要建设教育文化大数据。教育部发布的相关教育信息化文件中多次提出要“探索发挥大数据对变革教育方式、促进教育公平、提升教育质量的支撑作用”。发展教育大数据已成为当前推进我国教育领域深化改革与创新发展的战略举措。

在此大背景下，《中国基础教育大数据发展蓝皮书（2015）》项目成果的发布，具有重要的参考价值。本书来源于蓝皮书，内容很丰富，有独特的观点和视角，对国内基础教育领域大数据的整体发展与走向做了较为系统的调研分析，提出了大数据在基础教育领域的五大应用模式（驱动教育政策科学化、驱动教育评价体系重构、推动区域教育均衡发展、助推学校教育质量提升及促进师生个性化发展）与七类分析模型（教育决策支持模型、教育舆情监测模型、适应性学习模型、学习预警模型、深度学习分析模型、学业评价模型、学生画像模型），同时也对教育大数据的采集技术、管理机制、行业发展等议题进行了探讨。本书为国内教育大数据的发展勾勒了一个共同的蓝图，这个蓝图为政产学研用多方力量的相互配合提供了一个参考框架，为将教育大数据生态变成现实提供了可能。

大数据时代的数据与信息过载将改变人类认知，人机结合的思维体系逐步成为现代人认知世界的基本方式。大数据能够洞察每个真实的学生，将成为学校最重要的资产。基于教育大数据建立促进个性化发展的教育体系，是未来学校发展的重要趋势。教育大数据在我国刚刚起步，有很大潜力亟待挖掘，有很多难题急需破解，需要大家的共同奋斗和努力。期望项目组能够持续跟踪国内外基础教育大数据发展动态，定期编制高质量的研究报告，成为中国教育大数据行业的风向标。

余胜泉

北京师范大学

前言 / Foreword

当前，我国教育改革已经进入深水区，教育公平、教育质量、招生就业、管理体制等问题愈发突出。“互联网+”行动为我国教育的创新发展及教育难题的破解提供了新的契机。“互联网+教育”是我国“十三五”期间教育信息化融合创新发展的必然要求，其宗旨是应用互联网思维、技术和模式改造传统教育生态，实现教育系统的结构性变革。这种结构性变革的成功实现需要科学力量支撑，而大数据将义不容辞地承担起这一重责。

2015年我国正式启动国家大数据战略，涵盖政府、农业、交通、医疗、教育、金融等多个领域。优先发展教育是党和国家提出并长期坚持的一项重大方针，国家教育大数据建设与发展也应处在优先发展的地位。确立教育大数据的战略地位，是教育事业全方位变革与创新发展的必然要求。2015年是中国的教育大数据元年，政府、企业、学校、研究者、管理者、教师、社会公众等开始关注教育大数据，相关政策文件、研究机构、学术活动、市场产品等开始纷纷出现。然而，我国教育大数据研究与实践整体还处于起步探索阶段，是在摸着石头过河，国外也没有成熟的经验和模式可以借鉴。

基于此，北京师范大学“移动学习”教育部——中移动联合实验室、中国教育技术协会、江苏省教育信息化工程技术研究中心联合启动了《中国基础教育大数据发展蓝皮书》项目，旨在汇聚国内知名教育学者、大数据专家、一线教育实践者与管理者的集体智慧，打造面向基础教育领域的大数据发展权威报告，以支撑和引领国内教育大数据研究与实践。项目结合国内基础教育大数据发展需求，旨在从整体上对基础教育大数据进行调研分析，以后将设置不同的专题，聚焦教育大数据发展的不同方面进行逐年报告。

本书共包括8章。第1章分析了大数据如何破解六大教育难题，梳理了全球教育大数据相关政策进展，确立了教育大数据的战略定位；第2章解读了教育大数据的内涵、独特性，估算了基础教育一年的数据体量，分析了当前研究热点及趋势，提出了整体技术框架；第3章重点分析了教育大数据的来源与结构，介绍了4大类13种常用教育数据采集技术；第4章介绍了教育大数据的分析框架、分析方法与工具，以及7种典型数据分析模型；第5章提出了基础教育大数据的五大应用模式，整理了49个典型应用案例；第6章探讨了国家、区域及学校3个层面教育数据网络的构建思路，以及教育大数据管理存在的难题及基本解决思路，并对区域教育大数据的发展进行了规划设计；第 7 章对正在兴起的教育大数据市场做了调研分析，梳理了现存的六大类产品、七大问题及八大发展趋势；第 8 章归纳了主要结论，对教育决策者、教育管理者、教师与学生及行业从业者分别提出了建议，最后提出了中国基础教育大数据五大发展趋势。

本书既有教育大数据理论的阐述，也提供了实践案例和发展思路，期望能为教育行政部门制定教育大数据发展规划、为广大教育信息化企业开展教育大数据产品研发、为教育研究机构和一线学校开展教育大数据研究与应用提供指导，通过“政、产、学、研、用”五方联合共同助力我国基础教育大数据发展。

本书在编写过程中得到了专家委员会成员，以及广大同行专家、企业朋友的大力指导和帮助，在此谨向他们表示衷心的感谢。目前国内教育大数据的相关研究与实践成果还不是很丰富，再加上编委会能力经验所限，不妥或错漏之处在所难免，请各位同仁多提宝贵意见。教育大数据既是一个前沿的研究领域，也是一个朝气蓬勃的新型产业，更是一项伟大的事业，期望有更多的同行加盟，共筑教育大数据伟业，为实现中国教育引领世界而一起努力！

杨现民

江苏师范大学

目录 / Contents

第 1 章

Chapter 1

教育大数据的战略定位

- 大数据已经引起国际社会的高度重视，世界各国都在加快推进大数据战略布局。2015 年 9 月 5 日，国务院发布《促进大数据发展行动纲要》，文件指出“数据已成为国家基础性战略资源”，并在启动的十大工程之一“公共服务大数据工程”中明确提出要建设教育文化大数据。

- 教育大数据已经上升到国家战略层面，引起社会各界的广泛关注和高度重视。教育大数据能够破解传统教育面临的六大难题（发展不均衡难题、方式单调化难题、信息隐形化难题、决策粗放化难题、择校感性化难题、就业盲目化难题），助推教育的全方位变革与创新发展。

- 确立教育大数据在我国教育事业发展与改革中的战略地位已是国家教育现代化建设的必然要求。教育大数据是重要的国家战略资产、教育领域综合改革的科学力量及发展智慧教育的基石。

01 Section 全球大数据相关政策梳理

随着移动通信、云计算、物联网等新一代信息技术的快速发展和应用，大规模数据正在急速产生和流通[1]。2012 年，联合国发布《大数据促发展：挑战与机遇》白皮书，指出“大数据时代已经到来，大数据的出现将会对社会各个领域产生深刻影响”。当前，大数据已经引起国际社会的高度重视，世界各国都在加快推进大数据战略布局，大力发展大数据产业，以抢占新一轮科技革命的制高点。本书重点对美国、欧盟、澳大利亚、日本、韩国及中国的大数据相关政策进行了梳理。

1.1　美国大数据相关政策

美国是最早启动开放政府数据计划的国家，它的大数据发展一直走在世界前列，联邦政府和各州政府高度重视大数据建设、研究及应用推广等工作。自 2009 年启动开放政府计划以来，美国相继推出了一系列促进大数据发展的相关政策（见图 1-1），主要体现在四个方面：打造开放政府、支持大数据研究、发布大数据研究报告、关注教育大数据应用。

---

[1] 杨现民，陈耀华. 信息时代智慧教育研究[M]. 上海：上海交通大学出版社，2013.

图 1-1 美国大数据相关政策的发展

1.1.1 打造开放政府

2009 年 1 月，奥巴马在宣誓就职后的第一个工作日就签发了“开放政府”备忘录（Memorandum on Transparency and Open Government），体现了美国政府对开放数据的重视。该备忘录指导新一届行政当局从开放政府数据源、建设开放型政府入手，以数字革命带动政府变革，最终建立一个更加开放、透明、参与、合作的政府。随后，美国政府推出 Data.gov 开放数据平台，以方便公众使用和分析数据。该平台重点加入了数据的分级评定、高级搜索、用户交流，以及和社交网站互动等新功能，涵盖了农业、气象、金融、就业、人口统计、教育、医疗、交通、能源等大约 50 个门类。2013 年 5 月，奥巴马签署了第 13642 号总统行政令，要求在保护隐私安全与机密性的前提下，将数据公开纳入政府的义务范围。2013 年 12 月，美国政府发布《开放政府合作伙伴——美国第二次开放政府国家行动方案》提出，要让公众能够更方便地获取有用的政府数据。通过这些承诺，美国政府将按照战略资产来管理政府数据。2014 年 5 月，《美国开放数据行动计划》发布，该计划总结了现有开放政府数据框架，提出了一些改进与完善的措施。

1.1.2 支持大数据研究

美国政府高度重视大数据研究，通过发布研究倡议、成立相关组织、设立研究项目推进大数据关键技术研究及大数据应用研究。2012 年 3 月，美国白宫科技政策办公室发布《大数据研究和发展倡议》，成立“大数据高级指导小组”，计划投资 2 亿美元发展大数据，用以强化国土安全、转变教育学习模式、加速科学和工程领域的创新速度和水平。2012 年 5 月，马萨诸塞州公布了几个新的州政府计划，目标是支持新兴的大数据研究。此外，该州还组建了由学术界和行业界领导组成的大数据联盟小组。该联盟将与非营利的技术协作组织合作，发展相匹配的大数据项目资助规划。2012 年 10 月，美国国家科学基金会（NSF）和美国国立卫生研究院（NIH）联合启动了“推动大数据科学与工程的核心技术”项目（BIGDATA），旨在促进可从大型、多样化、分布式异构数据集中提取、分析、可视化和管理有用信息的核心科学和技术方法的发展。2013 年 4 月，美国国立卫生研究院开始实施“从大数据到知识”（BD2K）项目，目的是发展多种标准、工具、软件和方法，实现对健康、医疗研究领域大数据的深度挖掘与应用分析。

1.1.3　发布大数据研究报告

为了掌握国家大数据发展现状与问题，同时为其未来发展指明方向，美国发布了一系列大数据研究报告。2012 年 10 月，美国教育部教育技术办公室发布了《通过教育数据挖掘和学习分析促进教与学》报告，旨在更好地促进美国国内“大数据”教育应用，为美国高等院校及 K-12 学校在“大数据”教育应用方面提供有效指导。该报告主要包括以下 5 个方面：个性化学习解读；教育数据挖掘和学习分析解读；自适应学习系统中大数据应用介绍；美国教育数据挖掘和学习分析应用案例介绍；美国的大数据教育应用挑战和实施建议。2013 年 11 月，美国信息技术与创新基金会发布了《支持数据驱动型创新的技术与政策》的报告。报告指出，“数据驱动型创新”是一个崭新的命题，其中主要包括“大数据”“开放数据”“数据科学”和“云计算”。2014 年 5 月，美国总统行政办公室发布《2014 年全球“大数据”白皮书》。白皮书从什么是大数据开始，方方面面围绕着美国与大数据的现实关系展开讨论，包括大数据的定义、大数据与隐私保护问题、公共与私营部门的大数据管理、构建大数据的政策框架等，最后提出了大数据的发展建议。

1.1.4　关注教育大数据应用

美国虽然没有明确提出教育大数据发展战略，也未发布专门的政策，但也在积极推进大数据在教育领域的应用。2009 年美国科罗拉多州教育当局开始实施“教育信息系统计划”（Relevant Information to Strengthen Education，RISE），收集学生、教师和学校的所有信息，以帮助学校改进教学，旨在帮助学生获得学业上的成功。同年，美国推出“我的学生数据”

计划。美国教育部将助学金免费申请表与联邦助学情况的信息进行共享，这些信息囊括了借贷、补助金、注册与超额偿付等，使学生与资助人能够上网下载所需信息资源。2012 年发布的《通过教育数据挖掘和学习分析促进教与学》报告，对美国国内大数据教育应用领域和案例，以及应用实施所面临的挑战进行了详细的介绍，引起了各国政府、教育行政机构及企业对教育大数据的广泛关注。

1.2 欧盟大数据相关政策

欧盟是全球大数据的领跑者。如图 1-2 所示为欧盟在促进大数据发展方面的相关政策，主要涉及三个方面：大力推进开放数据战略、资助大数据领域的研究和创新活动、支持大数据技术与产业发展。

图 1-2 欧盟大数据相关政策的发展

1.2.1 大力推进开放数据战略

2011 年 12 月，欧盟公开颁布了《开放数据战略》。它以开放数据为核心，以创新、增长和透明治理为引擎，将重点加强在数据处理技术、数据门户网站和科研数据基础设施三方面的投入，旨在使欧洲企业与市民能自由获取欧盟公共管理部门的所有信息，建立一个汇集不同成员国及欧洲机构数据的“泛欧门户”。随后，欧盟会员国积极响应该政策，纷纷启动了各国开放数据战略。2013 年 1 月，英国启动数据开放计划，建成数据英国网站（data.gov.uk），以公开政府数据。2013 年 10 月，英国商务、创新和技能部发布《英国数据能力发展战略规划》，旨在使英国成为大数据分析的世界领跑者，并使公民和消费者、企业界和学术界、公共部门和私营部门均从中获益。2013 年 7 月，法国中小企业、创新和数字经济部发布了《法国政府大数据五项支持计划》。该计划的战略目标是促进本国大数据的发展，推动经济社会发展。战略内容包括人才培养、基础设施建设、资金扶持及项目规划。重点发展领域是人才培养、交通及医疗卫生。教育数据开放方面，2013 年 3 月法国教育部推出了四项数字化服务，其中一项服务就是在网上公布近 3 年来法国所有高中会考的科目名单，向公众提供一个开放式的数据平台（Open Data）。

1.2.2　资助大数据领域的研究和创新活动

2011 年 7 月，法国启动“Open Data Proxima Mobile”项目。该项目希望通过公共数据在移动终端上的使用，从而最大限度地挖掘它们的应用价值。项目内容涉及交通、文化、旅游和环境等领域，项目完成后所有法国公民，以及在法国旅游的欧洲公民都能通过个人移动终端使用法国的公共数据。2013 年 4 月，法国经济、财政和工业部将投入 1150 万欧元用于支持 7 个未来投资项目，法国政府投资这些项目的目的在于“通过发展创新性解决方案，并将其用于实践，来促进法国在大数据领域的发展”。2011 年 11 月，英国政府发布对公开数据进行研究的战略政策，并于 2012 年 4 月成立世界上首个开放式数据研究所 ODI（The Open Data Institute ），首批注资 10 万英镑。未来，英国政府将通过这个组织来利用和挖掘公开数据的商业潜力，并为英国公共部门、学术机构等方面的创新发展提供“孵化环境”，同时为国家可持续发展政策的制定提供帮助。2012 年 6 月，英国皇家学会发布了《科学：开放的事业》（Science as an Open Enterprise）报告，认为利用现代数字技术进行数据挖掘对于科学研究、商业发展及公共政策制定等具有重要作用，应该把数据作为一种公共而不是私有资源，通过合作和公共设施投资来挖掘科学共同体所产生的集体智慧。2013 年 1 月，英国政府向航天、医药等 8 类高新技术领域注资 6 亿英镑用于研发，其中大数据技术获得 1.89 亿英镑的资金，是获得资金最多的领域。

1.2.3　支持大数据技术与产业发展

2013 年 2 月，法国政府发布《数字化路线图》，明确了大数据是未来要大力支持的战略性高新技术。2014 年 8 月，德国联邦政府出台《数字议程（2014—2017)》，旨在通过数字创新驱动发展，打造未来数字强国。一方面，该议程强调要推进新兴技术的市场化，即通过设立研发计划促进自动化、3D、大数据、云计算和微电子等技术的市场化；制定规范与标准，让传统产业与 ICT 实现平滑对接。另一方面，议程提出要推动重要的市场领域实现数字化，即通过制定“智能互联”战略，在教育、能源、医疗、交通和管理等基础领域中借助 ICT 获得更多的增长和更高的效率。2014 年 9 月，欧盟正式将大数据技术列入欧盟未来新兴技术（FET）行动计划，未来会继续加大对大数据技术研发创新的资助力度。

1.3 澳大利亚大数据相关政策

澳大利亚是全球开放数据运动的积极推动者和践行者之一。如图 1-3 所示为澳大利亚在促进大数据发展方面的相关政策，其核心是推进公共服务大数据建设与分析应用。

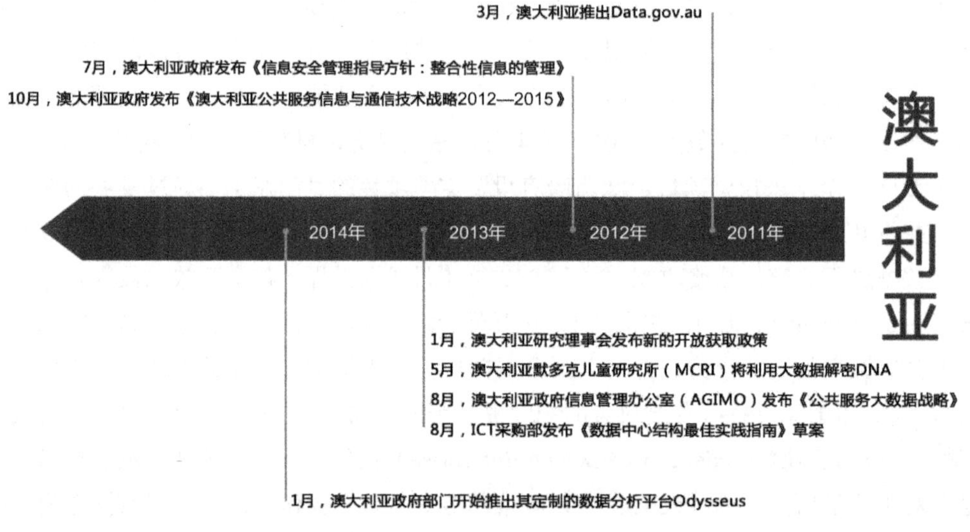

图 1-3 澳大利亚大数据相关政策的发展

2011 年 3 月，澳大利亚政府启用 Data.gov.au 政府信息开放数据平台。用户可以在该平台上简便地搜索、浏览和利用澳政府国家、地区政府的公共数据，政府鼓励所有用户通过更新工具和应用从信息中得到实惠。此外，为了保护开放数据的安全，提升各部门对开放数据的安全管理能力，2012 年 7 月澳大利亚政府发布了《信息安全管理指导方针：整合性信息的管理》，为海量数据整合中所涉及的安全风险提供了最佳管理实践指导。

2012 年 10 月，澳大利亚政府发布《澳大利亚公共服务信息与通信技术战略 2012—2015》，强调应增强政府机构的数据分析能力从而促进更好的服务传递和更科学的政策制定，并将制定一份大数据战略确定为战略执行计划之一。随后，澳大利亚政府信息管理办公室于 2013 年 8 月正式发布了《公共服务大数据战略》。该战略以“数据属于国有资产，从设计着手保护隐私，数据完整性与程序透明度，技巧、资源共享，与业界和学界合作，强化开放数据”六条大数据原则为支撑，旨在推动公共行业利用大数据分析进行服务改革，制定更好的公共政策，保护公民隐私，使澳大利亚在该领域跻身全球领先水平[2]。

为响应国家《公共服务大数据战略》，2013 年 8 月，隶属于澳大利亚财政与解除管制部门的 ICT 采购部发布了《数据中心结构最佳实践指南》（以下简称《指南》）草案，供公众审议。该《指南》是澳大利亚政府数据中心战略 2010—2025 年的一部分，其目的是为澳大利亚政府机构优化数据中心结构提供相关运营活动的建议，并为未来数据中心的建设节省 10 亿美元的成本。除了数据中心建设外，澳大利亚政府高度重视开放数据的分析应用。2014 年 1 月，澳大利亚政府部门开始推出其定制的数据分析平台 Odysseus。该平台主要借助一批微软数据提取工具和数据分析工具，对各类开放数据进行创新的分析与应用。

1.4　日本大数据相关政策

日本大数据的发展主要以 ICT 战略为依托，从如下 4 个方面推进：制定开放数据战略、启动科学研究计划、规范数据使用与管理、加强专门人才培养，如图 1-4 所示。

1.4.1　ICT 战略方面

2009 年 7 月，日本政府 IT 战略本部推出了以 2015 年为截止期的中长期信息技术发展战略“i-Japan 战略 2015”。其要点在于实现数字技术的易用性，突破阻碍数字技术适用的各种壁垒，确保信息安全，最终通过数字化和信息技术向经济社会的渗透，打造全新的日本。2012 年 7 月，日本总务省 ICT 基本战略委员会发布了《面向 2020 年的 ICT 综合战略》，提出“活跃在 ICT 领域的日本”的目标。新 ICT 战略将重点关注大数据应用所需的社会化媒体等智能技术开发、传统产业 IT 创新、新医疗技术开发、缓解交通拥堵等公共领域应用等。2013 年 6 月，安倍内阁正式公布了新 IT 战略——“创建最尖端 IT 国家宣言”。“宣言”

[2] 刘兰，闫永君. 澳大利亚公共服务大数据战略研究[J]. 图书馆学研究，2014(5):47-51.

全面阐述了2013—2020年以发展开放公共数据和大数据为核心的日本新IT国家战略，提出要把日本建设成为一个具有“世界最高水准的广泛运用信息产业技术的社会”。

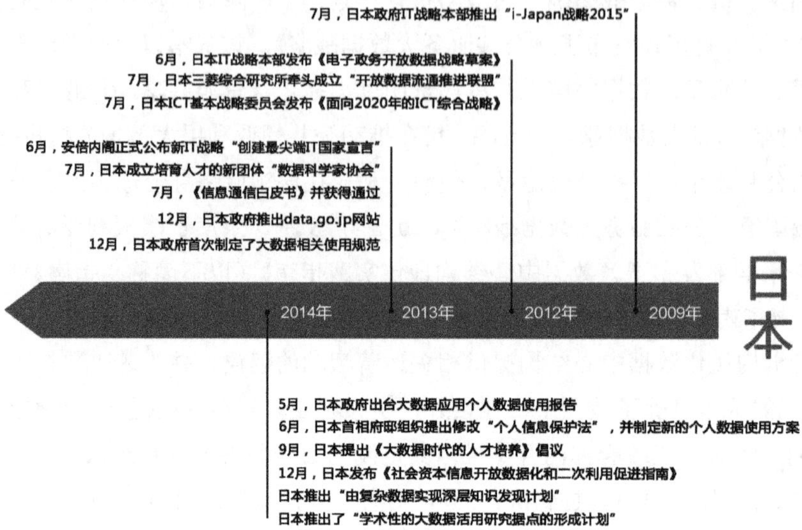

图1-4 日本教育大数据相关政策的发展

1.4.2 制定开放数据战略

基于上述ICT战略，2012年6月日本IT战略本部发布《电子政务开放数据战略草案》，迈出了政府数据公开的关键性一步。2013年7月27日，日本三菱综合研究所牵头成立了“开放数据流通推进联盟”，旨在由产政学联合，促进日本公共数据的开放应用[3]。2013年12月，日本政府推出了data.go.jp网站，目的是提供不同政府部门和机构的数据供使用，向数据提供者和数据使用者开放数据。它鼓励开放数据的使用，帮助收集数据使用的样品，根据反馈意见，对data.go.jp网站进行建设和完善。除了政府启动开放数据战略外，企业也积极制定大数据战略、推进大数据业务。2013年，富士通公司推出了大数据战略，对产品和服务进行重组，通过先进技术和综合数据分析与利用，支持用户和社会创新；日立公司宣布建立日立全球创新分析中心（Hitachi Global Centre for Innovative Analytics， HGC-IA），加速大数据全球商业的扩展；NTT DATA成立了专门的“大数据商务推进室”，将本企业内部各大数据业务关联部门集中在一起。

[3] 中云网. 日本：用大数据创建最尖端IT国家[EB/OL]. http://www.china-cloud.com/dashujuzhongguo/disanqi/2014/0114/22689.html. 2016-04-25.

1.4.3　启动大数据科学研究计划

日本政府于 2014 年推出了两项大数据研究计划："由复杂数据实现深层知识发现计划"和"学术性的大数据活用研究据点的形成计划"。前一个计划指出了大数据的复杂性及应用挖掘知识质量问题的重要性，说明了如何克服在复杂的关系中或不均一、不同性质的数据的隐蔽性质下而产生的分析质量低下的问题，以及如何导出数据背后潜在的关系性、阶层性、因果性、活力、变化、预兆等深层知识。后一个计划旨在为以大数据活用为目标的"以数据为中心的科学"的确立，进行数据基础准备、建模分析基础准备和人才培养准备。

1.4.4　规范数据使用与管理

2013 年 12 月，日本政府首次制定了大数据相关使用规范，要求企业公开的用户个人隐私条款说明应通俗易懂，并使用户了解其使用方法。2014 年 5 月，日本政府出台了大数据应用个人数据使用报告，以指导企业使用大数据进行创新产品和服务研发。2014 年 6 月，日本首相府邸组织提出修改"个人信息保护法"，并制定新的个人数据使用方案，以推动并规范"大数据"的利用。为了规范开放数据，在日本总务省情报流通行政局的主导和推动下，日本开放数据流通推进联盟于 2014 年 12 月发布了《社会资本信息开放数据化和二次利用促进指南》，对如何发布开放数据和推进数据二次利用提出了具体要求。

1.4.5　加强大数据专门人才培养

2013 年 7 月，日本成立了培育人才的新团体"数据科学家协会"。该协会主要通过开办、教授分析数据所需能力和知识的相关讲座，并实施能力认定考试，来促进大数据专门人才的培养。2014 年 9 月，日本学术会议第 198 次干事会提出了名为《大数据时代的人才培养》的倡议。该倡议介绍了大数据在世界各国、社会各领域中的应用，其中提出了教育领域大数据时代人才培养需要面对的课题及所需的关键技术——大数据处理、数据分析、数据可视化等，给出了能适应时代发展的统计学科设置要求，以及成为数据科学家的必要条件和数据科学家的培养方法。

1.5 韩国大数据相关政策

如图 1-5 所示，韩国在促进大数据发展方面的相关政策。2011 年 6 月，首尔发布了“智慧首尔 2015”计划（即“Smart Seoul 2015”）[4]。该计划指出，公共数据已成为具有社会和经济价值的重要国家资产，首尔市将努力打造“首尔开放数据广场”，以促进信息技术和公共服务产业的进步和发展。2013 年 8 月，韩国科学、ICT 和未来规划部与国家信息社会机构协同成立了韩国大数据中心（Korea Big Data Centre），以促进政府开放数据的分析与应用，同时成为服务大数据企业的实验基地，并为大学培养大数据专业研究人员。

图 1-5 韩国教育大数据相关政策的发展

2014 年 7 月，韩国政府宣布了一项新的战略“未来增长引擎执行计划”。该计划共列出了包括大数据在内的 13 个韩国未来增长引擎的领域。韩国政府希望通过该计划的实施，进一步扩大国内大数据市场规模和扩展国际市场占有率，争取到 2020 年，国内外大数据市场规模均超过 10 亿美元。2014 年 12 月，韩国未来创造科学部提出了“数据产业发展战略”的计划，以求进一步推动韩国在数据产业方面的发展及创收。2015 年 10 月，首尔市政府建立大数据任务组，开展大数据相关试验。目前，首尔市政府与 KT 已达成协议，利用大数据技术，为夜间公共汽车服务提供相关支撑。

[4] 廖瑾. 来自“智慧首尔 2015”的启示[J]. 上海信息化，2012(1):21-23.

1.6　中国大数据相关政策

我国高度重视大数据发展，2012 年以来中央与地方政府相继出台了一系列大数据相关文件（见图 1-6），主要涉及 5 个方面：制定大数据相关行动计划与行动纲要、制定大数据发展规划、制定促进大数据发展相关指导意见、出台大数据相关法律法规、成立大数据专业研究机构和社会组织。

图 1-6　中国大数据相关政策的发展

1.6.1　制定大数据相关行动计划与行动纲要

2013 年以来，各级政府开始加快制定本土化的促进大数据发展行动计划。2013 年 7 月，重庆市人民政府发布《重庆市大数据行动计划》，提出到 2017 年大数据技术在民生服务、城市管理及全市支柱产业发展等领域的广泛应用，大数据产业成为经济发展的重要增长极；上海市科委发布《上海推进大数据研究与发展三年行动计划（2013—2015 年）》，提出将重点选取医疗卫生、食品安全、终身教育、智慧交通、公共安全、科技服务等具有大数据基础的领域，探索交互共享、一体化的服务模式，建设大数据公共服务平台，促进大数据技术成果惠及民众。2014 年 5 月，贵阳发布《贵阳大数据产业行动计划》，提出要将大数据产业打造成贵阳重要的战略性新兴产业。2014 年 7 月，武汉市人民政府办公厅发布《武汉市大数据产业发展行动计划（2014—2018 年）》，提出要运用云计算、物联网和新的宽带接入等新一代信息技术，深度整合挖掘武汉市现有的信息技术优势和数据资源价值，从基地、技术、企业及应用平台 4 个环节入手，构建既有全国领先水平，又有武汉特色的大数据产业体系。2015 年 7 月，东莞市经济和信息化局印发了《东莞大数据行动计划（2015—2016 年）》。计划提出，将建设企业大数据管理和服务平台，计划将全市 1500～3000 家重点企业纳入数据监测，并实现能源利用监测、资金申报、内资引进、企业服务等功能。2015 年 8 月，国务院发布《促进大数据发展行动纲要》，文件指出“数据已成为国家基础性战略资源”，启动了十大大数据工程，并在 “公共服务大数据工程”中明确提出要建设教育文化大数据。

1.6.2 制定大数据发展规划

2012 年 7 月，国务院发布《“十二五”国家战略性新兴产业发展规划》，明确提出支持海量数据存储、处理技术的研发和产业化。2014 年 4 月，贵州省经信委发布《贵州省大数据产业发展应用规划纲要（2014—2020 年）》，提出到 2020 年，大数据带动相关产业规模达到 4500 亿元；大数据产业体系基本健全，业务形态较为齐备，创新能力显著增强，安全保障能力明显提高。2014 年 12 月，广东省经信委发布《广东省大数据发展规划（2015—2020 年）》（征求意见稿）。规划提出到 2020 年，大数据在国民经济和社会各领域广泛应用，推动全省信息化总体水平再上新台阶，迈入世界先进水平。2015 年 8 月，厦门市人民政府发布《厦门市大数据应用与产业发展规划（2015—2020 年）》，指出要加强对各种数据的统筹、更新和应用，学习先进地区的做法，推进政府大数据的开放和价值开发，提高大数据的使用价值。

1.6.3 制定促进大数据发展相关指导意见

2013 年 1 月，中国工业和信息化部发布《关于数据中心建设布局的指导意见》，指出重点推广绿色数据中心和绿色电源，明确要求新建大型云计算数据中心的 PUE 值必须在 1.5 以下，已建的数据中心通过整合、改造和升级，PUE 值应降到 2.0 以下。2014 年 2 月，贵州省人民政府印发《关于加快大数据产业发展应用若干政策的意见》提出要打造大数据产业发展应用新高地，建成全国领先的大数据资源中心和大数据应用服务示范基地。2015 年 7 月，国务院办公厅印发的《关于运用大数据加强对市场主体服务和监管的若干意见》提出要运用大数据提高对市场主体服务水平，加强和改进市场监管，推进政府和社会信息资源开放共享，提高政府运用大数据的能力，积极培育和发展社会化征信服务。2015 年 10 月，中国共产党第十八届中央委员会第五次全体会议通过《中共中央关于制定国民经济和社会发展第十三个五年规划的建议》，在“拓展发展新空间”中提出“实施国家大数据战略，推进数据资源开放共享”。

1.6.4　出台大数据相关法律法规

2013 年 6 月，工业和信息化部发布《电信和互联网用户个人信息保护规定》，根据《全国人民代表大会常务委员会关于加强网络信息保护的决定》，进一步界定了个人信息的范围，提出了个人信息的收集和使用规则、安全保障等要求，为大数据应用中的个人信息保护设立了法律法规屏障。2016 年 1 月，贵州省十二届人大常委会第二十二次会议，高票通过了《贵州省大数据发展应用促进条例（法案）》，该条例紧扣贵州大数据应用的现实需求和发展趋势，对数据采集、数据共享开发、数据权属、数据交易、数据安全及“云上贵州”等基本问题做出了宣示性、原则性、概括性和指引性规定，是我国首部地方大数据法规，是中国大数据发展史上的标志性事件。

1.6.5　成立大数据专业研究机构和社会组织

2015 年 4 月，国家发展和改革委员会在部委中首家专门成立了大数据分析中心——国家发改委互联网大数据分析中心，全面支撑国家发改委宏观调控和重大决策，这标志着中国大数据产业已经开始进入应用深化的全新阶段。2015 年 6 月，国家信息中心联合深圳大学成立深圳大数据研究院，致力于充分融合双方优势，打造大数据领域新型创新载体，推动我国大数据技术、人才与产业化发展。2015 年 9 月，曲阜师范大学和中国统计信息服务中心联合成立中国教育大数据研究院，这是国内首次将大数据研究应用于教育领域的创新探索。此外，中国人民大学、厦门大学、清华大学、华东师范大学、电子科技大学等也都积极成立了大数据相关研究机构（详见附录 B）。近年来，上海大数据产业技术创新战略联盟、中关村大数据产业联盟、大数据人才联盟、信息通信大数据产业联盟、中国企业大数据联盟、深圳市大数据研究与应用协会、广州市大数据行业协会、杭州市云计算与大数据协会等社会组织纷纷成立。至此，由“政产学研”多方力量协同建设的中国大数据发展生态初步形成。

02 Section 大数据助力破解六大教育难题

教育作为民生之基，向来是老百姓关心的热门话题。不可否认，我国教育现代化在推进过程中仍面临诸多现实难题，教育公平、教育质量、招生就业、管理体制等问题尤为突出。大数据将改变教育思维方式，破解传统教育的六大难题（见图 1-7），助推教育的全方位变革与创新发展。

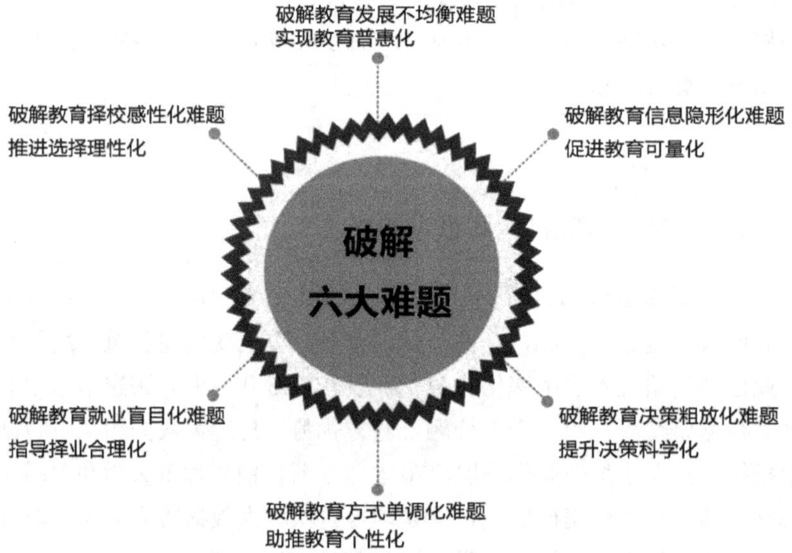

图 1-7　大数据助力破解六大教育难题

2.1　破解教育发展不均衡难题，实现教育普惠化

区域教育均衡发展不仅是发展中国家面临的难题，发达国家同样也存在教育均衡发展问题。我国作为世界上最大的发展中国家，教育环境异常复杂，城乡之间、区域之间、校际之间存在严重的结构性失衡问题。在传统发展模式和初期的信息化发展模式中，由于缺乏有效的信息获取途径和有效的数据分析手段，容易忽视个性差异，出现供需偏差，难以实现真正的因材施教，而大数据时代的到来，将大力推进区域教育的均衡发展，让教育更加普惠和公平。

科学的发展需要有科学的路径指引，区域教育均衡发展科学路径的制定需要有全面客观的数据做支撑。而传统教育数据是在周期性、阶段性的评估中获得的，是在师生知情的情况下获得的，带有很强的刻意性和压迫性，一定程度上不能完全客观真实地反映教育状况。随着教育信息化的推进，教育资源公共服务平台和教育管理公共服务平台的建设完善，以及各级各类教育教学平台的建成，将汇聚大量教育资源和教育管理信息，形成有效支持教学和管理的教育大数据。

目前，我国已初步建立了学校、教师、学生三大基础数据库，在全国实行学生和教师“一人一号”、学校“一校一码”，为每一名学生、教师和每一所学校及其资产建立全国唯一电子档案。这些档案的建立，将有效整合我国的教育数据资源。通过对这些数据资源的分析，可以动态监管教师换岗、转岗，以及学生学籍、转学、升学等轨迹，从而有效地解决教师资源分配不均、重点学校分布不合理等问题，缩小教育成本差距，推进区域教育资源均衡配置。

此外，利用大数据技术能够获取学习过程中的动态数据，记录真实的教学过程，比传统教育数据更加全面、真实。相关教育机构能够通过数据及时准确地了解教育教学情况，有助于教育政策更加科学合理地制定。教育大数据反映的不仅仅是教育现象，还蕴藏着大量有价值的教育教学信息，对这些数据的挖掘、分析、建模，能够更准确地把握区域教育发展现状、预测未来发展趋势，使区域教育均衡发展由主观经验总结走向客观数据分析，由推断走向科学。

2.2 破解教育方式单调化难题，助推教育个性化

经过多年的教育改革，我国各级各类学校的教学方式有了一定的改观，部分老师开始尝试项目式学习、探究式学习、基于问题的学习、计算机支持的协作学习等新型学习模式。但是，整体而言信息技术对我国课堂教学的变革局面仍未出现，以教师为中心的授课模式仍居主导地位。大数据能够改变工业时代的流水线人才培养模式，通过驱动教师的个性化“教”及学生的个性化“学”，最终为每个学生提供最适合的个性化教育。

大数据可以帮助教师选择更适合学生的教学内容，记录学生的学习情况，挖掘学生的学习习惯、学习兴趣、学习偏好，教师只需要一台可以接入互联网的计算机或移动终端设备，便可以真正认识每一位学生。在教育领域广泛应用大数据，可以看见并跟踪学生，进而了解他们学习时在哪个阶段遇到困难花费时间较长，他们重复访问的页面，他们可能“深陷其中”的环节，他们偏爱的学习方式，他们学习效果最佳的时间段。教师通过分析学生的学习轨迹，在教学还未正式开始前，就已经能够较为精准地分析出教学中的难点问题，进而针对性地进行备课，大大节省了时间成本。

各种在线学习平台通过集成教育数据挖掘与学习分析技术，能够持续采集学习者的学习行为数据，并进行智能分析，依据学习者模型推送适合的学习资源，进行个性化的学习评价，提供准确的诊断结果，给出适合学习者的个性化学习建议。大数据技术使得学习行为的记录更加精细化，可以准确记录到每位用户使用学习资源的过程细节，如什么时候点击的、停留了多长时间、答对了多少题、资源的回访率等信息。这些过程数据，一方面可用于学习资源质量的精准分析，进而优化学习资源的设计与开发；另一方面学生可以对自己某一段时期内的学习情况包括学习爱好、业余活动等非结构化学习行为进行分析和预测，以便尽早通过这些预测做出最适合学生自身发展的决策，更好地开展适应性学习、自我导向学习。

2.3 破解教育信息隐形化难题，促进教育可量化

原来的教育信息大都是隐形的，难以搜集、汇聚、分析和公开，大数据促使教育变得可量化。智慧教育的兴起和发展正是依托于信息化基础设施的不断完善，以及云计算、物

联网、大数据、可穿戴设备等现代信息技术的广泛应用，这些关键技术的发展为教育提供了海量的数据，使得教育智能化不仅仅只停留在表面，而是真正成为“有源”之水。例如，借助信息技术，学生学习的兴趣点、难点等以往只能凭借教师经验才能确定的东西，现在利用学习软件实现了从“非量化”到“可量化”。

事实上，这种“可量化”体现在教育各个层面和环节，包括教学过程的可量化、校园管理的可量化、教育评估的可量化等多个方面。以教育质量评估为例，“大数据”使单独进行过程性评价的测量和评估变为可能。在课堂教学中，学生的出勤率、作业的正确率、师生互动的频率与时长等多方面发展的表现率数据均可通过收集、分类、整理、统计、分析，形成新的过程性教育质量评价方式，对于办学、科研的过程能够以同样的方式实现对具体过程的考核。基于大数据技术的这种“可量化”衍生出来的个性化教育是智慧教育的一个显著特征，通过对学生学习轨迹、学生活动轨迹、学校资源的使用轨迹等的分析，能够预测出学生的兴趣点，能够针对学员的需求为其提供更具针对性的资源与服务，满足不同学员的学习目标与期望，从而真正实现智慧学习。

2.4　破解教育决策粗放化难题，提升决策科学化

如何利用教育数据科学地制定教育政策是教育领域长期以来探索的重大课题之一。传统的教育决策过分依赖于经验、直觉甚至流行趋势，而往往缺乏数据的支撑。纵观我国十几年的新课程改革历程，虽然在课程内容、教学方法、教学环境等方面取得了进步，但实际的改革效果远未达到预期状态。其原因之一便是忽视教育数据在课程改革诸多决策上的重要性，使改革更趋向于理性思辨和经验决策。

在大数据时代，以“数据驱动决策”将成为大数据背景下提高教育决策绩效的一个新视角，大数据将始终贯穿教育决策制定的各个环节。美国教育部发布的《通过教育数据挖掘和学习分析促进教与学》报告指出，利用教育数据挖掘技术和学习分析技术，构建教育领域相关模型，探索教育变量之间的相关关系，为教育教学决策提供有效支持，将成为未来教育的发展趋势。大数据除了可以对各级各类教育单位的人员信息、教育经费、学校办学条件、运维服务管理等数据进行图表式的统计与分析外，还可以基于各级各类教育机构长期的数据积累，整合社会人口分布、经济社会发展、地理环境等，从各类跨行业操作级的应用系统中提取有用的数据，通过数据统计、指标展现、横向对比、趋势分析等技术方法将数据转化为知识，为各级管理人员的科学决策提供数据支持。

基于大数据提升教育决策科学化的做法已经被国际和国内广泛认可。从国际上来看，世界联合国教科文组织从 2009 年起持续发布“Global Education Digest”（全球教育摘要）

报告，希望通过利用教科文组织统计机构对全球教育数据的分析以改善教育决策环境，为全球教育提供科学的支撑[5]。例如，2012 年“Global Education Digest”以“机会的丧失：复读和辍学的影响”为主题对全球教育进行了系统分析，并利用数据化工具将报告结果呈现出来[6]。2013 年教科文组织发布了《把学习成绩评估用于改进政策与学习》（The Use of Student Assessment for Policy and Learning Improvement）报告，希望把对学生学习成绩的分析结果应用到教育决策中[7]。在美国，从其正式颁布《不让一个孩子落伍法》法案以来，对于教育决策者而言，利用教育数据进行决策已经不再是一个选项，而是成为了必需。

2.5 破解教育择校感性化难题，推进选择理性化

在我国由于教学资源分配不均带来的“择校”问题，已经成为影响中国基础教育发展的一个难题，长久以来“择校”现象得不到有效的解决。择校现象已经变相地衍生出一条“产业链”，这条产业链涉及学校周边地区的房价，以及复杂的择校关系网。择校难带来的“天价”学区房、“天价”择校费正是教育资源分配不均派生出来的产物。学区房现象本质上是教育资源分配不均的问题。优质的教育资源少，分配不合理、不均衡，使“名校”效应更明显，学区房价格随之上涨，大数据无疑为解决教学资源分配不均提供了新的途径和方法。

除了由于教育资源分配不均带来的择校难问题，教学资源信息不对称带来的择校难问题也困扰着家长学生。从我国来看，这种择校难的一个突出表现集中反映在高考志愿填报方面，由于缺乏对全国各高校专业排名、师资力量、入学率、就业率、学费支出、奖学金资助等情况的准确把握，往往会出现选择的专业不喜欢、火爆的专业就业不理想等现象。事实上，择校难问题不是中国特有的，就全世界范围来看，多个国家普遍存在这一共性问题。近年来，随着教育数据开放步伐的加快，美国、英国等国家纷纷抓住机会，利用大数据对全国高等教育、基础教育资源等进行整合分析，搭建统一的教育资源平台，寻求从根本上解决择校难问题。例如，英国推出了“寻找最好的学校”项目，包括“Find the Best University”和“Find the Best School”；美国推出了“大学导航”（Navigator Colleges）项目

---

[5] GLOBAL EDUCATION DIGEST[EB/OL]. http://www.uis.unesco.org/Education/Pages/global-education-digest.aspx, 2015-10-7.

[6] Opportunities lost: The impact of grade repetition and early school[EB/OL]. leavinghttp://www.uis.unesco.org/Education/GED%20Documents%20C/GED-2012-Complete-Web3.pdf，2015-10-7.

[7] The Use of Student Assessment for Policy and Learning Improvement[DB/OL]. http://www.unescobkk.org/fileadmin/user_upload/epr/PDF/AssesmentSurveyReport131111.pdf，2015-10-7.

及“学校搜索”（Search puBlic schools and private schools）项目；荷兰则通过开放教育数据接口 Open Education Data API，推出了多款数据工具，如 schooltip.net、10000scholen.nl、scholenvinden.nl 等网站和 App 应用。截至 2014 年 3 月，平均每个月有 5 万多位家长利用这些 App 应用查找不同学校，为孩子找到最合适的学校[8]。这些项目和应用背后都隐约存在着大数据的身影，其本质就在于通过对全国上万个学校几十项指标海量数据的整合分析，最后以可视化的方式呈现给公众，帮助家长、学生根据需要找到最适合自己的学校，让择校不再是难题。

在我国，百度利用大数据技术，通过对历年高考后大学搜索关键词、大学排名、专业排名等原始数据与实时更新的数据进行深度挖掘分析，从报考难度和报考热度两个维度推出了全国多所大学的“大学报告图谱”。同时从专业热度和难度两个维度针对不同高校的不同专业推出了“专业报考图谱”，为学生和家长在高考择校时提供了“智力”支持。此外，百度还在智能终端上发布“手机百度”应用，通过对大数据的运用推出高校热力图、《手机百度 2014 高考蓝皮书》，以及全国高校、专业热度排行榜，让这些大数据真正实用化，让科技真正能够为考生决策提供更智慧的建议。

2.6　破解教育就业盲目化难题，指导择业合理化

如果说择校是教育的起步环节，那么就业就是验证教育成果的终端环节。教育资源信息不对称、人才供需矛盾等因素使得近年来大学生就业面临着更为严峻的形势。“毕业即失业”虽然是一句调侃，但也在一定程度上反映出当前我国高校大学生就业难的困境。一个现实的问题是很多大学生缺乏职业规划及相关求职信息的准确判断，往往容易陷入盲目求职的“泥沼”，身心疲惫而又难以如愿。大数据能够帮助各级政府、学校及企业为广大毕业生提供全面、合理、及时而又个性化的就业指导，帮助学生快速、理性选择就业方向和合适的职位。美国在利用大数据促进学生就业方面做了积极的尝试，为我国提供了宝贵的经验。

美国劳工部基于多年的就业统计数据推出了“一站式就业服务”（Careeronestop）系统，该系统通过对全美历年行业薪资、教育培训、就业信息等数据的采集整合、分析处理，为公众提供了一个可以发现职业（Explore Careers）、薪资收入（Salary+Benefits）、教育培训（Education+Training）、查找就业信息（JoB Search）等功能的“一站式”服务网站。这种“一

[8] For kids' sake，connecting parents to Dutch schools with open data[EB/OL]. http://www.epsiplatform.eu/content/kids%E2%80%99-sake-connecting-parents-dutch-schools-open-data-0#sthash.7McGcjFw.dpuf，2015-10-11.

站式”服务背后正是利用了大数据技术，对教育、人力资源等多个领域的数据信息进行关联分析后逐步生成的。

以其中的“薪资收入”（Salary+Benefits）为例，如果你是一名刚走入社会的大学生，可以先根据专业情况查找一下自己可能从事的行业，然后对比一下这些行业的薪资水平，从中找出一个薪资较高的行业。同时，你可能还需要对不同的城市生活成本进行比较，这样才能决定要去哪个城市工作和定居。当然，这时也要考虑到最坏的情况，如果去了这个城市或地区却面临着失业的窘迫，这时候你也应该考虑一下该地区失业保险是否理想到足以维持你的最低生活水平。如果你选择好了将来要工作生活的城市，并且很幸运找到了一份理想的工作，那时你可能会想着给自己充一下电，为以后的职业生涯增加更多的砝码，这时你可能想要了解一下这个地区的教育培训情况，而这些信息都可以在美国这个“一站式”就业服务网站上找到。

03 Section 确立教育大数据的战略定位

全球正在进入一场数据资产的争夺战，国家的大数据战略与行动计划有可能改变 21 世纪国际经济与政治的基本布局。教育领域也不例外，确立教育大数据在我国教育事业发展与改革中的战略地位已是国家教育现代化建设的必然要求。

《中国基础教育大数据发展蓝皮书 2015》编委会面向全国教育信息化领域的研究者、管理者、一线教师等进行了一项调查，全国共有 28 个省市的 757 人参与了该项调查。其中，有一道题目是“如何看待大数据在推动基础教育改革与发展中的作用？”。调查结果显示（见图 1-8），绝大多数用户（96.17%）认为教育大数据能够助推和引领基础教育改革与发展，仅有 3.83%的人认为价值不大。

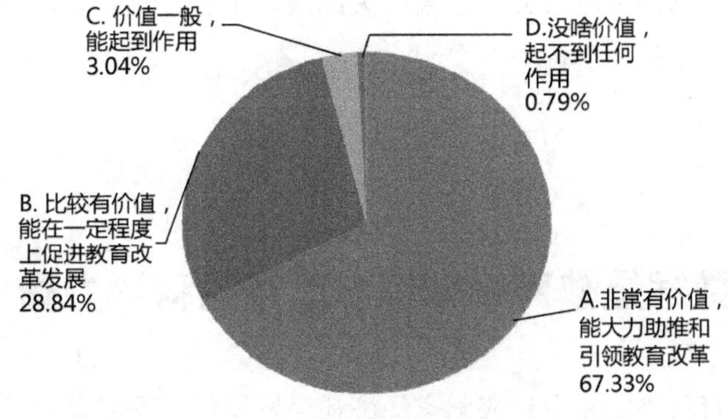

图 1-8　如何看待大数据在推动基础教育改革与发展中的作用

本书认为，教育大数据是重要的国家战略资产、教育领域综合改革的科学力量及发展智慧教育的基石。

3.1 教育大数据是重要的国家战略资产

随着大数据理念在全球的发酵，以美国、英国、法国等为代表的发达国家率先将大数据作为新型战略资源，视其为“未来的石油”。数据作为战略资产的观念被越来越多的国家所认可，国际社会纷纷通过“公共数据开放”运动激发数据活力，创造更大的价值。

理论上来讲，任何领域有了人的活动，都可以持续不断地产生大数据，教育领域也不例外。随着全球教育信息化的快速发展，教育数据正在以几何级的规模递增。以一节 40 分钟的普通中学课堂为例，其中一个学生所产生的全息数据有 5～6GB，而其中可归类、标签并进行分析的量化数据有 50～60MB [9]。除了传统学校教育产生数据外，互联网教育市场每天也在产生海量的教育数据。目前我国教育规模位居世界首位，仅在校生就有 2.6 亿人[10]。如此大规模的教育，必将产生世界量级的教育大数据，而如何发挥这笔“资产”的价值则成为我国教育赶超欧美的关键。

教育大数据是一种无形的资产，是一座可无限开采的“金矿”，充分的挖掘与应用是实现数据“资产”增值的重要途径。某种意义上来说，未来的国际教育竞争将是教育大数据舞台上的对抗。西方发达国家已经先行一步，我国也应该加速部署教育大数据战略，强化教育大数据战略资产意识，让每个人都成为教育数据的缔造者和受惠者，并顺应数据开放趋势，通过教育大数据的适度公开，汇聚广大民众、企业、政府等多方智慧，使教育数据资产实现源源不断的增值。

3.2 教育大数据是教育领域综合改革的科学力量

当前，我国教育还不能完全适应国家经济社会发展和人民群众接受良好教育期盼的要求，存在一系列发展难题，例如，中小学生课业负担过重，素质教育推进困难；学生创造力不足；城乡之间、区域之间教育发展不均衡；教育公平问题长期存在；高等教育规模飞

---

[9] 张韫. 大数据改变教育[J]. 上海教育，2013(4): 8-11.

[10] 人民网. 教育部：目前我国教育规模位居世界首位 2.6 亿学生在校[EB/OL]. http://politics.people.com.cn/n/2013/1015/c1001-23206346.html，2015-12-20.

跃式扩张导致本科教学质量下滑；各地校园安全事件频发等。改革是解决教育发展难题的唯一途径，党的十八届三中全会提出要“深化教育领域综合改革”，将促进教育公平和提升教育质量、考试招生制度改革和教育管理体制改革作为三项改革的重点任务[11]。

虽然我国教育改革的攻坚方向和重点举措已经明确，但是如何科学、有序、有效地全面推进实施改革则成为急需解决的关键问题。教育改革是复杂的系统工程，需要综合考虑经济、文化、社会等因素，而大数据最擅长的就是关联分析，即从繁杂的交叉领域数据中寻求有意义的关联。大数据是一股创新的力量、一股时代变革的力量，也是推动教育领域全面深化改革的科学力量。因此，确立教育大数据的战略地位已是教育领域综合改革的必然要求。

改革既要有胆魄，又需要有科学的依据。教育大数据将汇聚无数以前看不到、采集不到、不重视的数据，通过这些混杂数据的深度挖掘，以及与其他领域（公安、交通、社保、医疗等）大数据的关联分析，教育决策将不再过度依靠经验、拍脑袋和简单的统计结果，而转向基于数据的科学决策。招考制度、管理体制，以及教育公平与质量提升，无论是宏观的制度与体制改革，还是微观的教学方法、管理方式的改革，都可以通过科学的数据分析寻找问题的症结所在，识别不同地区教育发展的独有规律，然后对症下药、信心十足地实施改革。

3.3 教育大数据是发展智慧教育的基石

世界范围内的教育信息化建设正在走向融合创新的深层次发展阶段。在物联网、云计算、大数据、移动通信等新一代信息技术的推动下，世界上多个国家和地区已将智慧教育作为其未来教育发展的重大战略。新加坡在 iN2015 计划中提出实施智慧教育战略计划；韩国 2011 年颁布了智慧教育推进战略的国家教育政策；美国 2010 年发布的国家教育技术计划虽未提到智慧教育，但其倡导信息技术支持下教育系统的全方位、整体性变革的理念与智慧教育不谋而合。技术变革教育的时代已经到来，从数字化教育转向智慧教育正在成为全球教育发展的重要趋势。

智慧教育是依托物联网、云计算、无线通信、大数据等新一代信息技术所打造的物联化、智能化、感知化、泛在化的教育生态系统，是数字化教育的高级发展阶段[12]。各种智能型技术是构建智慧教育“大厦”的技术支柱，其中大数据是实现教育智慧化的灵魂所在。

[11] 顾明远. 教育领域综合改革的宏观视野[J]. 教育研究，2014(6): 4-9.

[12] 杨现民. 信息时代智慧教育的内涵与特征[J]. 中国电化教育，2014(1): 29-34.

教育大数据汇聚存储了教育领域的信息资产，是发展智慧教育最重要的基础[13]。教育大数据将促进教育发生几个方面重要转变：①教育过程从“非量化”到“可量化”，教与学的行为信息将越来越精确、频繁地被记录下来；②教育决策从“经验化”到“科学化”，数据驱动的决策将变得越来越可靠；③教育模式从“大众化”到“个性化”，学习分析技术赋予教师认识每个“真实”学生的能力，实现因材施教；④教育管理从“不可见”到“可视化”，通过可视化技术实现更直观、更准确、更高效的教育资源与业务管理。

[13] 柯清超. 大数据与智慧教育[J]. 中国教育信息化，2013（24）8-10.

第 2 章
Chapter 2
教育大数据的基础认知

- 教育大数据是整个教育活动过程中所产生的，以及根据教育需要采集到的，一切用于教育发展并可创造巨大潜在价值的数据集合。与其他领域大数据相比，教育大数据的独特性主要体现在三个方面：采集过程更加复杂、应用模式更具挑战性、更加注重因果关系。

- 中国基础教育领域存在真正的大数据，一年产生的数据量已达到 EB 级别。文献分析结果显示，2015 年国内教育大数据相关研究呈爆发式增长趋势，研究热点是“大数据”“大数据时代”“学习分析及技术”“数据挖掘”“慕课”“教育教学改革”等。

- 教育大数据处理的基本流程包括数据采集、数据处理、数据分析与展现，涉及的关键技术包括教育数据的自然采集、教育数据的分布式存储、教育数据的安全管理、教育数据的无缝流转与大规模共享、教育数据的深度挖掘及学习分析等。

01 Section 教育大数据的内涵解读

1.1 大数据的本质

在信息爆炸时代，对数据核心价值的再挖掘是“大数据”技术的本质。很多 IT 专业人士认为，大数据技术是继云计算、物联网之后的又一项颠覆性技术[1]。大数据是以容量大、类型多、存取速度快、应用价值高为主要特征的数据集合，它正快速发展为对数量巨大、来源分散、格式多样的数据进行采集、存储和关联分析，从中发现新知识、创造新价值、提升新能力的新一代信息技术和服务业态[2]。IT 界一般认为，大数据是指体量在 TB 级别以上，或者条目在百万级别以上的数据。

实际上，大数据是一个相对概念，是相对于小数据而言的。大数据并非等同于大量的数据，突出强调跨领域数据的交叉融合和数据的流动生长。除 4V 特征外，大数据与传统数据最本质的区别体现在采集来源及应用方向上。在数据来源方面，不同于传统的随机抽样，大数据采集的是全样本的、即时的数据，能够跟踪记录个体成长的所有过程数据，提高微观层面分析的准确性。大数据的核心应用价值是分析和预测，谷歌工程师成功预测 2009 年的甲型 H1N1 流感爆发便是利用大数据技术预测未来的最典型案例之一。大数据技术的优势主要体现在：通过对海量数据进行模型构建，挖掘事物的变化规律，准确预测事物的发展趋势，并进行及时有效的干预。

大数据的内涵如图 2-1 所示。

---

[1] 孟薇薇. 信息爆炸时代的新概念——大数据[J]. 商品与质量，2012（9）: 9.

[2] 国务院. 国务院关于印发促进大数据发展行动纲要的通知[EB/OL]. http://www.gov.cn/zhengce/content/2015-09/05/content_10137.htm，2015-12-18.

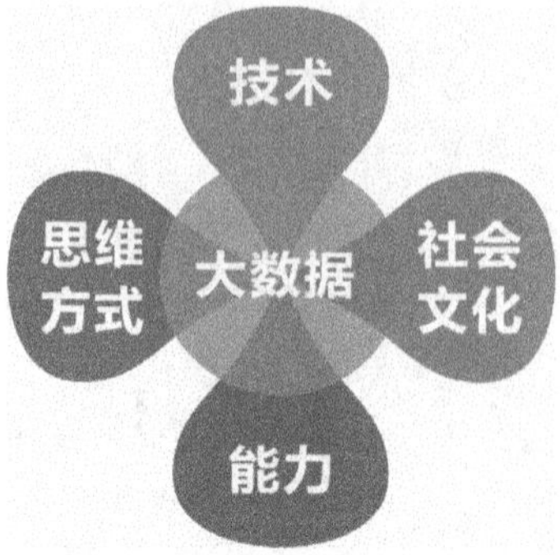

图 2-1　大数据的内涵

大数据技术几乎在所有领域都拥有非常广阔的应用前景，目前已在零售、电子商务、社交网站、医疗等领域取得较好的应用效果。随着大数据理念的传播及其应用的逐步深入，大数据的内涵也在不断变化和拓展。大数据不仅仅是一种技术，还是一种能力，即从海量复杂的数据中寻找有意义关联、挖掘事物变化规律、准确预测事物发展趋势的能力。大数据更是一种思维方式，即让数据开口说话，让数据成为人类思考问题、行为决策的基本出发点。大数据正在演变为一种“人人生产数据、人人共享数据、人人热爱数据、人人管理数据”的社会文化。

1.2　教育大数据的概念

教育大数据（Big Data in Education）是大数据的一个子集，特指教育领域的大数据。文献调研发现，目前还未有学者对教育大数据进行明确的概念界定。所谓教育大数据，是指整个教育活动过程中所产生的，以及根据教育需要采集到的，一切用于教育发展并可创造巨大潜在价值的数据集合。

首先，这里的教育是“大教育”的概念，具有全员（从全日制学生到全民，面向所有人）、全程（从学前教育到终身教育，服务各个教育阶段）、全方位（家庭、学校、社会“三位一体”教育，无处不在的教育，虚实融合的教育）的特点。

其次，教育大数据有四大来源：一是在教学活动过程中直接产生的数据，如课堂教学、考试测评、网络互动等；二是在教育管理活动中采集到的数据，如学生的家庭信息、学生的健康体检信息、教职工基础信息、学校基本信息、财物信息、设备资产信息等；三是科学研究活动中采集到的数据，如论文发表、科研设备运行、科研材料采购与消耗等记录信息；四是在校园生活中产生的数据，如餐饮消费、上机上网、复印资料、健身洗浴等记录信息。

再次，教育大数据要能服务教育发展，具有教育目的性，而非盲目地囊括一切数据。教育活动过程中也会产生大量无意义的噪声数据（Noisy Data），因此，需要根据教育应用目的进行数据过滤与整理，为后期深度挖掘与分析做准备。

最后，教育大数据之“大”并非指数量之大，而是强调“价值”之大，即能从繁杂的教育数据中发现相关关系、诊断现存问题、预测发展趋势，发挥教育大数据在提升教育质量、促进教育公平、实现个性化学习、优化教育资源配置、辅助教育科学决策等方面的重要作用。

1.3　教育大数据的独特性

1）与传统教育数据相比，教育大数据的采集具有更强的实时性、连贯性、全面性和自然性，分析处理更加复杂和多样，应用更加多元、深入

传统教育数据的采集往往是阶段性的，多在用户知情的情况下（非自然状态）进行，分析的手段多采用简单的汇总统计和比较分析，关注的重点是受教育者的群体特征，以及国家、区域、学校不同层面教育发展的整体状况。在大数据时代，移动通信、云计算、传感器、普适计算等新技术将逐步融入教育的全过程，可以在不影响师生教学活动的情况下实时、持续地采集更多微观的教与学的过程性数据，例如，学生的学习轨迹、在每道作业题上逗留的时间、教师课堂提问与微笑的次数等。教育大数据的数据结构更加混杂，常规的结构化数据（如成绩、学籍、就业率、出勤记录等）依旧重要，但非结构化数据（如图片、视频、教案、教学软件、学习游戏等）将越来越占据主导地位。

2）与电子商务、交通、医疗、金融保险等领域的大数据相比，教育大数据的采集过程更加复杂，应用模式更具挑战性，更加注重因果关系

（1）教育大数据的采集呈现高度的复杂性。教育活动是人类社会中一种特殊的实践活动，主客体关系复杂、不稳定，教育过程呈现复合结构（教的活动与学的活动并存）[3]。教育业务复杂，无标准化的操作流程和模式，创新人才的培养则需要更多元化的、创新性的教学模式与方法。由于缺少商业领域标准化的业务流程，以及学习方式的多样性、学习地点的不确定性，导致教育大数据的采集将变得异常复杂。

---

[3] 顾建军. 浅析教育的双主体性特征[J]. 教育科学，2000（1）：1-5.

（2）教育大数据的应用需要高度的创造性。大数据在重塑教育方面具有无限的潜能，而潜能的发挥需要打破数据分析与应用的常规思维，发挥更多的创造性。当前我国教育的发展面临公平、质量、减负、择校等一系列重大现实难题，直接影响了人民群众对教育的满意度。教育关乎国计民生，而教育问题又异常复杂，需要一大批教育大数据研究者与实践者，充分发挥其创造性，将数据挖掘、学习分析、人工智能、可视化等先进技术与教育现实问题相结合，方可破解当前教育发展难题。

（3）不仅注重相关关系，更要强调因果关系。国际大数据专家维克托·迈尔·舍恩伯格博士认为，大数据时代的一个最重要转变便是从因果关系转向相关关系，不再需要从事实中寻求原因，而要从看似无关的数据中发现某种相关关系。对于商业领域而言，注重相关关系的挖掘或许可以更迅速、更直接地达成预期目标。然而，教育以培养人为根本目的，不仅要“知其然”，更要“知其所以然”。唯有洞察到教育问题产生的本质原因，才可能从根本上寻求解决之道。

02 Section 教育大数据的体量估算

部分教育领域从业者常有这样的困惑：教育到底有没有大数据？本书调查结果显示，调查对象中约有 75.30%认为教育领域存在大数据，9.51%认为教育领域根本不存在大数据，还有 15.19%表示不清楚，如图 2-2 所示。

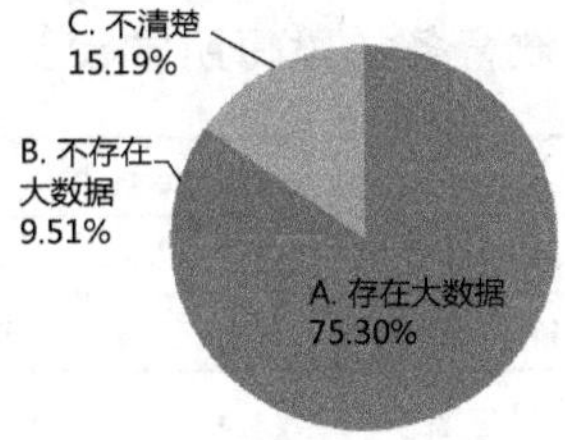

图 2-2　基础教育领域是否存在大数据

那么，教育大数据的体量到底有多大？如果按 IT 界对大数据体量的界定，教育领域是否存在真正的大数据？接下来，将对基础教育阶段一年的数据量进行估算。

2.1　基础教育阶段基础性数据

根据教育部发布的《2014 年全国教育事业发展统计公报》中的数据得出，2014 年我国基础教育阶段共有学校 49.16 万所，在校生共约 2.2 亿人，在校专任教师共约 1377.35 万人。其中包含学前教育阶段、义务教育阶段、高中阶段和特殊教育部分。

根据全国班额资料分析[4][5]，可得我国小学班额大概为 42 人，初中班额大概为 50 人，高中班额大概为 55 人；根据教育部网站日前发布的《幼儿园教职工配备标准（暂行）》[6]，可得幼儿园班额大概为 27 人；根据 2012 年 1 月 1 日施行的特殊教育学校建设标准[7]，可推算出特殊教育班额为大概为 14 人。根据各阶段的学生总人数及平均班额，可推算出各阶段班级数。各阶段具体数据统计如表 2-1 所示。根据各阶段在校生数和学校数可推算出每个学校的平均人数，同理可推出每个学校的平均教师数和每个学校的班级数，具体统计如表 2-2 所示。

表 2-1 基础教育各学段基础数据统计表

	学校数（所）	在校生数（人）	班级数（个）	班额（人）	专任教师数（人）
学前教育阶段	209900	40507100	1500263	27	2080300
小学阶段	201400	94510700	2250254	42	5633900
初中阶段	52600	43846300	876926	50	3488400
高中阶段	25700	41706500	758300	55	2529120
特殊教育阶段	2000	394900	28208	14	48100

表 2-2 基础教育各学段每所学校基础数据统计表

	在校生数（人）	专任教师数（人）	班级数（个）
学前教育阶段	193	10	8
小学阶段	470	28	12
初中阶段	834	67	17
高中阶段	1623	99	30
特殊教育阶段	198	24	14

2.2 基础教育大数据估算方法

这里从 4 个维度对基础教育大数据进行估算，即师生基本信息数据量、课业测试与作

---

[4] 胡进. 我国义务教育阶段学校班额现状的研究[J]. 教学与管理，2014（12）: 56-59.

[5] 万作芳，方晓东. 我国基础教育阶段班额现状及建议——基于 2001、2006、2010 年数据的分析[J]. 教学与管理 2014（30）: 24-27.

[6] 孝感论坛. 幼儿园教职工配备标准[EB/OL]. http://www.xgbbs.com/thread-54102-1-1.html，2015-12-17.

[7] 360 个人图书馆. 特殊教育学校建筑设计规范[EB/OL]. http://www.360doc.com/content/12/0210/09/4095351_185461577.shtml，2015-12-17.

业数据量、校园实录数据量及课程资源数据量，如图 2-3 所示。

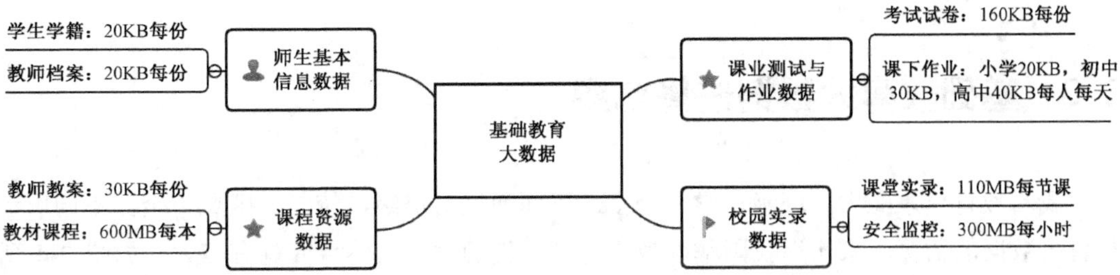

图 2-3　基础教育大数据体量估算体系与基准值

（1）师生基本信息数据：包括学生的学籍档案信息和教师的档案信息。其中学籍信息以一份《全国学籍系统中小学生基本信息表》为例，所占用存储空间为 20KB。这里教师档案信息所占存储空间也可估算为 20KB。

（2）课业测试与作业数据：包括学生的考试试卷与学生课后作业与练习的数据。考虑到学前教育阶段和特殊教育阶段的特殊性，这里不计算这两个阶段的数据。

按正常的上学流程，每个学期大概 18 周，除去放假、考试、运动会等不上课时间，正常上课的时间为 15 周左右，每周上课时间为 5 天。

一学年有 2 个学期，4 次正规考试。这里按照小学 5 门、初中 7 门、高中 6 门考试课程计算。一份试卷按照 160KB；每天作业量按照小学 20KB、初中 30KB、高中 40KB 计算。

（3）校园实录数据：包括校园课堂实录和校园安全监控实录。

学前教育每天按 4 节课计算；小学、初中、高中和特殊教育每天按 6 节课计算。每课时 40 分钟。课堂实录视频通过压缩存储，采用 MP4 格式，40 分钟大概占用存储空间 110MB。

校园安全监控部分，考虑到农村学校经济问题，这里按每个学校 19 个摄像头计算。每个摄像头 1 小时大约会产生 300MB 的视频量。按照每天 24 小时不间断监控，每学期 18 周。

（4）课程资源数据：包括教师教案和教材课程资源。考虑到学前教育和特殊教育的课程性质，这里教师教案不计算这两个阶段的数据，教材课程不计算特殊教育阶段数据。

由于多数农村小学存在“包班”现象，这里存在一个特殊性就是小学教师按照每个教师 3 门课算。按照教材的章节数推算出小学教师每门课程需要做 25 个教案，初中、高中教师每门课需要做 20 个教案，1 份教案按照 30KB 计算。

幼儿园 3 个年级，5 门课程；小学 6 个年级，5 门课程；初中 3 个年级，7 门课程；高中 3 个年级，共 9 门课程。每门课的课程资源根据教材的随书光盘数据推算大概为 600MB。

2.3 基础教育大数据估算结果

我国教育体系庞大，班级、学校众多。下面通过对班级、校园、区域、全国不同层级教育大数据的估算，来认识我国基础教育每年产生的大数据体量究竟有多大。如图 2-4 所示为基础教育大数据体量估算结果（一年）。

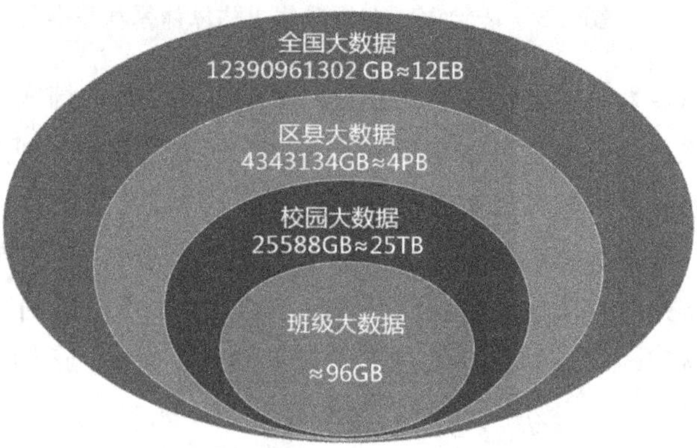

图 2-4 基础教育大数据体量估算结果（一年）

2.3.1 班级大数据的估算

根据教育大数据的 4 个维度，班级大数据中班级教师数量很难精确统计，且信息量非常小，这里不计算教师信息数量。同时，班级大数据不涉及校园安全监控数据。因此，班级大数据的估算方法及具体数据如下：

班级大数据体量=班级学生基本信息数据+班级课业测试与作业数据+班级课堂实录数据+班级课程资源数据

1）班级学生基本信息数据

学生基本信息数据=学生学籍 20KB×班学生数

- 学前阶段学生基本信息数据=20KB×27 人=540KB
- 小学阶段学生基本信息数据=20KB×42 人=840KB
- 初中阶段学生基本信息数据=20KB×50 人=1000KB
- 高中阶段学生基本信息数据=20KB×55 人=1100KB

- 特殊教育阶段学生基本信息数据=20KB×14 人=280KB

2）班级课业测试与作业数据

考试试卷数据=1 份试卷 160KB×课程数×4 次考试×班学生数

- 小学阶段考试试卷数据=160KB×5 门×4 次×42 人=134400KB
- 初中阶段考试试卷数据=160KB×7 门×4 次×50 人=224000KB
- 高中阶段考试试卷数据=160KB×6 门×4 次×55 人=211200KB

作业数据=每天作业×5 天×15 周×2 学期×班学生数

- 小学阶段作业数据=20KB×5 天×15 周×2 学期×42 人=126000KB
- 初中阶段作业数据=30KB×5 天×15 周×2 学期×50 人=225000KB
- 高中阶段作业数据=40KB×5 天×15 周×2 学期×55 人=330000KB

3）班级课堂实录数据

课堂实录数据=1 节课 110MB×每天课数×5 天×15 周×2 学期

- 学前阶段课堂实录数据=110MB×4 节×5 天×15 周×2 学期=66000MB
- 小学阶段课堂实录数据=110MB×6 节×5 天×15 周×2 学期=99000MB
- 初中阶段课堂实录数据=110MB×6 节×5 天×15 周×2 学期=99000MB
- 高中阶段课堂实录数据=110MB×6 节×5 天×15 周×2 学期=99000MB
- 特殊教育课堂实录数据=110MB×6 节×5 天×15 周×2 学期=99000MB

4）班级课程资源数据

教师教案数据=1 份教案 30KB×教材章节数×课程数×2 学期

- 小学阶段教案数据=30KB×25 节×5 门×2 学期=7500KB
- 初中阶段教案数据=30KB×20 节×7 门×2 学期=8400KB
- 高中阶段教案数据=30KB×20 节×6 门×2 学期=7200KB

教材课程资源数据=1 门课 600MB×课程数×2 学期

- 学前阶段教材课程资源数据=600MB×5 门×2 学期=6000MB
- 小学阶段教材课程资源数据=600MB×5 门×2 学期=6000MB
- 初中阶段教材课程资源数据=600MB×7 门×2 学期=8400MB
- 高中阶段教材课程资源数据=600MB×6 门×2 学期=7200MB

综合以上各部分的数据，可以得出各阶段班级大数据的体量：学前教育阶段班级大数据约为 70GB；小学阶段班级大数据约为 102GB；初中阶段班级大数据约为 105GB；高中阶段班级大数据约为 104GB；特殊教育阶段班级大数据约为 96 GB。

针对以上各阶段的班级大数据，求其平均值得出我国每个班级一年的数据量约为 96GB。

2.3.2 校园大数据的估算

校园大数据是在班级大数据的基础上计算的，大体上是班级数据与班级数相乘的结果。但是，校园大数据与班级大数据的计算有三点不同，其一是增加了教师的基本信息数据；其二是教案数据是按照教师数量计算，教材数据按照年级计算；其三是增加了校园安全监控数据，具体计算方法及数据如下：

校园大数据体量=校园师生基本信息数据+校园课业测试与作业数据+校园课程资源数据+校园课堂实录数据

1）校园师生基本信息数据

校园师生基本信息数据=学生学籍 20KB×校学生数+教师档案 20KB ×校教师数

- 学前阶段师生信息数据=20KB×193 人+20KB×10 人=4060KB
- 小学阶段师生信息数据=20KB×470 人+20KB×28 人=9960KB
- 初中阶段师生信息数据=20KB×834 人+20KB×67 人=18020KB
- 高中阶段师生信息数据=20KB×1623 人+20KB×99 人=34440KB
- 特殊教育阶段师生信息数据=20KB×198 人+20KB×24 人=4440KB

2）校园课业测试与作业数据

校园考试试卷数据=班级试卷数据×班数

- 小学阶段考试试卷数据=134400KB×12 个班= 1612800 KB
- 初中阶段考试试卷数据=224000KB×17 个班= 3808000 KB
- 高中阶段考试试卷数据=211200KB×30 个班= 6336000 KB

校园作业数据=班级作业数据×班数

- 小学阶段作业数据=126000KB×12 个班=1512000 KB
- 初中阶段作业数据=225000KB×17 个班= 3825000 KB
- 高中阶段作业数据=330000KB×30 个班= 9900000 KB

3）校园课程资源数据

教师教案数据=1 份教案 30KB×教材章节数×校教师数×2 学期

- 小学阶段教案数据=30KB×25 节×28 人×2 学期=42000KB
- 初中阶段教案数据=30KB×20 节×67 人×2 学期=80400KB
- 高中阶段教案数据=30KB×20 节×99 人×2 学期=118800KB

教材课程资源数据=1 门课 600MB×课程数×2 学期×年级数

- 学前阶段教材课程资源数据=600MB×5 门×2 学期×3 个=18000MB
- 小学阶段教材课程资源数据=600MB×5 门×2 学期×6 个=36000MB
- 初中阶段教材课程资源数据=600MB×7 门×2 学期×3 个=25200MB

- 高中阶段教材课程资源数据=600MB×9 门×2 学期×3 个=32400MB

4）校园课堂实录数据

校园课堂实录数据=班级课堂实录数据×班级数

- 学前阶段课堂实录数据=66000MB×8 个班=528000 MB
- 小学阶段课堂实录数据=99000MB×12 个班=1188000 MB
- 初中阶段课堂实录数据=99000MB×17 个班=1683000 MB
- 高中阶段课堂实录数据=99000MB×30 个班=2970000 MB
- 特殊教育课堂实录数据=99000MB×14 个班=1386000 MB

校园安全监控数据=19 个摄像头×300MB 每小时×24 小时×5 天×18 周×2 学期

- 校园安全监控数据= 19 个×300MB×24 小时×5 天×18 周×2 学期=24624000MB

根据校园大数据的计算方法可算出各个阶段的校园大数据：学前阶段约为 24580GB；小学阶段约为 25245GB；初中阶段约为 25722GB；高中阶段约为 26994GB；特殊教育阶段约为 25400GB。

针对以上各阶段的校园大数据，求其平均值得出我国每个校园一年的数据量为 25588GB≈25TB。

2.3.3　区县大数据的估算

根据《中国统计年鉴 2014》，我国共有 2853 个县级区。经推算可知，每个县区约有幼儿园 74 所、小学 70 所、初中 19 所、高中 9 所、特殊教育学校 1 所。

区县大数据体量=区域各阶段教育大数据之和

区县各阶段教育大数据=各阶段校园大数据×区县各阶段校园数

- 学前阶段教育大数据=24580GB×74 所= 1818920GB
- 小学阶段教育大数据=25245GB×70 所=1767150GB
- 初中阶段教育大数据=25722GB×19 所=488718GB
- 高中阶段教育大数据=26994GB×9 所=242946GB
- 特殊教育阶段教育大数据=25400GB×1 所=25400GB

综合上述各阶段数据，可推算出一个区县一年基础教育大数据体量为各个阶段数据量之和，为 4343134GB≈4PB。

2.3.4 全国大数据的估算

全国大数据体量=县区教育大数据×区县数

➢ 全国大数据=4343134GB×2853 个区县=12390961302 GB

据此，可得全国基础教育阶段一年的数据体量约为 12390961302 GB ≈12100548TB≈11817PB≈12EB。

2.4 基础教育大数据究竟有多“大”

根据国际数据公司（IDC）2014 年发布的 EMC 数字宇宙研究报告，以及国家信息中心专家委员会的报告可知：中国 2014 年数据总量达 909EB，占世界 13%的份额，预计 2020 年将达到 8060EB。

12 EB 只是粗略计算出基础教育阶段正规学校的部分数据，仍有好多教育的数据没有计算进来，如学生在家里的行为记录、校外的辅导班的学习数据，等等。即使在数据不够全面的情况下，我国基础教育阶段 1 年的数据量竟达到 12EB 之多。那么，12EB 是一个什么样的概念呢？

首先，EB 是一个计算机的存储单位[8]。计算机存储单位一般用 bit、B、KB、MB、GB、TB、PB、EB、ZB、YB、BB、NB、DB……来表示，它们之间的转换关系是 1024（2^{10}），例如 1KB= 1024B；1 MB=1024 KB……

GB 是我们非常熟悉的单位，TB 也已经进入我们的生活，如电脑硬盘、移动硬盘等都出现了以 TB 为基准的存储空间，但是对于 TB 以上的 PB、EB、ZB 等的概念多数人还不够清晰，多数人的头脑中只是有一个简单的概念，那就是很大很大。下面来看一下 PB 级的数据是个怎样的概念。

未来学家 Raymond Kurzweil 在他的论文中指出：人类功能记忆的容量预计为 1.25 TB。这意味着，800 个人类记忆才相当于 1 PB。此外，Adfonic 的 CTO Wes Biggs 给出了下面更直接的计算方法[9]：

---

[8] 百度百科. 存储单位[EB/OL]. http://Baike.Baidu.com/view/1703914.htm， 2015-12-17.

[9] 网界网. PB 级数据究竟有多大？[EB/OL]. http://software.cnw.com.cn/software-dataBase/htm2013/20130415_267665.shtml， 2015-12-17.

假设手机播放 MP3 的编码速度为平均每分钟 1MB，而 1 首歌曲的平均时长为 4 分钟，那么 1PB 歌曲可以连续播放 2000 年。如果智能手机相机拍摄相片的平均大小为 3MB，打印照片的平均大小为 8.5 英寸，那么 1PB 的照片并排排列长度就达到 48000 英里——大约可以环绕地球两周。

了解了 PB 级的数据，那么 1 EB 相当于 1000 多个 PB 那么大。因此，可以肯定地说，无论按 TB 还是 PB 量级来规定大数据的体量要求，中国基础教育领域都存在真正的大数据！

03 Section 教育大数据的热点聚焦

3.1 分析工具与数据源

为了更好地探讨教育大数据研究中的热点问题，研究采用了文献计量法和科学知识图谱方法，即利用 CiteSpace 知识图谱可视化分析，探测教育数据应用快速发展以来教育大数据的发展状况。文献计量可视化技术是近年来国际上兴起的一种新的研究方法和工具。

研究选取 CNKI 作为数据源，对基础教育大数据的相关文献进行计量分析。检索时间截至 2015 年 12 月 30 日，在 CNKI 中选择“高级检索”类型，选择“主题”检索，检索条件为“教育&大数据”“教学&大数据”“学习&大数据”“教学资源&大数据”“教育管理&大数据”“学校&大数据”“教育应用&大数据”，共检索出 1010 篇相关文献，剔除报道、会议通知、文件、征稿启事、卷首语等，共得到 924 篇有效文献，包括作者、标题、摘要、关键词、作者单位、参考文献等字段。

如图 2-5 所示为教育大数据文献统计。

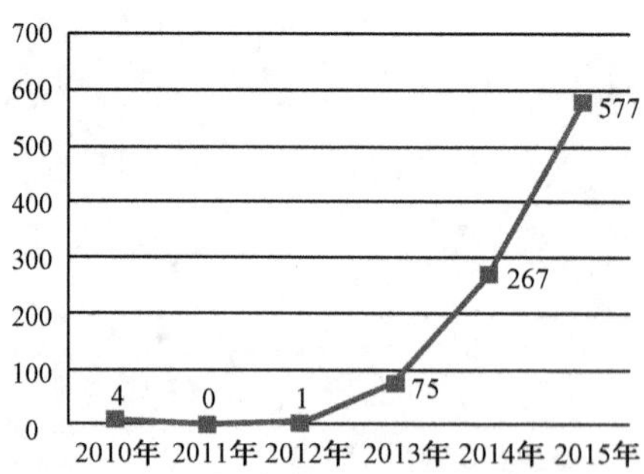

图 2-5 教育大数据文献统计（篇）

从图 2-5 中可以看出，2013 年以来围绕教育大数据的研究文献急增，研究成果丰富、发展迅速。一方面归结于大数据时代到来，将教育数据的应用发展推向了“快车道”，尤其是云计算、物联网、移动通信等新型信息技术的应用，使得教育数据的采集更加实时、连贯和全面；另一方面，2013 年是中国大数据元年，这一年教育领域掀起了基于大数据技术促进教育改革和创新发展研究的热潮，教育大数据研究迅速发展。

2015 年，教育大数据的相关研究呈现爆发式增长趋势，说明大数据受到了广泛的关注，这主要源于国家政策的导向和引领，即 2015 年国务院提出的“大众创业、万众创新”构想，指出社会发展需要坚持开放共享、推动模式创新，需要依托“互联网+”、大数据等，建立和完善线上与线下、境内与境外、政府与市场开放合作等创新机制；同时，物联网、创客教育、STEAM 教育逐渐走进中小学课堂，使得越来越多的智能硬件产品开始进入教育市场，也越来越需要利用数据挖掘和学习分析技术解决教育教学中的难题。

本书应用 CiteSpace 软件作为分析工具，对基础教育大数据文献的关键词进行词频、聚类、热点及突现词分析。在分析前首先需要对原始文献数据的关键词进行统一的过滤、筛选与分析，但由于原始基础教育大数据文献数据中有些文献缺乏关键词或关键词不明显，因此，研究对缺乏关键词或者关键词不明显的文献进行了提炼，提炼过程由 3 名具有专业基础的研究人员完成。

3.2　教育大数据研究热点

从知识理论的角度看，中心度和频次高的关键词代表着一段时间内研究者共同关注的问题，即研究热点。如表 2-3 所示，研究文献中出现频次较高的关键词有“大数据”“大数据时代”“学习分析及技术”“教育与教学改革”“数据挖掘”“慕课”“云计算及技术环境”“高职教育”“教育教学信息化”“个性化教育教学”等。这反映了目前教育大数据在推进、发展过程中关注领域的聚焦和变化。

目前，国内教育大数据研究主要集中在利用数据挖掘、学习分析技术、大数据思维、大数据技术、云计算及其技术解决教育教学中的难题、开发教育教学资源、提高实践教学技能、倡导个性化教学、变革教学模式、建设信息管理平台、提高管理绩效、实现创新型人才培养等方面。

CiteSpace 关键词聚类功能可以明确某研究领域的热点和发展趋势。知识图谱中，圆表示关键词节点，圆越大说明对应主题出现频次越高。节点年轮颜色及厚度表示出现时段，圆内色环越厚表明该颜色对应年份出现的频次越高。将 CNKI 下载的教育大数据文献数据进行转化，并进行参数设置，选择时间跨度为 2008—2014 年，切分年代为 1 年，聚类词来源选择标题、摘要、信息、关键词、节点类型等，剪切连线设置为路径探测算法，进而得到教育大数据文献聚类图谱[10]。

表 2-3 关键词共现频次、中心性及年代（部分）（跨年度：1）

序号	频次	中心性	年份	关键词	序号	频次	中心性	年份	关键词
1	581	0.62	2012	“大数据”	11	33	0.03	2014	“教学模式及实践教学”
2	134	0.16	2013	“大数据时代”	12	26	0.03	2013	“人才培养及模式”
3	67	0.16	2012	“学习分析及技术”	13	25	0.02	2013	“智慧教育”
4	64	0.17	2014	“教育与教学改革”	14	22	0.1	2014	“数据素养及信息素养”
5	63	0.21	2010	“数据挖掘”	15	21	0	2010	“教学管理及应用”
6	61	0.25	2013	“慕课”	16	20	0.14	2013	“在线教育”
7	56	0.15	2013	“云计算及技术环境”	17	13	0	2014	“翻转课堂”
8	40	0.06	2013	“高职教育”	18	12	0	2014	“大数据技术”
9	39	0.07	2013	“教育教学信息化”	19	8	0.03	2013	“物联网”
10	37	0.12	2013	“个性化教育教学”	20	7	0	2015	“大数据思维”

聚类结果显示，共有节点 92 个、连线 95 条。从图 2-6 中可以发现，“大数据”出现频次最高，其次是“大数据时代”、“学习分析及技术”、“数据挖掘”、“慕课”、“教育教学改革”再次是“云计算及技术环境”、“思想政治教育”等，这与关键词共现频次统计呈现一致，两者较吻合。中心度越高，说明节点越重要，根据中心性，发现节点较高的是“大数据”（0.62）、“慕课”（0.25）、“数据挖掘”（0.21）、“教育与教学改革”（0.17）、“大数据时代”（0.16）、“学习分析及技术”（0.16）等。“大数据”的中心性最高，说明了大数据的重要性和基础性。

依据 CiteSpace 软件的关键词共词分析与聚类分析结果，可以得出以下结论。

（1）关键词共现图谱表明，我国教育大数据研究领域的热点是“大数据”“大数据时代”“学习分析及技术”“数据挖掘”“慕课”“教育教学改革”等。关键词共现网络相对结构松散、密度不高，未来需要研究者保持研究主题、研究内容、研究方向的纵深研究，提高关注度，发挥关键词的作用。

（2）时间分布图谱表明，教育大数据研究具有十分重要的价值，最早始于 2008 年，但研究在 2013 年开始集中涌现，2014—2015 年进入大规模、快速发展阶段，受到了广泛的关注；我国教育大数据研究整体表现为日益发展的上升趋势，但总体上研究成果数量仍有明显不足，未来需要更多研究者关注。

---

[10] 晏齐宏，杜智涛，付宏. 国内在线学习主要模式演化的知识图谱分析[J]. 中国远程教育，2015，(9)：25-31

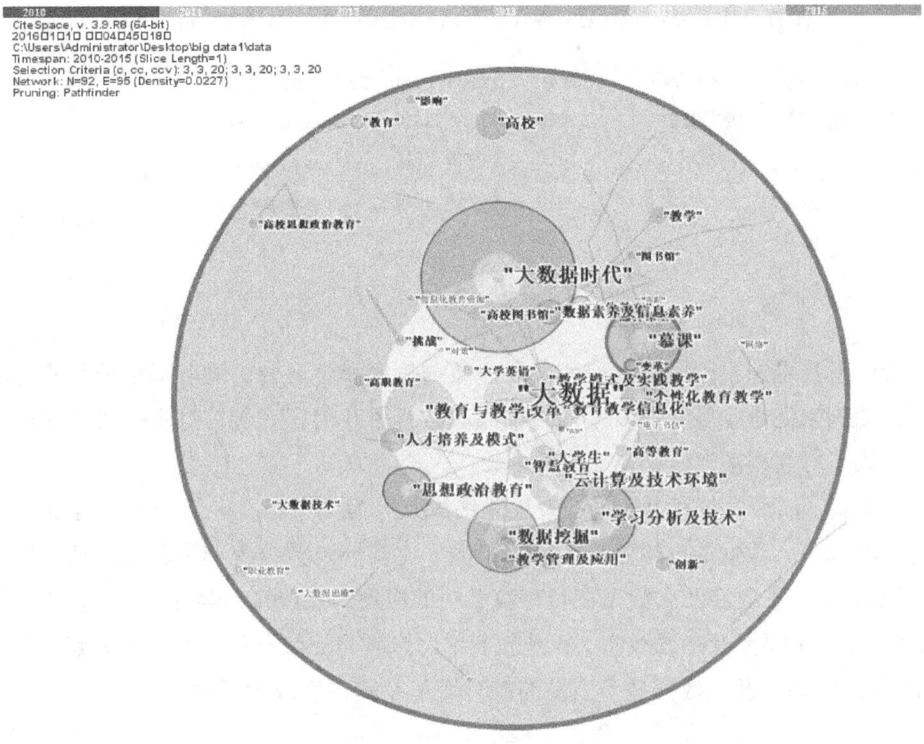

图 2-6 基础教育大数据相关文献关键词共现频次聚类图谱（跨度：1 年）

3.3 教育大数据研究趋势

突现词是指在较短时间内出现较多或使用频率较高的词，根据突现词的词频变化趋势可以有效判断研究领域的前沿与趋势。根据 CiteSpace 软件进行相关分析，得到教育大数据突现主题及对应的突现率（见图 2-7）和被引历史曲线。“数据挖掘”“学习分析及技术”“高职院校”是教育大数据研究的热点，其中“高职院校”主要体现在 2010—2011 年，“数据挖掘”体现在 2010—2013 年，“学习分析及技术”体现在 2011—2013 年，并且研究趋势为逐年上升。这从一定程度上说明，目前教育大数据研究前沿主要体现在数据挖掘、学习分析及技术，以及高职教育领域。

Top 20 Keywords with Strongest Citation Bursts

Keywords	Year	Strength	Begin	End	2010-2015
"数据挖掘"	2010	4.3335	2010	2013	
"高职院校"	2010	2.6808	2010	2011	
"学习分析及技术"	2010	2.1598	2011	2013	

图 2-7 关键词突现率（跨年度：1）

随着信息技术的不断更新与快速发展，数据挖掘和学习分析均取得了长足的进步，大数据时代的到来促进了教育的发展，并在高职教育中获得了完善与进步。研究在聚类图的基础上生成了时间线图谱，如图 2-8 所示。

图 2-8 显示，国内教育大数据的发展脉络大致分为 4 个阶段：第一阶段是 2010—2012 年，可以看成是大数据的理论基础或思想根源，主要涉及数据挖掘和教育管理应用；第二阶段是 2013 年，主要涉及大数据在教育教学中的应用、云计算、学习分析及技术；第三阶段是 2014 年，主要涉及在线教学、职业教育、思政教育、数据素养的全面突起；第四阶段是 2015 年，主要涉及大数据技术引发的教育变革及其在思政领域的应用。

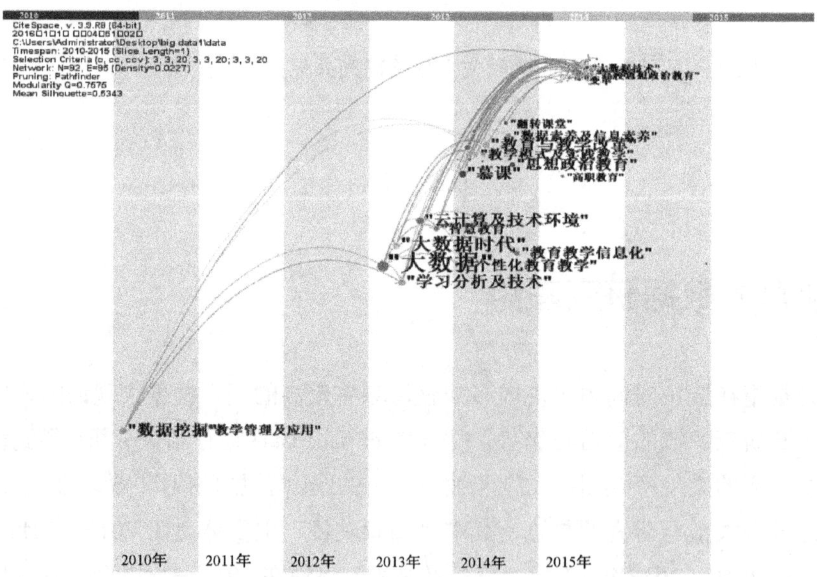

图 2-8 教育大数据相关文献关键词频次时间线图谱

依据 CiteSpace 软件的关键词频次时间线图谱分析结果，可以得出以下结论：

（1）我国教育大数据的研究前沿主要体现在“数据挖掘、学习分析及技术，以及高职教育”领域。

（2）教育大数据的发展主要经历了以下发展历程：从早期的教学管理及应用，到教育教学、信息素养与数据素养培养，再到职业教育、思政教育的应用，印证了国内教育大数据的发展，也展现了数据挖掘和学习分析的前进足迹。

（3）教育大数据研究主题单一、研究领域及范围较小，有必要开展跨学科、跨领域的合作，借助新技术探索教育大数据的纵深研究，开拓新的研究方向。

总的来说，当下教育数据呈“爆炸式”增长，教育数据的应用已经步入一个全新的历史时期。尤其是随着教育数据挖掘和学习分析技术的发展，教育数据的应用更偏向于对用户的深层认知和了解，教育数据的分析处理更加复杂和多样。未来教育大数据将研发专用的教育数据分析决策模型、工具与算法，实现教育数据处理的高效能与数据应用价值的最大化，教育行业数据分析与应用体系的轮廓将逐渐清晰。

04 Section 教育大数据的技术框架

4.1 教育大数据处理的一般过程

教育大数据从数据源经过分析挖掘到最终获得价值一般需要经过 3 个主要环节（见图 2-9），包括教育数据采集、教育数据处理、教育数据分析与展现，每个环节都面临不同程度的技术上的挑战。

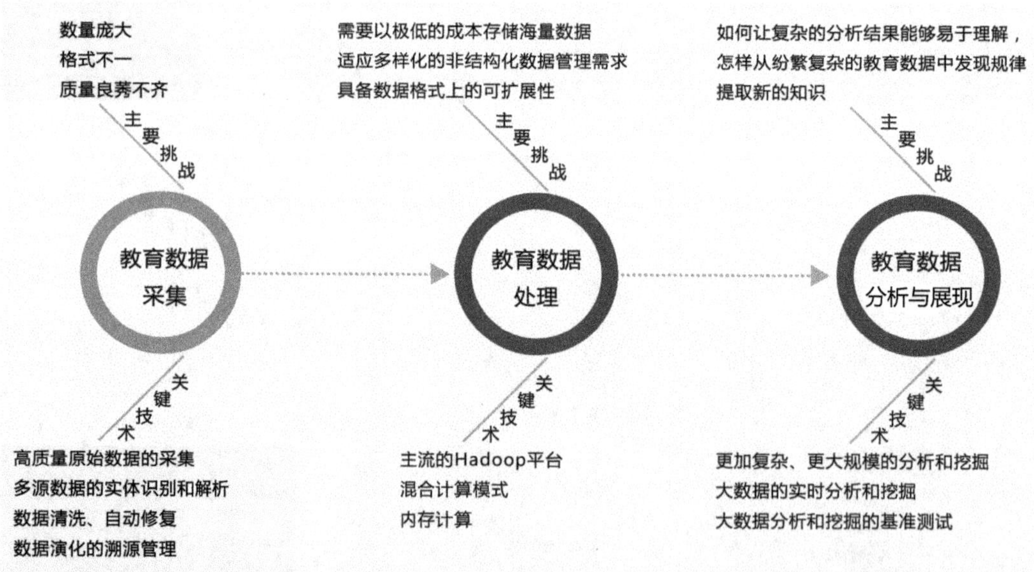

图 2-9 教育大数据处理的一般过程

4.1.1　教育数据采集环节

为了保证大数据的可用性，首先必须在数据的源头上把好质量关，做好从原始数据到高质量信息的预处理。与传统教育数据相比，教育大数据的来源更加多样化，包括业务应用内部数据库、互联网数据和物联网数据，不仅数量庞大、格式不一，在质量上也良莠不齐。这就要求数据采集环节需要规范格式，进行初步的预处理，便于后续存储管理，具体的关键技术包括：数据源的选择和高质量原始数据的采集方法；多源数据的实体识别和解析方法；数据清洗和自动修复方法；数据演化的溯源管理；数据加载、流计算、消息传输等技术。

4.1.2　教育数据处理环节

数据处理包含数据整合、数据存储两个方面。数据整合是指通过高质量的数据整合方法，对数据进行加工处理，并尽可能在保留原有语义的基础上去粗取精、消除噪声，从全局角度保证数据的一致性和相关性。数据存储是指所有数据的集中存放，主要用来存放各种结构化、半结构化和非结构化的历史数据、预测数据、汇总数据、主数据及需要共享的数据等，教育大数据存储系统不仅需要以极低的成本存储海量数据，还要适应多样化的非结构化数据管理需求，具备数据格式上的可扩展性。

大数据处理技术是大数据分析应用的重要支撑具有多样性和复杂性，根据处理的教育数据类型和分析目标，需要采用适当的算法模型，快速处理数据。海量数据处理要消耗大量的计算资源，对于传统单机或并行计算技术来说，速度、可扩展性和成本上都难以适应大数据计算分析的新需求。分而治之的分布式计算成为大数据的主流计算架构，但在一些特定场景下的实时性还需要大幅提升。近几年来，学术界和产业界不断研究推出新的或经改进的计算模式和系统工具平台，包括：主流的 Hadoop 平台改进后将与其他计算模式和平台共存；混合计算模式将成为满足多样性大数据处理和应用需求的有效手段；内存计算将成为高实时性大数据处理的重要技术手段的发展方向等。

4.1.3　教育数据分析与展现环节

通过数据分析能从纷繁复杂的教育数据中发现规律提取新的知识，这是教育大数据价值挖掘的关键。传统教育数据挖掘对象多是结构化、单一对象的小数据集，挖掘更侧重根据先验知识预先人工建立模型，然后依据既定模型进行分析。对于非结构化、多源异构的教育大数据集分析，往往缺乏先验知识，很难建立显式的数学模型，这就需要发展更加智能的数据挖掘技术。例如，建立统一的算法模型和技术路线，将高维数据分析作为大数据技术的核心。从传统二维的、片面的分析方式，转变为大数据立体的、全息的分析方法。这些高维分析具体包括：更加复杂、更大规模的分析和挖掘；实时的分析和挖掘；分析和挖掘的基准测试等。以直观的方式将分析结果呈现给用户，并服务于决策支撑，是教育大数据分析的重要环节。如何让复杂的分析结果能够易于理解是技术解决的重要问题。

4.2 教育大数据技术体系的逻辑框架

依据大数据处理的一般流程同时结合教育的业务特点，构建了教育大数据技术体系框架[11]，如图 2-10 所示。

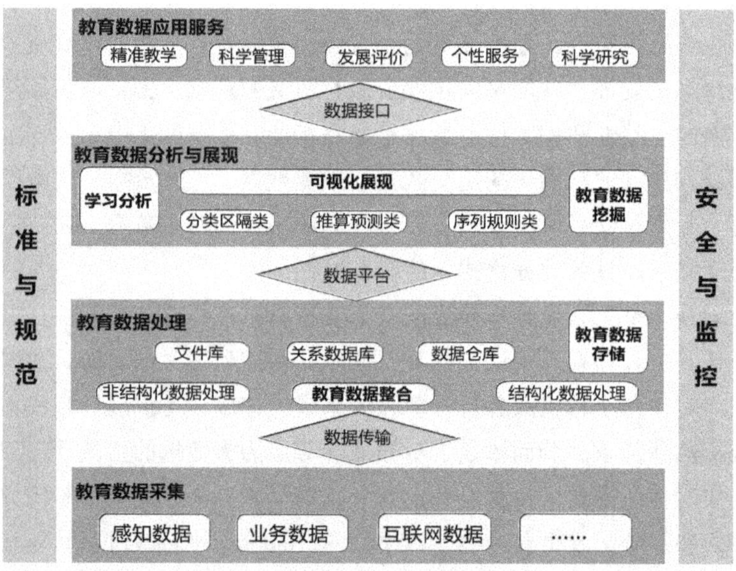

图 2-10 教育大数据技术体系的逻辑框架

该框架从下往上依次是：教育数据采集层、教育数据处理层、教育数据分析与展现层和教育数据应用服务层——通过数据传输接口，数据采集层将采集到的各类教育数据传递给数据处理层，并通过数据整合、存储形成教育数据平台；基于该教育数据平台，分析与

[11] 唐斯斯，杨现民，单志广，等. 智慧教育与大数据[M]. 北京：科学出版社，2015.

展现层可实现教育数据的可视化展现和大数据的分析与挖掘，并将分析结果通过数据接口传递给应用服务层。在该框架中，安全与监控贯穿整个流程，以保证教育数据各个环节的安全性和可控性；标准与规范则是整个框架的基础，以保障各个环节之间，以及整个系统教育数据的融通与共享。

4.3　教育大数据涉及的关键技术

教育大数据涉及一系列关键技术，包括教育数据的自然采集、教育数据的分布式存储、教育数据的安全管理、教育数据的无缝流转与大规模共享、教育数据的深度挖掘，以及学习分析等。考虑到采集、存储、安全等技术和其他领域有一定的通用性，这里仅介绍教育领域大数据处理的三项重点技术：教育数据挖掘、学习分析和可视化。

4.3.1　教育数据挖掘

教育数据挖掘（Educational Data Mining）是一个新兴的研究领域，主要是通过各种技术将教育系统的数据挖掘出来，理解学生是如何学习的。EDM2008 会议论文集在其前言中对“教育数据挖掘”的描述是：“教育数据挖掘是一个将来自各种教育系统的原始数据转换为有用信息的过程，这些有用信息可为教师、学生、家长、教育研究人员以及教育软件系统开发人员所利用。”[12]

通过教育数据挖掘，可向学习者推荐个性化的学习资源、学习任务、学习活动及学习路径；辅助教师更好地调整和改进教学策略，重构教学计划，完善课程设计与开发；帮助管理者进行更科学的管理决策。

教育数据挖掘的过程与数据挖掘的过程基本一致，主要包括数据准备、数据预处理、数据挖掘及模式解释 4 个关键步骤，如图 2-11 所示。

---

[12] Rvan Shaun Joazeiro De Baker, Tiffany Barner, Joseph E Beck (Eds.).The 1st International Conference On Educational Data Mining Proceedings[DB/OL]. http://www.educationaldatamining.org/EDM2008/index.php?page=proceedigs，2015-12-20.

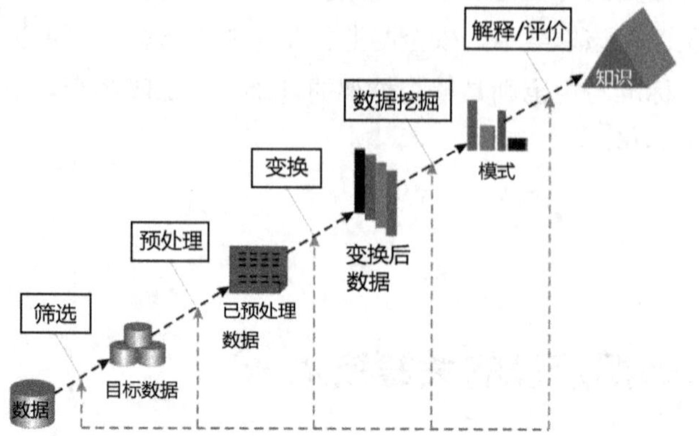

图 2-11 数据挖掘项目实施流程[13]

教育数据挖掘常用的分析方法包括统计分析与可视化、聚类、预测（决策树、回归分析、时序分析）、关系挖掘（关联规则挖掘、序列模式挖掘、社会网络分析）和文本挖掘[14]。常见的挖掘工具有很多，大致可以分成通用类、网络分析类、内容分析类、行为分析类以及综合平台类，如表 2-4 所示。

表 2-4 教育数据挖掘与分析常用工具

工具类别	工具名称	工具简介
通用类	SSAS	为应用程序提供联机分析处理和数据挖掘功能
	WEKA	支持数据预处理、收集、分类、回归分析、可视化和特征选取
	SPSS	一个组合式软件包，它集数据录入、整理、分析功能于一身
	Rapidminer	提供数据挖掘、数据预处理、可视化、预测分析和统计建模、评估和部署等功能
网络分析类	UCINET	社会网络数据和其他相似性数据的综合性分析程序
	Netminer	以可视化和交互的方式探查网络数据，以找出网络潜在的模式和结构
	Pajek	一个特别为处理大数据集而设计的网络分析和可视化程序
	Multinet	适于分析大型和稀疏网络数据
	STOCNET	适用于社会网络的高级统计分析
	VISONE	用于研究和教学的软件，支持交互式图形用户界面，社会网络数据的标准格式的导入 / 导出
	SNAPP	可从学习管理系统的论坛中提取数据

[13] 魏顺平. 教育数据的挖掘、分析、应用[J]. 中小学信息技术教育，2013（10）:18-21.

[14] 葛道凯，张少刚，魏顺平. 教育数据挖掘：方法与应用[M]. 北京：教育科学出版社，2012.

续表

工具类别	工具名称	工具简介
网络分析类	Gephi	可实现实时动态分析、时段动态分析、无标度网络分析、分层图示等交互可视化与数据探测
	GUESS	直观地对图形结构进行操作,能将输入的文本与可视化对象进行关联分析
	JUNG	可建模数据、分析及数据的可视化呈现
	NodeXL	直接从多种社交网站或邮件中导入网络关系进行分析
	Cohere	能将同一主题下的用户及相互关系以社会网络关系图可视化展示并进行分析
	Tanagra	数据的统计分析，提供了众多的有参和无参检验方法
内容分析类	VINCA	个性化和可视化的服务组合软件
	GgoBi	提供高度动态和交互式图形
	ORANGE	基于组件的数据挖掘和机器学习软件套装，提供了数据账目、过渡、建模、模式评估和勘探的功能
	NLTK	对自然语言进行词频分析，分词处理，词性标注，句法分析
	EXCEL	用于基本的数据统计处理
	CATPAC	词频统计、自学习式语义分析，可自动聚类、编码、多维度标记
	LIWC	支持中英文在内的多种语言，用于文本分析
	ICTCLAS	汉语词法分析系统，用于中文分词、词性标注、命名实体识别和新词识别
	WMatrix	对文本进行语义分析、频次分析
	Nvivo	支持定性研究方法，可以收集、整理和分析访谈、讨论、问卷调查、音频等内容
	Atlasti	一款对大容量文本、图像、音频和视频数据进行定性分析的软件
	Wordle	自动统计源文本中词汇出现频次，并将频次统计结果可视化
	LOCO-Analyst	记录学生的学习轨迹、平台资源使用、学习活动、参与课程、在线学习社区中学生之间互动
	Open Mentor	对学习反馈信息的质量进行分析 、可视化和比较
行为分析类	Enquiry Blogger	收集学生数据并以蛛网形式展现学习者学习能力的 7 个维度水平
	GSEQ	分析各种在线行为的序列模式
	ELLIment	记录教师的所有指导意见及学习者的反思
	Google Analytics	了解学习者访问各学习页面的频率、停留时间、平台内的移动轨迹、用户参与度等
	Mixpanel	实时监测学习者访问行为，记录、分析学习者的特征，追踪评论数
	Mzinga	可用来确定学习者在网络学习中的参与程度
综合平台类	Mineset	集成多种数据挖掘算法和可视化工具，帮助用户直观地、实时地发掘、理解大量数据背后的知识
	DBminer	把关系数据库和数据开采集成在一起，以面向属性的多级概念为基础发现各种知识
	Pymining	根据源数据使用多种算法去得到结果的一个平台
	KNIME	是一个开源的数据分析、报告和综合平台
	Socrato	在线学习评估平台，记录、跟踪学习者个体、团体学习轨迹

4.3.2 学习分析技术

学习分析（Learning Analytics）自从2013年被“地平线报告”提及，便迅速被教育行业重视，学习分析与教育数据挖掘密切相关，可视为大数据在教育领域应用的关键技术之一。学习分析是指通过对数据背后所隐藏的信息加以发现和理解并有效进行利用（干预、预测）的研究，从而追求最大的教育效益[15]。

学习分析和教育数据挖掘密切相关，应用的分析方法也比较类似。目前，学习分析领域常用的分析方法包括网络分析法、话语分析法和内容分析法[16]。二者的主要区别如表2-5所示。要对学习过程进行探究，必须选好切入点和适当的研究方法和工具。

表2-5　学习分析与教育数据挖掘的比较[17]

比较维度	学习分析	教育数据挖掘
历史来源	学术分析、行为分析、预测分析	计算、心理学方法和其他研究方法
学科来源	信息科学、社会学、心理学、统计学、机器学习、数据挖掘	统计学、机器学习、数据挖掘
数据来源	教育管理和服务、教与学	教与学
目　　的	创建直接影响教育实践的应用	检测学习理论、报告教育实践
技术方法	预测、集群、关系挖掘、精化人类判断、用模型发现、社会网络分析、社会/关注点元数据	预测、集群、关系挖掘、精化人类判断、用模型发现

学习分析最核心的问题是构建能满足学习跟踪、评价及改进需求的行为分析模型和数据挖掘算法。该技术可以在3个不同的层次上为教育发展提供数据和策略方面的支持，如图2-12所示。

- ✧ 在微观层面，有助于识别学习者的处境并提供及时干预，让学习者了解自己的学习习惯并获得改进建议。
- ✧ 在中观层面，可以改善管理决策和组织资源分配，通过及时的信息传递和迅速的反应提升组织效率。
- ✧ 在宏观层面，具有促使现有教育系统、学术体制和教育模式创新的潜力。

---

[15] Siemens G，Gasevic D，Haythornthwaite C. Open Learning Analytics: an integrated & modularized platform[DB/OL]. https://sites.ewu.edu/instructionaltech/2012/06/22/open-learning-analytics-an-integrated-modularized-platform/，2016-4-10.

[16] 顾小清，张进良，蔡慧英. 学习分析：正在浮现中的数据技术[J]. 远程教育杂志，2012（1）：18-25.

[17] Bienkowski,M..Feng,M.&Means,B. Enhancing Teaching and Learning Through Educational Data Mining and Learning Analytics[DB/OL]. http://www.educause.edu/liBrary/resources/enhancing-teaching-and-learning-through-educational-data-mining-and-learning-analytics，2015-12-26.

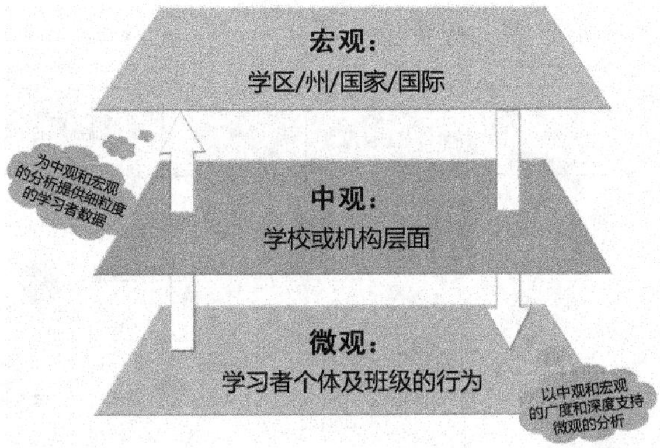

图 2-12　宏观、中观、微观层面的学习分析[18]

4.3.3　数据可视化技术

数据可视化（Data Visualization）技术指的是运用计算机图形学和图像处理技术，将数据转换为图形或图像，在屏幕上显示出来，并进行交互处理的理论、方法和技术[19]。数据可视化是一种通过可视化解释发现并理解大型数据库中所存在规律的方法。可视化的数据分析是一个新兴的领域，它融合了统计、数据挖掘和可视化技术，使每个人都能够筛选、展示和理解复杂的概念与关系成为可能。例如，可视化交互基本组件分析技术以前只能由统计学家使用，但现在已经被广泛地运用于寻找多维数据集中的规律和数据之间的联系。

数据可视化技术主要用来协助发现大型异构和动态数据集中的规律、趋势和联系，使得分析者可以更容易理解各类数据。例如，学习元平台（Learning Cell System，LCS）中，就通过对资源与资源、用户与资源及用户与用户之间 3 种关系的计算分析，生成可视化的社会认知网络（见图 2-13），在帮助学习者快速掌握整个知识体系的同时，也能方便地与相关领域专家、知识贡献者建立联系。

当前，除了数据挖掘工具自带的可视化组件外，还有一些专门的可视化工具、如元数据的可视化工具 Mirador、数据分析和绘制图表的手机应用 Plotly、可开发出三维效果的 Dimple 及可以对数据进行交互式可视化处理的 Gephi 等。随着各种可视化技术和工具的不断涌现，教育数据挖掘、学习分析的结果将更加直观地呈现。可以说，数据可视化技术将

[18] Shum S B. Learning analytics[DB/OL]. http://www.iite.unesco.org/puBlications/3214711/，2016-4-8.

[19] Jänicke H，WieBel A，Scheuermann G，et al. Multifield Visualization Using Local Statistical Complexity[J]. IEEE Transactions on Visualization & Computer Graphics，2007，13（6）：1384-1391.

在推动教育大数据落地应用方面发挥重要作用。

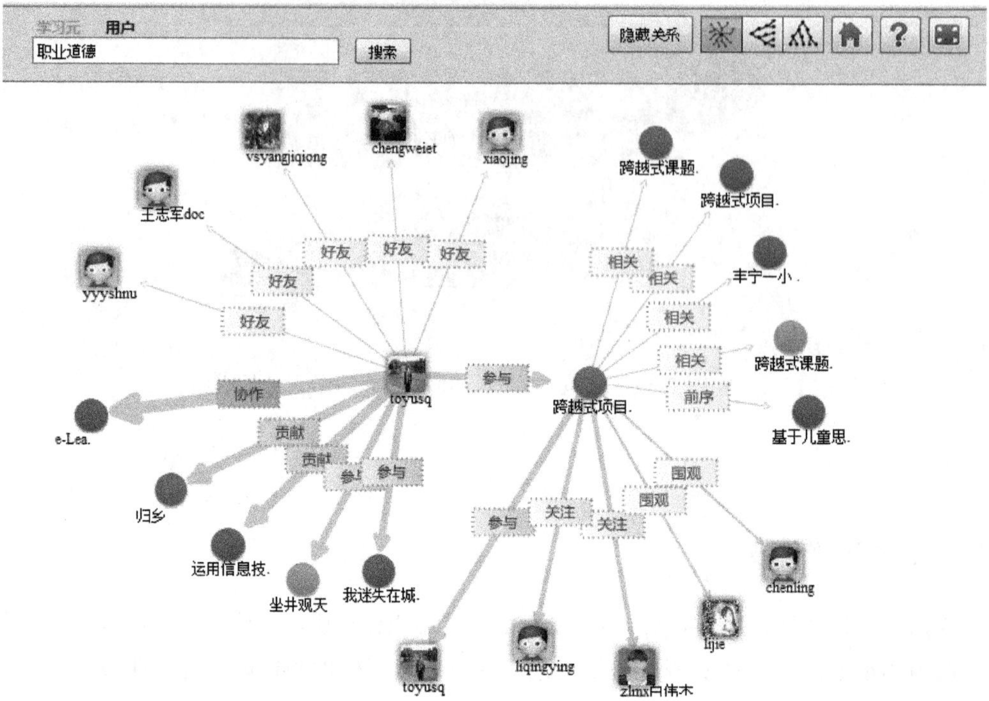

图 2-13　学习元平台中的社会认知网络

第 3 章

Chapter 3

教育大数据的采集技术

- 教育大数据产生于各种教育实践活动，核心数据源头是“人”（学生、教师、管理者和家长）和“物”（学习平台、校园网站、服务器、多媒体设备等各种教育装备）。

- 依据教育数据的来源和范围不同，可以将教育大数据分为个体教育大数据、课程教育大数据、班级教育大数据、学校教育大数据、区域教育大数据和国家教育大数据，从下到上、从小到大逐级汇聚。教育数据采集的重心将向非结构化的、过程性的数据转变。

- 教育大数据的结构由内向外可以分为 4 层，分别是基础层数据、状态层数据、资源层数据和行为层数据。不同层教育数据的主要采集（生成）方式与应用场景也有所不同。

- 教育数据的采集需要综合应用多种技术，包括四大类、13 种常用数据采集技术，分别是物联感知类技术、视频录制类技术、图像识别类技术及平台采集类技术。教育数据的采集需要提前规划设计，要有清晰的边界，要保持连续性和规范性，采集粒度要尽可能小，采集过程要符合伦理道德。

01 Section 教育大数据的来源与分类

1.1 教育大数据的来源

教育是一个超复杂的系统，涉及教学、管理、教研、服务等诸多业务，不像金融系统具有清晰、规范、一致化的业务流程。不同地区、不同学校的教育业务虽然具有一定的共性，但差异性也很突出，业务的差异性直接导致教育数据来源更加多元、数据采集更加复杂。

教育大数据产生于各种教育实践活动，既包括校园环境下的教学活动、管理活动、科研活动及校园生活，也包括家庭、社区、博物馆、图书馆等非正式环境下的学习活动；既包括线上的教育教学活动，也包括线下的教育教学活动，如图 3-1 所示。教育大数据的核心数据源头是“人”和“物”，“人”包括学生、教师、管理者和家长，“物”包括信息系统、校园网站、服务器、多媒体设备等各种教育装备。

依据教育数据的来源和范围不同，可以将教育大数据分为个体教育大数据、课程教育大数据、班级教育大数据、学校教育大数据、区域教育大数据和国家教育大数据，从下到上、从小到大逐级汇聚（见表 3-1）。

（1）个体教育大数据。包括教育部 2012 年正式发布的教育管理信息化系列行业标准（教技〔2012〕3 号）（以下简称标准）规定采集的教职工与学生的基础信息、用户各种行为数据（如学生随时随地的学习行为记录、管理人员的各种操作行为记录、教师的教学行为记录等），以及用户状态描述数据（如学习兴趣、动机、健康状况等）。

（2）课程教育大数据。围绕课程教学而产生的相关教育数据，包括课程基本信息、课程成员、课程资源、课程作业、师生交互行为、课程考核等数据，其中课程成员数据来自个体层，用于描述与学生课程学习相关的个人信息。

（3）班级教育大数据。以班级为单位采集的各种教育数据，包括班级每位学生的作业数据、考试数据、各门课程学习数据、课堂实录数据、班级管理数据等。

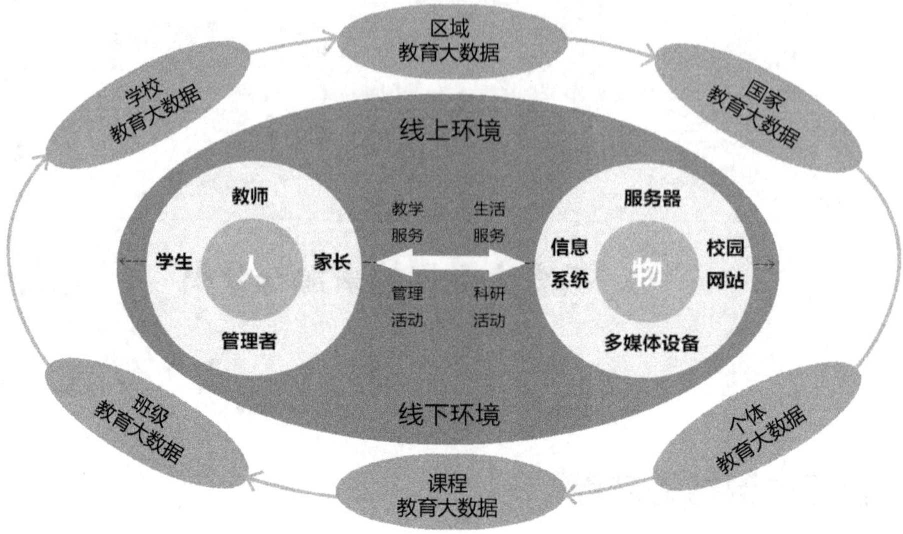

图 3-1　教育大数据的来源

表 3-1　教育大数据的来源

个体教育大数据	教职工基础数据	标准规定采集的教职工基础信息（如教龄、职务、工作单位等）
	学生基础数据	标准规定采集的学生基础信息（如学籍、成绩、学分等）
	用户行为数据	教师、学生、管理人员等某时某地用某种设备做了什么
课程教育大数据	课程基本信息	课程名称
		课程学分
		授课教师
		授课计划
		授课时间
		选课人数
	课程学员	学生基础信息（班级、专业、联系方式等）
		学习兴趣
		学习风格
		学习动机
	课程资源	教学课件
		参考资料
		生成性资源（学生作品、问题、帖子等）
		教学录像

续表

课程教育大数据	课程作业	试题/试卷
		作业过程记录
		作业完成情况
	师生行为数据	浏览
		搜索
		提问/回答
		评论
		发帖
		练习
		聊天
		上载/下载资源
	课程考核	期末成绩
		平时成绩
		签到情况
学校教育大数据	标准规定的学校管理数据	学校概况数据
		学生管理数据
		教职工管理数据
		办公管理数据
		教学管理数据
		科研管理数据
		体育卫生数据
		德育管理数据
		房地产与设施数据
		仪器设备与实验室管理数据
		图书管理数据
		安全管理数据
		办学经费数据
		招生管理数据
		财务管理数据
		外事管理数据
		档案管理数据
	课堂教学数据	教学录像
		课堂互动
		教学课件
	教务数据	排课数据
		课程成绩
		教师评学

续表

<table>
<tr><td rowspan="14">学校教育大数据</td><td rowspan="2">教务数据</td><td>学生评教</td></tr>
<tr><td>管理行为日志（录入、修改等）</td></tr>
<tr><td rowspan="2">校园安全数据</td><td>学生进出校数据</td></tr>
<tr><td>安全监控录像</td></tr>
<tr><td rowspan="4">设备使用与维护数据</td><td>设备借用数据</td></tr>
<tr><td>设备状态数据</td></tr>
<tr><td>设备维护数据</td></tr>
<tr><td>管理行为日志（录入、修改等）</td></tr>
<tr><td rowspan="3">教室、实验室等使用数据</td><td>借用数据</td></tr>
<tr><td>环境数据</td></tr>
<tr><td>维护数据</td></tr>
<tr><td>学校能耗数据</td><td>水、电、办公用品等消耗数据</td></tr>
<tr><td rowspan="2">校园生活数据</td><td>充值、刷卡、上网等行为记录数据</td></tr>
<tr><td>广播、电台、社团活动数据</td></tr>
<tr><td rowspan="9">区域教育大数据</td><td rowspan="5">标准规定的教育
行政管理数据</td><td>普通中小学教育管理数据</td></tr>
<tr><td>中等职业教育管理数据</td></tr>
<tr><td>高等教育管理数据</td></tr>
<tr><td>师范教育管理数据</td></tr>
<tr><td>外事管理数据</td></tr>
<tr><td colspan="2">区域教育云平台产生的各种行为数据与结果数据</td></tr>
<tr><td colspan="2">区域教学、教研、备课、培训、学习等各种教育资源</td></tr>
<tr><td colspan="2">各种区域层面教学、教研、学生比赛等竞赛活动数据</td></tr>
<tr><td colspan="2">社会培训与在线教育活动数据</td></tr>
<tr><td rowspan="2">国家教育大数据</td><td colspan="2">国家教育管理类数据</td></tr>
<tr><td colspan="2">区域教育数据汇聚</td></tr>
</table>

（4）学校教育大数据。主要包括标准规定的各种学校管理数据（概况、学生管理、办公管理、科研管理、财务管理等）、课堂教学数据、教务数据、校园安全数据、设备使用与维护数据、教室实验室等使用数据、学校能耗数据及校园生活数据。

（5）区域教育大数据。主要来自各学校、社会培训与在线教育机构，包括国家标准规定的教育行政管理数据、区域教育云平台产生的各种行为与结果数据、区域教研训学等所需的各种教育资源、各种区域层面开展的教学教研与学生竞赛活动数据，以及各种社会培训与在线教育活动数据。

（6）国家教育大数据。主要汇聚来自各区域产生的各种教育数据，侧重教育管理类数据采集。

1.2　教育大数据的分类

如图 3-2 所示，教育数据有多种分类方式，从数据产生的业务来源来看，有教学类数据、管理类数据、科研类数据及服务类数据；从数据结构化的程度来看，包括结构化数据、半结构化数据和非结构化数据，结构化数据适合用二维表存储，图片、视频、文档等非结构数据则不方便用二维表存储；从数据产生的环节来看，可以分成过程性数据和结果性数据，过程性数据是活动过程中采集到的、难以直接量化的数据（如课堂互动、在线作业、网络搜索等），结果性数据则常表现为某种可量化的结果（如成绩、等级、数量等）。

图 3-2　教育大数据的分类

02 Section 教育大数据的结构模型

2.1 教育大数据的洋葱模型

为了更清晰地认识教育大数据的结构，构建了教育大数据的洋葱模型，如图 3-3 所示。整体来说，教育数据可以分为 4 层，由内到外分别是基础层、状态层、资源层和行为层。

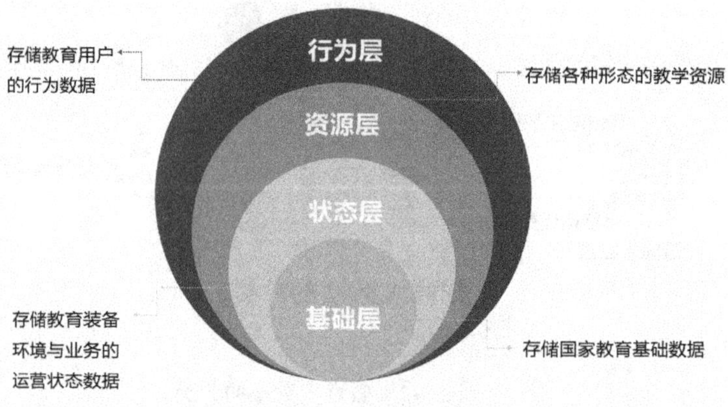

图 3-3　教育大数据的洋葱模型

基础层存储国家教育基础性数据，包括教育部 2012 年发布的 7 个教育管理信息系列标准中提到的所有数据，如学校管理信息、行政管理信息、教育统计信息等。

状态层存储各种教育装备、教育环境及教育业务的运行状态信息，如设备的能耗、故障、运行时间、校园空气质量、教室光照、教学进程等。

资源层存储教育过程建设或生成的各种形态的教学资源，如 PPT 课件、微课、教学视频、图片、游戏、教学软件、帖子、问题、试题试卷等。

行为层存储广大教育相关用户（教师、学生、教研员、教育管理者等）的行为数据，如学生的学习行为数据、教师的教学行为数据、教研员的教学指导行为数据、管理员的系统维护行为数据等。

2.2　教育大数据的冰山模型

借鉴人力资源领域的人才素质“冰山模型”，构建了教育大数据的“冰山模型”，如图 3-4 所示。该模型将教育数据分为两大部分，分别是显露于冰面之上的数据和深藏于冰面之下的数据。

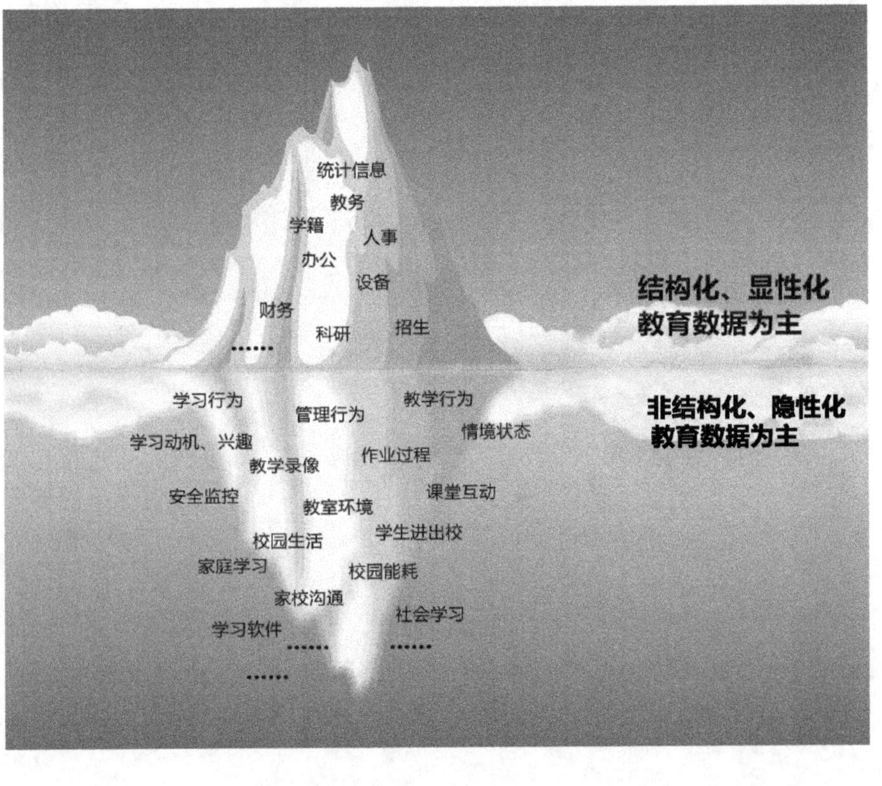

图 3-4　教育大数据的“冰山模型”

多年来，国家采集的教育数据主要以管理类、结构化、结果性的数据为主，这些数据位于“冰面以上”，具有易测量、显性化等特点，重点关注宏观层面教育发展整体状况，在一定历史时期对我国制定教育政策、推动教育发展起到了积极的作用。然而，随着大数据时代的到来，国际社会对教育大数据战略资产的地位越来越认可和重视，教育数据的全面化采集与深度挖掘分析就变得越来越重要。教育数据采集的重心将向非结构化的、过程性的数据转变，此类数据主要位于“冰面以下”，具有难测量、隐性化等特点。这些数据无论从数量上、增长速度上，还是潜在的价值上，都将远远超越传统的教育数据。

教育数据是客观的，其价值的发挥取决于操控和应用数据的人。因此，无论是冰面之上的数据还是冰面之下的数据，都属于教育大数据的重要组成部分。只是从当前教育数据的采集与应用上来看，应当着重加强冰面之下部分教育数据的采集与深度挖掘，同时加强教育大数据与其他领域大数据（医疗、交通、经济、社保等）的融通和关联分析，进一步增强教育决策的科学性。

03 Section 教育大数据的采集技术

3.1 教育大数据采集方式

教育大数据洋葱模型将数据分为 4 层，不同层教育数据的主要采集（生成）方式与应用场景也有所不同（见表 3-2）。数据采集的难度从内向外逐步增加，尤其是行为层数据的采集最为复杂、多变，对于传统的面授教学或是不使用技术工具的学习行为，很多数据仍无法采集到。

表 3-2　教育大数据采集方式与应用场景比较

数据层次	数据采集方式	数据应用场景
基础层	人工采集、数据交换	宏观掌控教育发展现状、科学制定教育政策、合理配置教育资源、完善教育体系等
状态层	人工记录、传感器感知	教育装备的智能管理、教育环境的智能优化、教育业务的实时监控等
资源层	专门建设、动态生成	各种形式的教学与培训，如课堂教学、教师培训、网络探究学习、移动学习、协作学习等
行为层	日志记录、情境感知	个性化学习、发展性评价、学习路径推送、教学行为预测等

（1）基础层数据。一方面，通过定期的人工采集实现国家规定的教育基础数据的逐级上报，如每年的招生、教师招聘等新产生的教育数据；另一方面，通过系统之间的数据交换实现教育基础数据采集与更新，如学籍系统、人事系统、资产系统等定期进行自下而上

的系统数据更新。基础层数据属于高度结构化的教育数据，主要用于宏观掌控教育发展现状、科学制定教育政策、合理配置教育资源、持续完善教育体系等。其中，有些基础数据（如学籍、人事、资产等）具有高度的隐私性、保密性，属于国家重点保护的教育数据。

（2）状态层数据。采集方式有人工记录和传感器感知，当前主要以人工记录为主，随着传感技术的普及应用，未来的教育装备、教育环境及教育业务的运行状态将实现全天候、全自动化的记录监控。状态层数据可用于高效管理与维护教育装备、打造更具人性化的教育环境、全面掌控各项教育业务运行状况等。

（3）资源层数据。总量巨大，形态多样，大都属于非结构化数据。资源的产生主要有两种途径，一是专门建设，包括国家组织的精品开放课程资源、企业自主开发的各种学习培训资源与工具、个体自发建设的教学课件等；二是动态生成，在教学过程中产生的各种生成性资源（讨论、试题、笔记等）。海量优质的资源是实现教学模式创新、教学方法变革的基础，比如当前基于微课的翻转课堂、基于 MOOC 的开放创新教学、基于电子书的移动学习等。随着移动与开放教育浪潮的兴起，微课、电子书、App 应用、慕课等将成为未来重要的学习资源。

（4）行为层数据。教育行为有很多种，如收发公文、录入成绩、设备报修、科学实验、财务报销、教师备课、学生写作业等。其中，教学行为数据（包括教师的教和学生的学）在所有行为层数据中占据主导地位。大数据时代可以采集更多、更细微的教学行为数据，比如，学生在何时何地应用何种终端浏览了哪些视频课件、观看了多长时间、先后浏览顺序、是否跳跃观看等细微的行为都将以日志记录的形式被保存下来。GPS 定位、情境感知、移动通信等技术使得各种教与学行为的日志信息更加丰富，不仅可以记录什么人在什么时间什么地点做了什么，还可以采集到行为发生时的周边环境信息、个人体征信息、情绪状态等。这些看似无用的数据都将成为后期数据挖掘与学习行为分析的宝贵数据源，为个性化学习、发展性评价、学习路径推送、教学行为预测等提供数据支持。

3.2 教育大数据采集技术

教育数据的采集需要综合应用多种技术，每种技术采集的数据范围和重点有所不同。图 3-5 展示了教育数据采集的技术体系，共包括 4 大类、13 种常见数据采集技术。

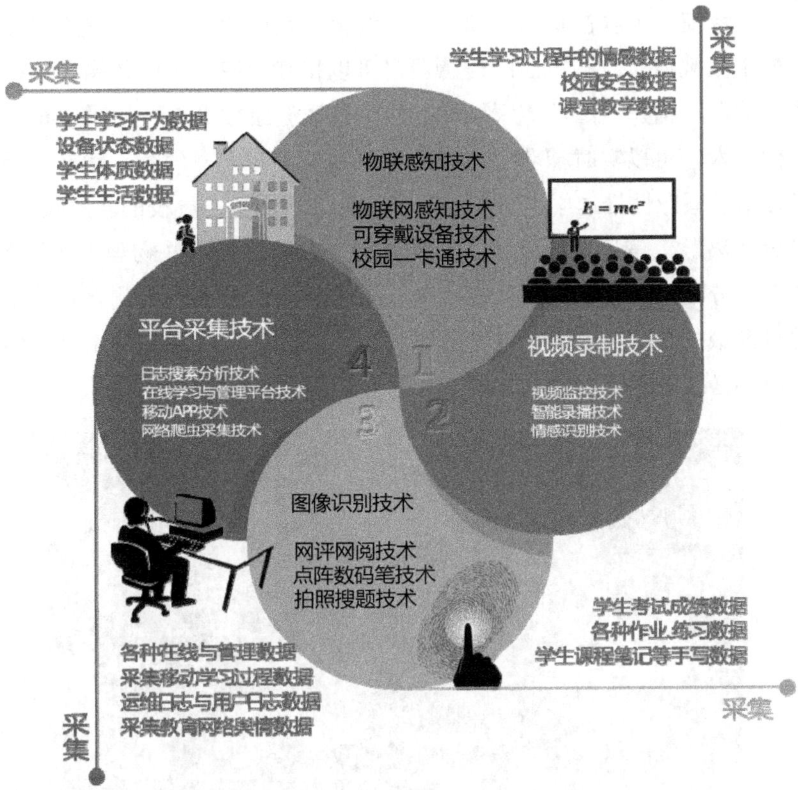

图 3-5　教育大数据采集技术图谱

3.2.1　物联网感知技术：采集设备状态数据和学生体质数据

物联网是指通过各种信息传感设备，实时采集任何需要监控、连接、互动的物体或过程等各种需要的信息，与互联网结合形成的一个巨大网络，其目的是实现物与物、物与人，所有的物品与网络的连接，方便识别、管理和控制[1]。物联网感知技术是实现万物相连的前提，是采集物理世界信息的重要渠道。

目前，在基础教育领域利用物联感知技术采集基础信息，主要通过传感器和电子标签等方式进行。通常情况下传感器用来感知采集点的环境参数，电子标签用于对采集点的信息进行标识。而对于采集后的信息数据，需经过无线网络上传至网络信息中心存储，并利用各种智能技术对感知数据进行分析处理以实现智能控制。物联网具有全面感知、可靠传

[1] 百度百科. 物联网[EB/OL]. http://Baike.Baidu.com/view/1136308.htm，2015-12-26.

递、智能处理等特征，可以在状态层和行为层教育大数据的采集方面发挥重要作用。

通过为学生佩戴体质监测方面的传感器，可以持续获取学生的体温、脉搏、心率、血压等动态体征数据，构建全国性或区域性的学生体质健康数据库，如图 3-6 所示。通过传感器结合定位技术，可以实时捕获学习者的学习地点、时间、内容、状态、环境信息等学习情境信息，用于适应性推送学习资源、活动、工具和服务。学校的教室设备、会议设备、实验器材等分布离散、信息透明度小、管理难度大，通过给这些物理教学设备粘贴 RFID 标签或传感器，分配专人管理，可以进行统一管理和调度，有效检测设备的工作状态。此外，学生随身佩戴的传感器便于随时查看学生出入校园情况、查看学生身份信息等，为校园安全管理提供必要的保障措施，如图 3-7 所示。

图 3-6　传感器实时采集学生体质数据

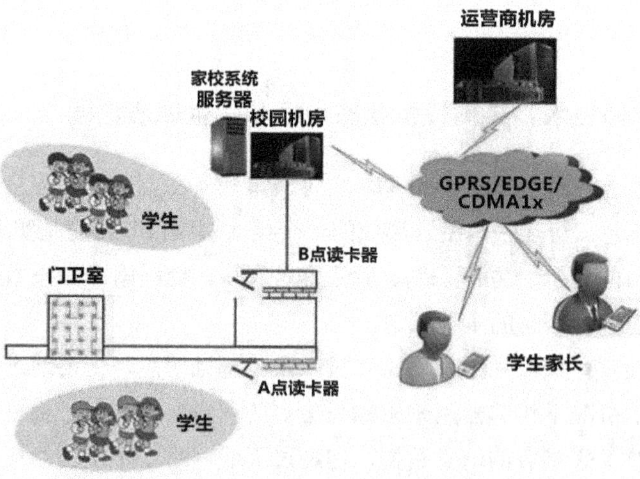

图 3-7　应用物联感知技术采集设备与学生数据

3.2.2　视频监控技术：采集校园安全数据

校园安全监控系统是一套旨在用于全面、实时监控校园运行情况，跟踪学生出入学校情况，准确监控和预测校园中可能发生的危机地点，以实现快速处理校园危险事件的监控、警告系统，由视频采集系统、视频传输系统、中心管理系统组成[2]。视频采集系统由前端的模拟球机或枪机和视频分析编码设备组成；视频传输系统主要依靠光纤或者以太局域网的网络传输，可以实现校园网的联网监控；中心管理系统主要由中心控制和报警服务器、存储服务器组成，实现后台数据的存储、视频的查看、报警的响应等；客户端也可安装在各个监控分点，如保卫监控点、校长办公室等，负责巡视各个监控点的情况，通过各种网络来监看校园中各个监控点的实时视频。

校园安全监控系统的核心技术是视频监控，主要借助不同监控点的摄像机采集整个校园的数据，实现对包括学校门卫、操场、班级等整个校园环境的实时监控，并将录制视频的模拟信息实时转换为数字信号，以服务于学校管理中心、市教育局监控中心等不同监控单位，以便实时诊断校园安全（见图 3-8）。视频监控系统能够实现对学生、教师及校外人员出入校园情况的监控、实现对校园异常情况，如对突发性奔跑、人员密集等情况进行预警，实现对校园设备的全面监控与管理，实现对各班级情况的有效监控[3]。

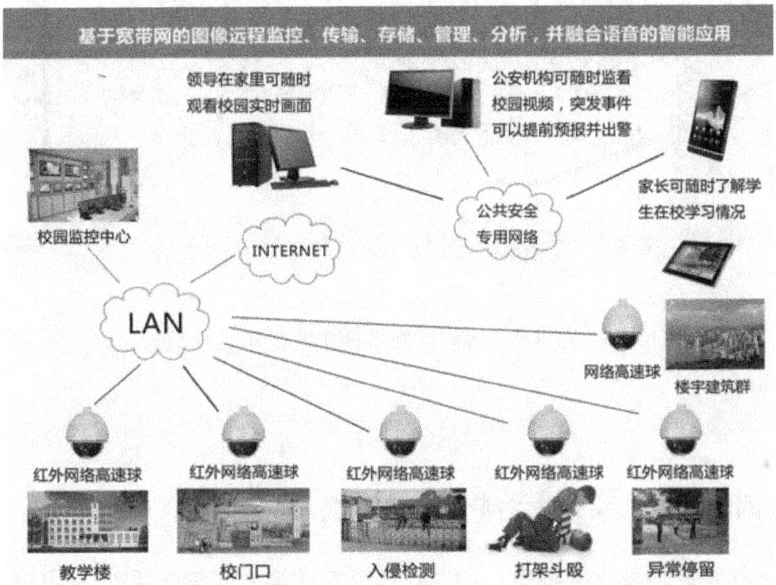

图 3-8　视频监控数据实时采集校园安全数据

---

[2] 贝尔信. 学校综合视频监控解决方案[EB/OL]. http://project.21csp.com.cn/C181/201312/6092.html，2015-12-28.

[3] 中科文讯科技. 校园检测方案[EB/OL]. http://www.bicount.com/index.php?ac=article&at=read&did=74，2015-12-28.

3.2.3 智能录播技术：采集课堂教学数据

随着教育信息化的高速发展，智能录播系统作为信息化教学中不可或缺的部分，已在各级各类学校得到了广泛应用。智能录播系统通过先进的流媒体及智能化全自动控制技术，可以自动实时采集课堂教学数据，并同步实现在校园网或 Internet 上的视频直播，以及远程互动教学功能，成为网上可实时直播、点播的学习资源，全真再现课堂教学的全过程[4]。

智能录播系统主要通过教室内 3 台可跟踪定位的摄像机实时采集教学过程中的视频与音频信息。此外，智能录播系统还通过对电子白板的录屏，采集教学课件（见图 3-9）。最终形成 3 份不同角度的课堂实录视频、教学课件录像及定制的合成视频。通过在教室中安装智能录播系统来实时采集课堂中教师的提问、引导、评价等教学行为，完整采录教师在教学中使用课件的内容、使用的时间及使用的方法，还可以采集到学生课堂上的回答内容、记录、倾听及走神等行为。

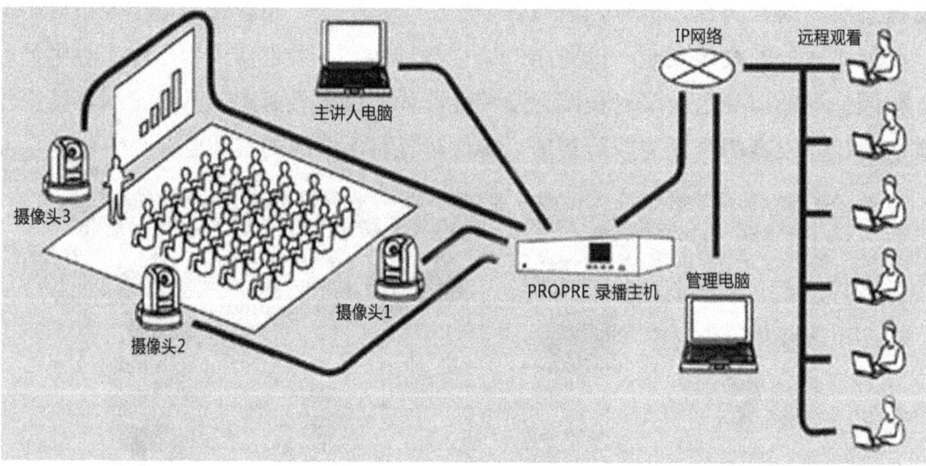

图 3-9 智能录播系统实时采集教学数据

3.2.4 网评网阅技术：采集学生考试成绩数据

互联网阅卷系统是目前中高考、英语四六级考试等大型考试活动惯用的阅卷技术，是学生考试成绩数据的重要采集技术。阅卷系统以计算机网络技术和图像处理技术为依托，采用专业扫描阅读设备，对各类考试答卷和文档进行扫描和处理，实现客观题机器自动评卷、主观题教师网络高效评卷。

[4] 内蒙古师范大学教师教育研究中心.中心智能录播系统[EB/OL]. http://edu.imnu.edu.cn/n54c36.jsp，2015-12-28.

阅卷系统主要由数据扫描、OMR 自动评分、网上评卷及数据监控 4 个业务子系统构成（见图 3-10）。随着试题库系统及人工智能技术的不断发展，一些产品已实现对部分主观题的自动评阅。可以预见，网评网阅技术将在考试数据采集中发挥越来越重要的作用。

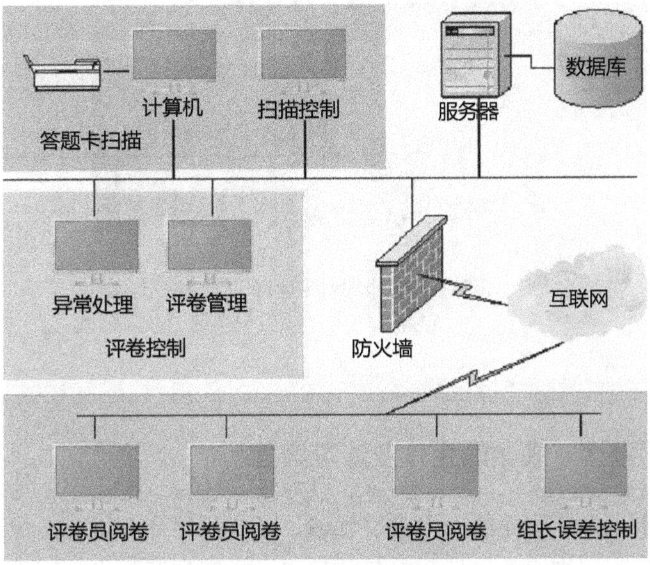

图 3-10　网络评阅系统采集设备与流程

3.2.5　点阵数码笔技术：采集各种作业、练习、考试数据

点阵数码笔是一种新型高科技纸面书写工具（见图 3-11）。通过在普通纸张上印刷一层不可见的点阵图案，点阵数码笔前端的高速摄像头能随时捕捉笔尖的运动轨迹，同时将数据传回数据处理器，最终将信息经由蓝牙或者 USB 线向外传输。这些信息包括纸张类型、来源、页码、位置、笔迹坐标、运动轨迹、笔尖压力、笔画顺序、运笔时间、运笔速度等信息，笔迹记录过程与书写过程同步[5]。

点阵数码笔可以将纸张上书写的文字或者图片以数据的形式存储，并通过智能终端还原成文档，还可以通过投影同步显示。点阵数码笔不仅可以保存学习者的最终书写结果，还可以记录学习者的书写过程信息，如书写方式、书写顺序、书写时间等。除此之外，点阵数码笔还可以结合书写或者绘画过程同步录入声音，采集书写时的情景信息。点阵数码笔是一种非常自然的书写数据采集工具，最贴近用户的日常书写习惯，因此，它有望成为作

---

[5] 百度百科．点阵数码笔[EB/OL]. http://baike.baidu.com/link?url=bIdBW1z8_KToANSdDNAsxXY1AXuG07zYP5oFpV7unVKw4dlkXr1ZUhzI0CzK-ItHLv3tNUhqFlozazjdRGJ5zq，2015-12-27.

业、练习数据的主导采集工具。

图 3-11　点阵数码笔自动采集手写数据

3.2.6　拍照搜题技术：采集学生作业练习数据

图像识别技术是人工智能的一个重要领域，是指利用计算机对图像进行匹配、处理、分析，以识别各种不同模式的目标和对象的技术。拍照搜题技术是图像识别技术在教育领域的应用形式之一，主要通过终端设备（智能手机、平板等）获取相关题目的照片，继而由系统根据已有的题库进行自动匹配、处理与分析，最终筛选出与图片最为相似的题目、答案及其解答思路，如图 3-12 所示。

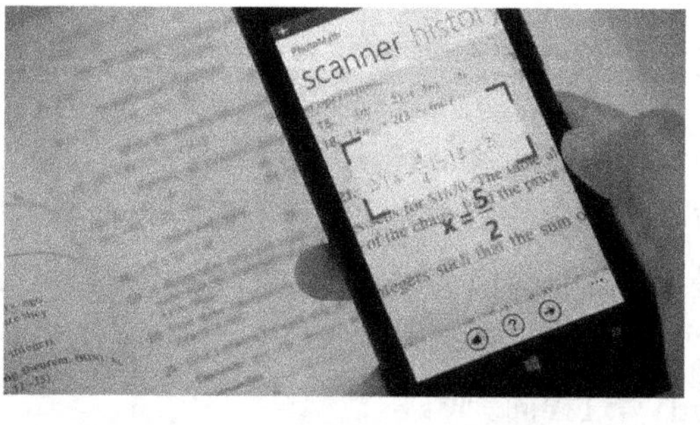

图 3-12　拍照搜题技术采集作业信息

市场上越来越多的作业题库产品开始提供拍照搜题功能，为学生日常作业练习数据的采集提供了很好的渠道。拍照搜题技术除了可以实现题目答案的检索之外，还可以通过拍照上传的方式存储学生的作业练习结果及过程数据。这些数据通过软件平台的处理分析，可以有效服务于教师的教学决策和学生的自我诊断。

3.2.7　情感识别技术：采集学生学习过程中的情感数据

情感识别技术通过观察人的表情、行为和情感产生的前提环境来推断情感状态，基本目的在于赋予计算机像人一样观察、理解和生成各种情感特征的能力。目前，情感识别技术主要通过面部表情和语音特征来提取情感信息。

情感是影响线上线下学习效果的重要变量，学习过程中的情感数据采集至关重要。通过情感识别技术可以即时判断学生的情绪状态，进而提供针对性的支持服务。以在线学习为例，当学生在学习过程中出现烦躁情绪时，通过情感识别技术，系统可以给予学生适当的鼓励或者是减慢学习进度；当学生感到枯燥乏味情绪低落时，系统可以适当降低内容难度并给出调动学生积极性的鼓励话语；当学生感到充满自信时，系统可以根据学生水平提供更具挑战性的学习内容与材料，如图 3-13 所示[6]。

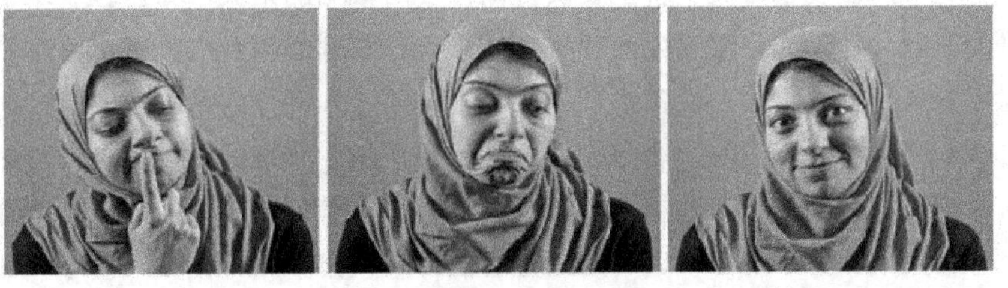

图 3-13　情感识别技术实时采集学生情感数据

当前，主流的情感识别技术是基于面部表情特征的情感计算，该技术通过摄像头实时采集学习者的脸部五官位置、肌肉运动等表情特征值，进行情绪识别。除此之外，还可以实时采集学习者的语音、文本、绘图等输入信息，对其中蕴含的情绪信息进行内容挖掘和智能分析识别。近年来，随着人类对人脑结构认识的不断深入，未来基于脑电波的情感识别采集技术将成为情感数据采集和情感识别的重要渠道。

3.2.8　日志搜索分析技术：采集运维日志与用户日志数据

日志文件中存储了大量的用户及系统的操作信息，通过日志搜索分析技术可以有效地筛选出有用的信息。日志搜索技术即通过日志管理工具，对日志进行集中采集和实时索引，提供搜索、分析、可视化和监控等，最终实现对线上业务的实时监控、业务异常原因定位、业务日志数据统计分析，以及安全与合规审计[7]。

[6] 赵力，黄程韦. 实用语音情感识别中的若干关键技术[J]. 数据采集与处理，2014（2）：157-170.

[7] 日志易. 日志易产品概述[EB/OL]. https://www.rizhiyi.com/products，2015-12-28.

日志搜索分析技术一方面可以实时监控教育设备及资产的运行状况，如设备耗电量、故障信息、安全威胁等，为智能运维提供数据支撑；另一方面可以详细记录用户的操作行为，如系统登录次数、登录时间、增删查改等基本信息，用于教师、学生及管理者的行为模式诊断。

3.2.9 在线学习与管理平台技术：采集各种在线学习与管理数据

在线学习与管理平台是当前教育数据采集的重要载体，可以采集大多数网上学习、教研与管理活动数据。各种在线学习平台与管理平台，因定位和功能不同，支持采集的教育数据范围和类型也有所不同。

通常情况下，在线学习类平台主要负责课程学习数据的采集，如课程基本信息、课程资源、课程作业、师生交互信息、课程考核结果等。管理类平台（如资产管理系统、人事管理系统等）主要负责学籍、设备资产、科研、财务、人事等信息的采集与管理。

如图 3-14 所示，Moodle 平台是中小学广泛使用的一种在线学习平台，可以实现课程资源、作业练习、讨论交流、互动评价等数据的采集与管理。此外，除了使用专门的学习与管理平台采集数据外，还可以通过第三方的插件来采集数据，例如，基于火狐浏览器的油猴脚本可以自动采集 BlackBoard 平台中的交互数据，包括学生信息交互频次、交互内容及交互的方向等[8]。

图 3-14　Moodle 平台采集课程学习数据[9]

[8] Macfadyen L P，Dawson S. Mining LMS data to develop an “early warning system” for educators： A proof of concept[J]. Computers & Education， 2010， 54(2)： 588-599.

[9] 闵行区颛桥中心小学 MOODLE 平台[EB/OL]. http://moodle.zqxx.mhedu.sh.cn/moodle/，2015-12-28.

3.2.10　移动 App 技术：采集各种移动学习过程数据

近年来，随着移动终端和通信技术的发展，各种移动学习 App 开始涌现。市场上几乎所有的主流学习管理平台都提供了移动 App，可以方便地支持学习者无处不在的学习。移动 App 逐渐成为移动学习过程数据采集的主导技术。

本质上来看，移动 App 技术与在线学习管理平台采集技术类似，只是采集渠道来自于移动终端，采集方式更加灵活、多样。学生可以通过无线网络，使用移动终端（智能手机、平板、PDA 等）与云端学习平台进行互动。通过结合移动终端的定位技术，系统将实时采集学习者的学习地点、学习时间、学习内容及学习状态等信息，以服务于教师对学生学习情况的实时监测，进而实现个性化智能辅导。

如图 3-15 所示，学生可以不受时间、地点限制，在真实的情境中通过移动终端学习生物知识，并与同伴开始互动交流，期间所有的学习过程数据将通过移动 App 自动存储到云端学习平台。随着 HTML 5 技术的不断成熟，越来越多的学习平台与学习工具将采用 HTML 5 技术开发移动端应用，移动学习数据的一体化采集与整合共享也将变得越来越容易实现。

图 3-15　移动 App 实时采集学生移动学习数据

3.2.11 可穿戴技术：采集个体生理数据与学习行为数据

可穿戴技术主要用来探索和创造能直接穿在身上或是整合进用户的衣服或配件的设备的科学技术[10]。近年来，智能眼镜、智能手表、智能手环等新产品不断出现，各种形态各异的可穿戴设备（见图 3-16）正在逐步融入人们的日常生活与工作中。

图 3-16 市场上常见的可穿戴设备

可穿戴技术为自然采集学习者的学习、生活和身体数据提供了可能。通过佩戴相关设备可以实时记录学习者的运动状态、呼吸量、血压、运动量、睡眠质量等生理状态数据，还可以记录学习者学习的时间、内容、地点、使用的设备等学习信息。除此之外，可穿戴技术还可以与虚拟仿真、增强现实技术相结合，优化内容呈现方式、丰富学习环境，对学习者的所见、所闻、所感进行全息记录（见图 3-17）。

图 3-17 通过智能眼镜增强学习者所见

[10] 百度百科. 可穿戴技术[EB/OL]. http://baike.baidu.com/link?url=6yKxZKRB1QYY_PYRoTfLrBOJFgYwfW11hFGPYudHJucGzKh4nlsYvKpVh_0wP6DIRSz-np9FKFUnwLDnKY_uHq， 2015-12-28.

3.2.12　校园一卡通技术：采集各种校园生活数据

校园一卡通是以校园网为载体，以电子和信息技术为辅助手段，集身份识别、校务管理及各项校园服务等应用项目为一体的完整系统（见图 3-18）[11]。目前，校园一卡通系统已在全国各级各类学校广泛应用，成为校园生活数据采集的重要来源。

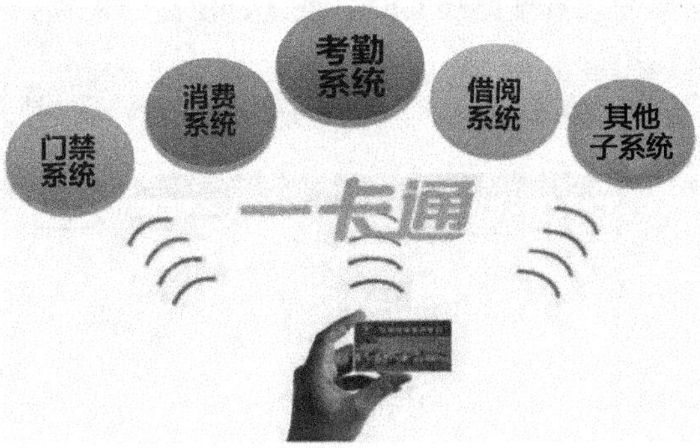

图 3-18　一卡通全面采集学生校园生活数据

校园一卡通系统可以采集的数据范围包括餐饮消费、洗浴收费、超市购物、运动健身、课堂考勤、图书借阅、银行转账、上机收费、学生选课、学生补助、就医买药等，几乎涵盖了校园生活的方方面面。部分地区的校园一卡通系统还与城市交通、医疗等系统关联，学生可以方便地使用一卡通坐公交、地铁，购买药物等，这些数据的采集不仅对于教育管理有价值，对于整个城市的管理与规划也有重要意义。

3.2.13　网络爬虫技术：采集教育舆情数据

网络爬虫（WeB Crawler）又称网络蜘蛛（WeB Spider）或 WeB 信息采集器，是一个自动下载网页的计算机程序或自动化脚本，是搜索引擎的重要组成部分[12]。网络爬虫类产品，如八爪鱼采集器、网页抓取软件等，在数据采集领域有着广泛的应用，可以定期实时采集各大门户网站数据、监控各大社交网站、博客，自动抓取企业产品的相关评论。

随着互联网新媒体（如门户网站、微博、微信）的兴起，教育领域的信息传播呈现出传播速度快、波及范围广和内容多样化的特点。网络爬虫技术可以实时监控、采集教育领域网络舆情数据，从而为有效处理各种突发事件提供可能。

以“声誉监控”产品为例（见图 3-19），该产品借助网络爬虫技术对学校相关的互联网

[11] 张升平. 数字化校园之校园一卡通的建设[J]. 重庆工商大学学报（自然科学版），2008（1）：56-59.

[12] 孙立伟，何国辉，吴礼发. 网络爬虫技术的研究[J]. 电脑知识与技术，2010（15）：4112-4115.

舆情信息进行监控、整理与分析，为不同种类的学校定制科学的预警机制，实现对网络舆情事件的第一时间预警。此外，产品还能根据舆情监控系统预警，对已经发生的舆情事件进行正确的舆论引导，从而降低事件的负面影响。

需要说明的是，上面仅仅列出了部分教育大数据的采集技术，随着很多新型技术（如眼动追踪技术、语音交互技术、体感技术等）的逐步成熟，将有越来越多的数据采集技术应用到教育领域，推动教育大数据更加实时、连续、便捷的采集。

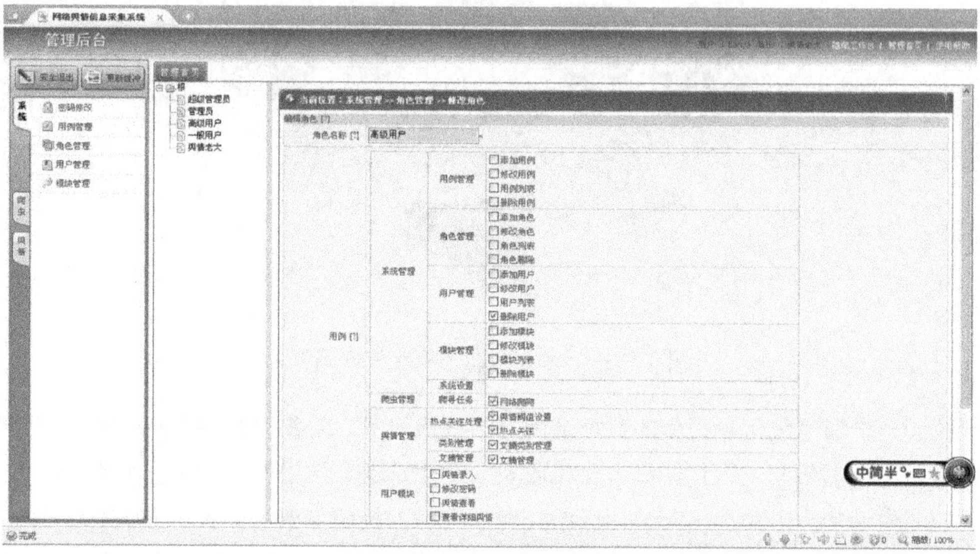

图 3-19　网络爬虫技术采集教育舆情数据

04 Section　教育大数据采集中的注意事项

数据采集是建设教育大数据的基础性和先导性工作。为了保证高质量教育数据的可持续性采集，在实践过程中需要注意的事项如图 3-20 所示。

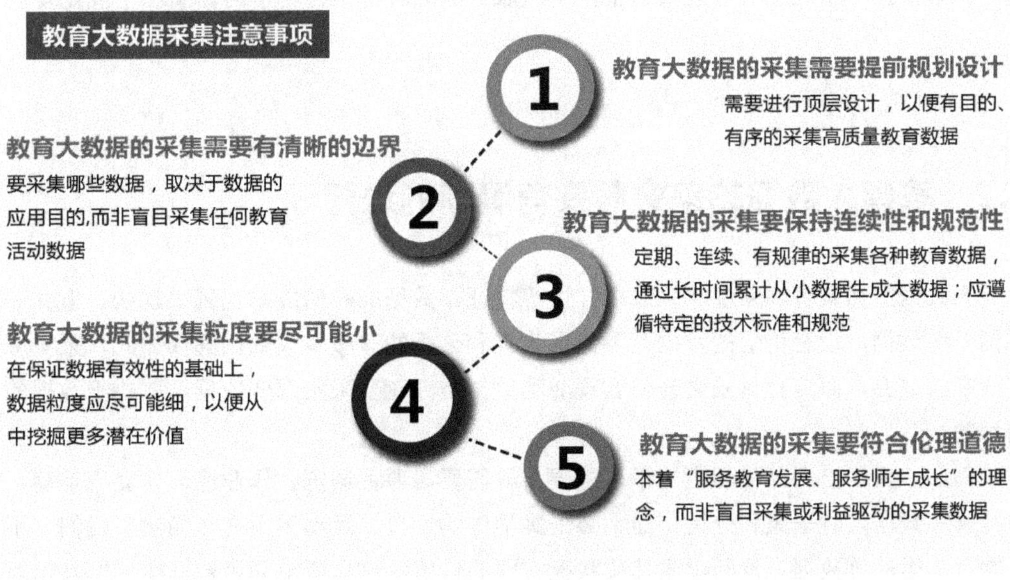

图 3-20　教育大数据采集注意事项

4.1 教育大数据的采集需要提前规划设计

教育大数据的建设与应用是一项系统工程，需要进行顶层设计，以便有目的、有序地采集高质量教育数据。规划设计的内容包括数据采集的范围、使用的数据采集技术、数据采集环境的部署、数据采集质量的保障措施、采集数据的应用目的和场景、数据的存储方案、数据的更新机制、数据的交换标准，等等。

不同层级的教育数据采集应当有不同的侧重点，国家教育大数据和区域教育大数据应以管理类数据采集为主，同时注重与人口、社会、医疗、交通等领域大数据的关联交叉分析与挖掘，重点服务教育政策制定及区域教育均衡发展；学校、班级、课程大数据应以教与学活动数据采集为主，重点服务教学质量的提升；个体大数据应以学习者个体的行为数据、状态数据、情境数据等采集为主，重点服务学习者的个性化学习诊断和个性化发展。

4.2 教育大数据的采集需要有清晰的边界

大数据虽然具有混杂性、来源多样性等特征，数据的存储成本也越来越低，但并非要囊括一切数据，没有价值的数据是不值得收集和分析的。教育大数据同样如此，采集应当有清晰的边界，而非盲目采集任何教育活动数据。究竟要采集哪些数据，取决于数据的应用目的。

例如，为了检测评估学生的学习进展，就需要对课程浏览、作业练习、交流互动、提问答疑等数据实时采集和分析，而不必采集学生的饮食、运动等数据。当然，我们并不否认饮食、运动等数据在诊断学生体质状况方面的价值。这里所提的“数据边界”是相对于具体的应用目的而言的，任何数据分析模型的构建都需要依赖特定的数据集合，唯有如此才能保证分析模型的有效性和分析结果的应用价值。

4.3　教育大数据的采集要保持连续性和规范性

很多时候，一个学生一次作业的成绩并不能说明任何问题。但是，如果将一个班级每位学生历次的作业成绩数据，甚至包括作业的过程数据全部采集到，便可以客观评估学生的整体学习效果、发现学习盲点、诊断教学难点，开展针对性教学和个别化辅导，这时的作业数据便具有了“大”价值。

教育大数据的采集应秉持“持续创造价值，规范提升价值”的理念。教育数据的采集一方面应当保持连续性，即根据前期规划设计，定期、连续、有规律地采集各种教育数据，通过长时间累积，从小数据生成大数据；另一方面为了保证后期数据的融通互换和一致化处理，教育数据的采集应遵循特定的技术标准和规范。目前，全国信息技术标准化技术委员会教育技术分技术委员会已在教育信息化标准研制方面做了大量的工作，有些技术标准已经成为国标，各应用系统的研发应当遵循教育管理信息化标准、教育资源建设标准等。此外，国际上一些通用标准也很值得借鉴，如 IMS-QTI（问题与测试交互）标准、xAPI（学习体验记录）规范等。

4.4　教育大数据的采集粒度要尽可能小

数据粒度是指数据的细化和综合程度[13]。一般来说，细化程度越高，粒度越小；细化程度越低，粒度越大。有学者认为[14]，数据采集应处于一个合适的粒度级别，粒度的级别既不能太高也不能太低。低的粒度级别能提供详尽的数据，但要占用较多的存储空间，需要较长的查询时间。高的粒度级别能快速、方便地进行查询，但不能提供过细的数据。

就教育大数据采集而言，在保证数据有效性的基础上，数据粒度应尽可能细，以便从中挖掘更多潜在价值。传统的教育数据以分数为核心，一份作业、一张试卷最后采集到的仅仅是一个表征成绩的数字符号，也就是说采集的数据粒度比较大。如果基于网络学习平

---

[13] 李静. 数据仓库中的数据粒度确定原则[J]. 计算机与现代化，2007，（2）：57-58+61.

[14] 吕海燕，车晓伟. 数据仓库中数据粒度的划分[J]. 计算机工程与设计，2009，（9）： 2323-2325+2328.

台或点阵数码笔采集技术，能够采集到每个学生的答题过程，如做题的顺序、每道题停留时间、答案修改次数等更细化的过程记录数据，便能够更加精准地判断学生在哪些知识点有疑惑、答错的具体原因（马虎大意还是未掌握知识）。因此，可以说“小颗粒汇聚大数据，大数据蕴藏大价值”。

4.5 教育大数据的采集要符合伦理道德

数据隐私与安全一直是大数据发展的障碍之一。教育数据的采集源头来自广大学生、教师、家长及学校，数据繁杂多样，包括成绩、排名、家庭背景等诸多涉及个人隐私的信息。目前，国内在教育数据隐私保护方面的法律法规还不健全，学校、教育机构等学生数据的保护意识亟待加强。由于监管不到位，教育行业中不乏一些为了商业利益而私售师生及家长信息的不良企业。

不管出于研究、管理还是商业目的，任何教育数据在采集之前，应当遵循教育数据采集伦理规范（建议相关部门尽快编制），数据产生主体应当有一定的知情权和选择权。数据采集的初衷和最终目的，应该本着“服务教育发展、服务师生成长”的理念，而非盲目采集或利益驱动的采集数据。

第 4 章

Chapter 4

教育大数据的分析框架

- 教育是一个超复杂的系统，教育领域的大数据不存在清晰的、固定的分析流程和分析方法。

- 教育大数据的分析既要综合运用传统的数据分析方法与工具，又要合理采用专门针对大数据处理的新方法与新工具。在传统方法方面主要涉及统计分析与可视化、聚类、预测（决策树、回归分析、时序分析）、关系挖掘（关联规则挖掘、序列模式挖掘）、社会网络分析、文本挖掘、Web 数据分析等。

- 在新方法方面主要涉及深度神经网络分析、异步大数据分析、网络图模型分析、基于云模型的大数据 CCA 方法、计算智能方法等。

- 严格来说，大数据的分析模型不是被设计的，而是被发现的。为了更好地指导现阶段教育大数据的实践应用，本报告在调研已有相关系统的基础上，构建了七大教育数据分析模型：教育决策支持模型、教育舆情监测模型、适应性学习模型、学习预警模型、深度学习分析模型、学业评价模型及学生画像模型。

01 Section 分析框架与情境

构建大数据分析模型，需要回答“谁分析、为什么分析、分析什么、分析过程、分析的技术工具、分析结果如何”等基本问题。如图 4-1 所示为大数据的通用分析框架。

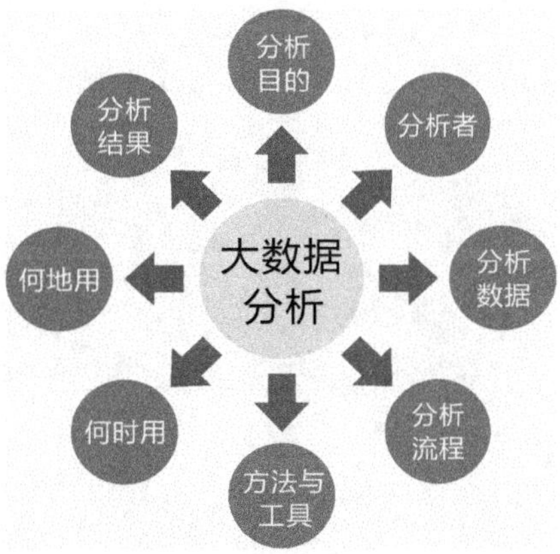

图 4-1　大数据分析框架

教育大数据的核心服务对象包括教育管理者、教师和学生，应用目的包括描述（学习现状、学习者）、评价（学生、教师、机构）、预测预警（学生表现、教育事业发展）、干预（教学、管理）等。不同对象有着特定的应用目的，二者的交叉可以产生多种教育大数据应用情境，如表 4-1 所示。

表 4-1　教育大数据应用情境

目的 / 角色	描述	评价	预测	干预	综合
教育管理者	现状报告	绩效评价	学习预警	舆情监测	决策支持
教师		学业评价	深度学习分析	优化教学	
学生	学生画像			适应性学习	

分析的对象自然是教育大数据。具体是哪些数据、数据结构如何，取决于教育大数据分析应用情境。在分析流程方面，基本遵照教育数据挖掘的一般过程（见图 2-11)。这些过程也会因应用情境不同而有所差异。

02 Section 分析方法与工具

在分析方法和工具方面，教育领域中的数据也逐渐呈现出大数据的“4V”特征，即数据量巨大（Volume）、结构化数据、半结构化数据和非结构化数据并存（Variety）、数据价值密度低（Value）、数据的产生与处理加速（Velocity），这就要求用到的学习分析技术是复杂多样的。

针对数据量巨大（Volume）的特点，可以采用分布式存储和计算方法，相应的工具有 Hadoop、Spark、数据仓库，以及各类商用大数据服务平台，如阿里云、亚马逊 AWS 等。

针对结构化数据、半结构化数据和非结构化数据并存（Variety）的特点，可以采用词语切分、信息抽取等方法，相应的工具有各类自然语言处理工具，如大数据搜索与挖掘开发平台。

针对数据价值密度低（Value），可以采用聚类、关联规则、决策树等数据挖掘方法，相应的工具有 SQL Server Analysis Service（SSAS）、Weka、SPSS 等。

针对数据的产生与处理加速（Velocity）的特点，可以采用信息自动抓取方法，相应的工具有各类网络爬虫软件，如火车头采集器。

教育大数据的分析既需要运用传统的数据分析方法与工具，又需要根据需要采用专门针对大数据处理的新方法与新工具，如图 4-2 所示。

在传统方法方面，涉及内容分析、话语分析、社会网络分析、系统建模等技术，以及统计分析与可视化、聚类、预测、关系挖掘、文本挖掘、Web 挖掘等一系列数据挖掘方法。在传统工具方面，包括主流关系型数据库，如 Oracle、SQL Server、MySQL；数据仓库，如 IBM 公司提供的 Visual Warehouse（VW）解决方案、Oracle 公司提供的 Oracle Express 和 Oracle Discoverer 方案、微软公司提供的 OLAP 方案、Sybase 提供的 Warehouse Studio 等。专门的数据挖掘工具，如 SQL Server Analysis Service（SSAS）、Weka、SPSS；支持对原始帖子进行标注或编码、交叉引用和简短评论的工具包括 Nvivo、Atlasti；支持基本的基于词典的文本分析的工具，如 CATPAC、LIWC；专门的内容分析工具，如北京师范大学知识工程研究中心开发的智能化内容分析工具 VINCA；专门的社会网络分析工具，如 UCINET；用于系统建模的工具，如 Coordinator 系统建模工具。

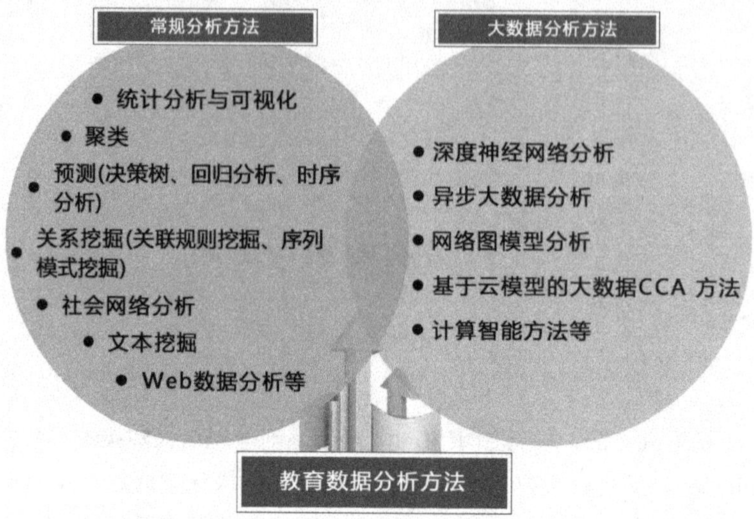

图 4-2　教育数据分析方法

在新方法方面主要涉及深度神经网络分析、异步大数据分析、网络图模型分析、基于云模型的大数据 CCA 方法、计算智能方法等。在新工具方面主要有 Hadoop 技术架构，以及与之类似的 Spark 技术架构。Hadoop 是一个由 Apache 基金会所开发的分布式系统基础架构，Hadoop 的框架最核心的设计就是 HDFS 和 MapReduce，HDFS 为海量的数据提供了存储，MapReduce 为海量的数据提供了计算[1]。Spark 是 UC Berkeley AMP lab 所开源的类 Hadoop MapReduce 的通用并行框架，Spark 拥有 Hadoop MapReduce 所具有的优点；但不同于 MapReduce 的是 Job 中间输出结果可以保存在内存中，从而不再需要读写 HDFS，因此，Spark 能更好地适用于数据挖掘与机器学习等需要迭代的 MapReduce 的算法[2]。虽然 Hadoop 和 Spark 都是开源软件，但是普通用户难以完成相应的配置工作，一般都是借助已有的云计算平台如阿里云[3]、Amazon Web Services （AWS）[4]等购买此类服务。

[1] 百度百科．Hadoop[EB/OL]. http://baike.baidu.com/link?url=RtZ2Lv21vWsmuyfzGnmk7h3DS4hGqOTOuDooaBxE6u1HYPD6uq2RHTqKlQyQnR6BoEKGUDKwHC_doh0cj2WwKq，2015-12-28.

[2] 百度百科．Spark[EB/OL]. http://baike.baidu.com/link? url=LirTAKCol3sRtLQa29Un3NKIpFN1MPXY0MLMBu4-EgzAWoxZQdyY_A1W4tt0Ex_clEMcU9JxUAOGGCcnBRFWYx4fuqeoQ8XnElA85VPQOu， 2015-12-18.

[3] 阿里云官网.阿里云[EB/OL]. http://www.aliyun.com/，2015-12-28.

[4] Amazon web service. AWS 与云计算[EB/OL]. http://aws.amazon.com/，2015-12-28.

2.1　常规数据分析方法与工具

2.1.1　统计分析与可视化

统计趋向于将基于假设的检验作为最终目标，可视化是将数据信息转化为有意义的、易于理解的图像的过程，虽然它们常常不被认为是数据挖掘技术，但是作为数据的探测方法，它们可以处理一些通常由数据挖掘解决的问题。常用的统计分析工具有 Excel、SPSS，可视化工具则非常丰富，有 Excel、Google Chart API、百度 Echarts、Fusion Charts Suit XT、R 语言、Leaflet、Openlayers、Modest Maps、Many Eyes、Timeline、Wordle、Worditout 等。

“统计分析与可视化”是大数据分析中最为简便也是使用最为频繁的技术和方法，借助最常用的 Excel 软件即可完成。在 Excel 中，一般是选取某个分类字段，进行求和、求平均、计数、求标准差等计算，最后以折线图、柱状图或饼图等形式呈现计算结果。例如，我们拿到一份学习行为日志数据，以发生时间的所在周数为分类字段，分别对学生和教师的活动频次进行计数，将分类汇总结果绘制成折线图（见图 4-3）。

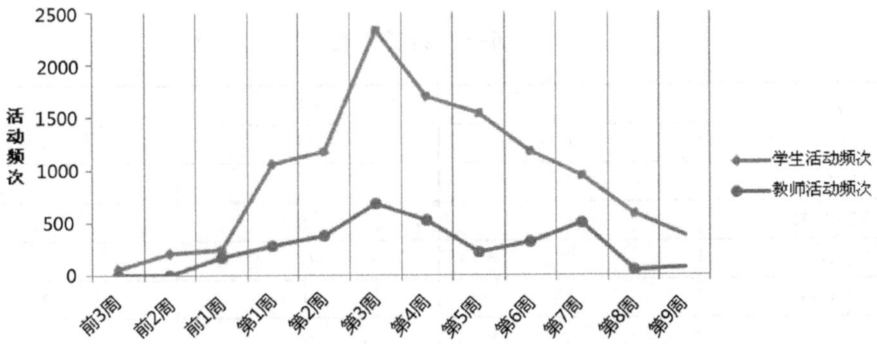

图 4-3　以周为单位统计师生活动频次变化

2.1.2　聚类

聚类是将数据对象分成类或簇的过程，使同一个簇中的对象具有很高的相似度，不同簇中的对象高度相异。相异度根据描述对象的属性值评估，通常使用距离度量。与分类方法不同，聚类是一种无监督学习，它不需要用高昂的代价收集和标记大量训练元组集。这类方法首先是基于数据的相似度把数据集合划分成组，然后给这些数量相对较少的组指定类标号。聚类技术目前可分类为划分方法、层次方法、基于密度的方法、基于网格的方法、基于模型的方法、高维数据的方法、基于约束的方法等。

聚类在学习分析中的应用也是比较频繁的，一般可以借助 SPSS 的 k-means 算法完成聚类。例如，通过学习行为日志数据统计分析得出每个学生在每周的行为频次，如表 4-2 所示。

表 4-2　学生各周学习发生情况标注样例

学习周次	学生编号				
	28893	162686	275468	538567	665220
2014/37	0	0	0	0	0
2014/38	0	0	0	0	0
2014/39	0	1	0	0	0
2014/40	0	0	0	0	0
2014/41	0	0	0	0	0
…	…	…	…	…	…

根据表 4-2，采用 SPSS 19.0 的 k-means 聚类算法，对学生进行聚类分析（设定聚为 3 类），得到如表 4-3 所示的聚类中心。

表 4-3　聚类中心

	聚类		
	1	2	3
2014/37	0	0	1
2014/38	1	0	0
2014/39	1	0	0
2014/40	1	0	0
2014/41	0	0	0
2014/42	1	0	0
2014/43	1	0	0
2014/44	1	0	0
2014/45	0	0	1
2014/46	1	1	0
2014/47	1	1	0
2014/48	1	0	1
2014/49	1	1	0
2014/50	1	1	0

续表

	聚类		
	1	2	3
2014/51	1	1	0
2014/52	1	1	0
2014/53	0	1	0
2015/01	0	0	0
2015/02	1	1	0
2015/03	1	1	1
2015/04	1	1	0
2015/05	1	0	0
2015/06	0	0	0

每个聚类中的案例数如表 4-4 所示。

表 4-4　每个聚类中的案例数

聚类	第 1 类	589.000	10.16%
	第 2 类	650.000	11.21%
	第 3 类	4558.000	78.63%
有效		5797.000	
缺失		1.000	

根据表 4-3，可绘制聚类结果图，如图 4-4 所示。

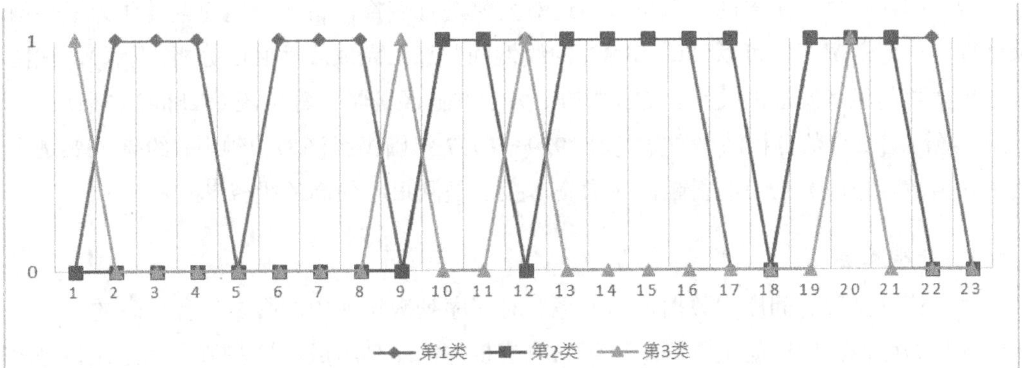

图 4-4　聚类结果折线图

通过图 4-4，我们可以直观地发现，第 1 类学生属于持续学习型，约占 10%；第 2 类属于迎头赶上型，约占 11%；第 3 类属于偶尔学习型，约占 80%。

2.1.3 预测（决策树、回归分析、时序分析）

决策树、回归分析、时序分析等算法均可实现某种预测功能，即由一些已知属性或记录来预知另一属性取值或新记录取值。决策树是用图形方式描述某项决策（选择）的潜在后果。它对每条由事件和决策构成的逻辑路径，都综合考虑相关概率和得失。

1）决策树算法

决策树算法是一种分类算法。决策树是一种类似于流程图的树结构，每个非树叶结点表示在一个属性值上的测试，每个分支代表一个测试输出，每个叶结点存放一个类标号，树的最顶层为根结点。可以采用 SQL Server Analysis Service（SSAS）工具实现决策树算法。例如，基于学习行为日志数据，以每个学生为分类字段，计数得到每个学生的登录天数，结果发现每个学生的登录天数有很大差异。因此，拟基于学生的基本属性，如年级、性别、年龄等来构建规则，预测学生的登录表现。这时，可以采用决策树算法，综合考察上述 3 种因素对登录天数的影响。由于年龄和登录天数均为连续值，为了算法运算的需要，要转换为离散值。如果离散值太多，将会导致决策树有过多的分值，不利于规则的生成。

2）线性回归算法

回归分析可以用来对一个或多个独立或预测变量和一个依赖或响应变量之间的联系建模。在数据挖掘环境下，预测变量是描述元组的感兴趣的属性，即属性向量，预测变量的值是已知的，响应变量是我们要预测的，给定预测变量描述的元组，想预测响应变量的相关联的值。当所有预测变量是连续值时，回归分析是一个好的选择。很多问题都可以用线性回归来解决，并且更多的问题可以通过对变量进行变换，将非线性问题转化为线性问题来处理。一般情况下，可以借助 SPSS 的线性回归算法完成线性回归分析。例如，试图探索在校生数与经济发展的关系。美国芝加哥大学农业经济学者舒尔茨（Schltz）的研究表明，运用“经济增长余数分析法”测算美国 1929—1957 年国民经济增长额中，约有 33%是人力资本（由教育形成）做出的贡献，人力资本投资是回报率最高的投资[5]。

3）时序算法

时序算法又称时间序列数据挖掘，是对时间序列数据库中的数据进行处理的方法。时间序列数据库由不同时间重复测量得到的值或事件的序列组成，这些值通常是在相等时间间隔（如每小时、每天、每周）测量。例如，学生及格率的变化情况、股票市场分析、经济和销售预测等。一个时间序列变量 Y 可看做时间 t 的函数，即 $Y=F(t)$，时序算法要解决的问题有两个：首先是对时间序列建模，即观察产生时间序列的机制或因素；其次是时间序列预测，即预测时间序列变量的未来值。统计学中的回归分析是一个常用工具。一般情

---

[5] 姚益龙. 有关教育与经济增长理论的文献综述[J]. 学术研究，2004，（3）: 32-36.

况下，可以借助 SPSS 的线性回归算法完成时序分析。

2.1.4 关系挖掘（关联规则挖掘、序列模式挖掘）

关系挖掘，既可挖掘在某一空间上共同出现而产生的共现关系，也可挖掘在某一时间段上相继出现而产生的序列关系。关联规则挖掘技术可以用于从用户的访问序列中挖掘出相关的规则，以揭示学习者在学习一些内容的同时还会学习其他哪些内容，以此为依据可优化教学和管理过程。序列模式挖掘旨在找出相关内容依照时间顺序出现的内在模式，可以用于分析学习者的学习趋势，有利于针对不同层次的学生开展因材施教等。关联挖掘技术注重事务内的关系，序列模式技术则注重事务间的关系，这两种方法的应用都非常普遍。

1）关联规则算法

关联规则算法查找事务数据集中不同项目之间的相关性。这类算法最常见的应用是创建可用于购物篮分析的关联规则[6]。关联规则挖掘过程主要包含两个阶段：第一阶段必须先从资料集合中找出所有的高频项目组，第二阶段再由这些高频项目组中产生关联规则。常用的有 Apriori 算法。

可以使用 SSAS 的关联规则算法来发现频繁项集和关联规则。例如，基于学习行为日志数据，可以发现某个学生在一个相对短的时间内（如 1 小时或半天）访问的学习模块（如讨论区、作业区、教学视频等），并生成学生在这一时间范围内同时访问的模块配对关系，此时采用关联规则算法，就可发现做作业或准备考试时，学生最常点击哪些模块、在哪些模块上停留时间最长，如图 4-5 所示。

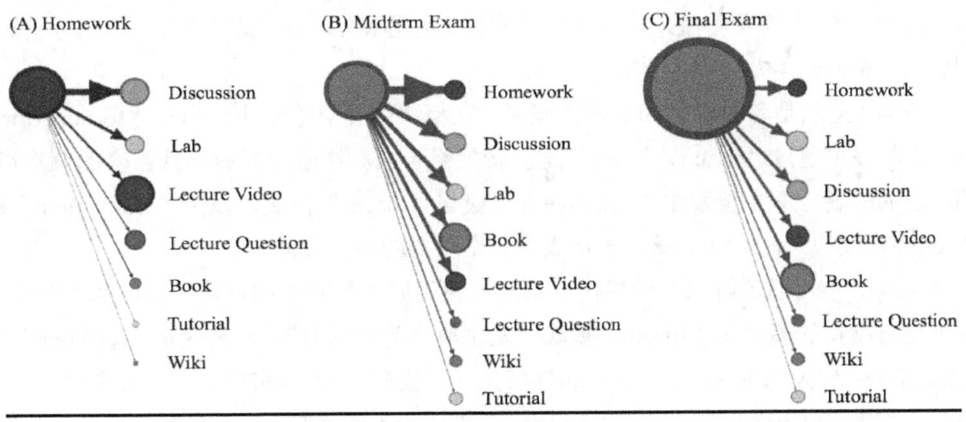

图 4-5 学习模块访问频繁项集和关联规则

[6] 数据挖掘算法[EB/OL]. https://msdn.microsoft.com/zh-cn/library/ms175595%28SQL.90%29.aspx，2016-03-01.

如图 4-5 所示，学生在完成“homework”模块，同时访问“Discussion”模块的概率最大，表明学生要借助社群力量来完成课后作业。

2）序列分析

序列分析算法汇总数据中的常见顺序或事件，序列数据库是由有序事件序列组成的任何数据库，这些事件不一定具有具体的时间概念。例如，学生使用网络平台各个模块开展自主学习的路径。

可以使用 SSAS 的顺序分析和聚类分析算法来实现序列分析。例如，我们对师生在学习平台中各个模块的访问频次进行了统计，下面再来了解一些师生访问平台模块的路径。这里采用 Microsoft 顺序分析和聚类分析算法，数据来源则是用户每天浏览课程页面产生的过程数据（见表 4-5）。选取 5 个频繁访问模块包括 forum、wiki、assignment、resource 和 user（course 除外，因为在该模块主要发生登录行为，并没有实际的学习行为）的数据来分析模块访问序列。

表 4-5 学生浏览课程页面记录样例

访问顺序号	用户编号	访问日期	访问页面所属模块	发生的行为
255674	397	2011-3-30	course	view
255675	397	2011-3-30	forum	view forum
255835	403	2011-3-31	course	view
255851	398	2011-3-31	course	view
255852	398	2011-3-31	course	recent

在构建挖掘模型时，以“访问日期+用户编号”作为键值，以“访问顺序号”作为序列键值，以“模块”作为预测值来构建挖掘结构，并应用 Microsoft 顺序分析和聚类分析算法，得到如表 4-6 和表 4-7 所示的结果。

如表 4-6 所示是各模块之间的转换概率。在概率的计算方法上，以值“forum，forum”为例，它的概率通过“forum，forum”这一转换组合的频次除以所有转换组合的频次得来。不同模块的跳转方面主要发生“resource”模块与“forum”模块，以及“assignment”模块和“forum”模块之间，“forum”无疑成为一个重要的中介模块。

从表 4-7 中可以了解到，学生在登录网络课程后（此时“源模块”列取值“开始”），最有可能先浏览的模块是“forum”模块（发生概率为 54.971%），其次是“resource”模块（发生概率为 15.789%）和“assignment”模块（发生概率为 14.620%）。在网络学习中，以自主学习为主，一般而言学生会把“resource”模块作为学习起点，而后是论坛发帖及作业。而本课程由于讨论活动组织良好，所以，“forum”的发生概率排在前列。这也再次验证了这门基于讨论的探究式学习课程的突出特点。从另一个角度看，Moodle 平台讨论区和学员电子邮件绑定实现了帖子的主动推送，从而极大地体现了师生和学生之间通过论坛实现的及时互动的特点。

表 4-6　各模块之间的转换概率

变量	源模块	目标模块	概率
Module.转换	forum	forum	48.498%
Module.转换	wiki	wiki	8.747%
Module.转换	resource	resource	5.827%
Module.转换	assignment	assignment	4.265%
Module.转换	resource	forum	3.901%
Module.转换	forum	resource	3.477%
Module.转换	forum	assignment	3.089%
Module.转换	assignment	forum	2.459%
Module.转换	user	user	2.459%
Module.转换	user	forum	2.108%
Module.转换	forum	user	2.096%
Module.转换	wiki	forum	2.060%
Module.转换	forum	wiki	1.854%
Module.转换	assignment	resource	1.187%
Module.转换	resource	wiki	1.030%
Module.转换	assignment	wiki	1.018%
Module.转换	wiki	resource	0.981%
Module.转换	resource	assignment	0.812%
Module.转换	wiki	assignment	0.812%

表 4-7　初始访问模块概率

变量	源模块	目标模块	概率
Module.转换	[开始]	forum	54.971%
Module.转换	[开始]	resource	15.789%
Module.转换	[开始]	assignment	14.620%
Module.转换	[开始]	user	8.772%
Module.转换	[开始]	wiki	5.848%

表 4-8　各模块访问的发生概率

变量	值	概率
Module	Forum	60.165%
Module	Wiki	12.903%
Module	Resource	12.127%
Module	assignment	9.486%
Module	User	5.319%

根据表 4-6 和表 4-7，可绘制各模块间跳转的状态转换图（见图 4-6）。图中各方向线上（不包含无源方向线）标明的转换概率计算方法与表 4-6 又有不同，这里给出的是条件概率。以“resource→forum”这一转换组合为例，图中线条中标明的转换概率由“resource→forum”转换组合的频次除以 resource 这一模块访问的频次得来。所以大家会发现，在表 4-6 中，“resource→forum”转换值的概率是 0.037（3.901%）；而在图 4-6 中，“resource→forum”的转换概率是 0.32，即通过 3.901%除以如表 4-8 所示“resource”模块发生概率 12.127%得来。由图 4-6 可知，由 user、resource、assignment、wiki 四个模块跳转到 forum 的概率均比较高，可见 forum 是一个活动中心模块，也是一个重要的活动中介模块，诸如 resource、assignment、wiki 等活动可以从中再次启动。而在由 forum 跳转到其他模块的情形中，forum→resource 的转换组合的发生概率是最高的，达到 6%。在发帖参与讨论的过程中，发现问题，深入思考，再继续学习相关资源，这符合学习常规，也形成了讨论与资源学习两者之间的良性互动，从而实现深度学习和反思。另外，resource 模块对其他模块的支撑作用还表现在 assignment→resource，这一条件概率达到 13%，即学生在做作业过程中要求助于资源模块，这也是符合学习常规的。

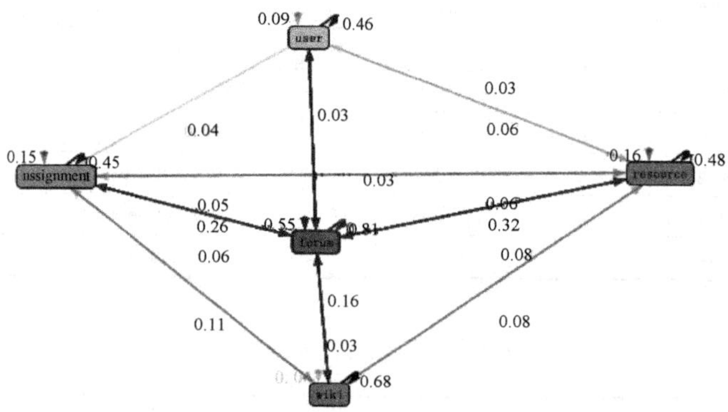

图 4-6　各模块之间的跳转情况

2.1.5　社会网络分析法

社会网络指的是社会行动者（Social Actor）及其间的关系的集合。换句话说，一个社会网络是有多个点（社会行动者）和各点之间的连线（行动者之间的关系）组成的集合。社交网络图用结点代表信息的传递者和接受者，箭头表示信息传递的方向，连线的粗细表示信息传递的频率或传递的信息量，整体反映了组内成员之间信息流动的统计特征。用点和线来表达网络，这是社会网络的形式化界定。但是如果社会网络图涉及的点很多，图形就相当复杂，很难分析出关系的结构，在这种情况下，可以用矩阵方法来描述社会关系网络。

社会网络分析法包括关系距离及中心性分析（关系距离由网络密度来衡量，中心性由度来衡量）、小团体（子群）分析、角色（对等性）分析、核心－边缘结构分析等。其中，网络密度代表的是社群成员彼此关系的平均力量强度，成员互动关系越多的社群，交换的资源与信息越多，社群所建构的知识也就越多；中心性分析是协作社群内的互动集中在少数人的状况，成员在社群网络中的中心度越高，他们对社群的影响能力就越强。

常用的社会网络分析工具有 UCINET、SNAPP、Gephi、NetMiner、Pajek、NodeXL 等。下面以 UCINET 工具为例介绍社会网络分析过程。例如，选取一门基于 Moodle 的在线课程的论坛发帖数据表，以发帖人 ID、被回复人 ID（通过父贴 ID 查询得到）为分类项，以帖子 ID 为汇总项，进行分类汇总，将得到一个回复关系矩阵，矩阵中的行和列分别代表参与网上讨论的师生，i 行与 j 列对应的值 Z_{ij} 表示成员 i 回复成员 j 言论的次数。其矩阵样例如表 4-9 所示。

表 4-9　回复关系矩阵

成员 \ 回复 \ 成员	48	49	88	94
48	1		2	
49				
88	4		1	
94	4	1	6	4

根据上述回复关系矩阵，借助 UCINET 社会网络分析工具，可绘制师生交互网络图。在 UCINET 中，沿着 Networks—Regions—Components 进行成分分析，结果发现：该课程中存在两个成分，其中一个成分有 33 名成员，另一个成分只有一个成员（编号为 131）。这 33 位成员的社会网络图如图 4-7 所示。三个最大的圆形节点是教师，由此可以看出教师在其中所处的中心位置。

在 UCINET 中，沿着 Networks—Cohesion—Density—Density 进行密度分析，密度约为 2.2，即意味着平均每位成员回复了两个成员，并得到其他两位成员的回复。但是对于 84 天的长周期学习来说，这种交互强度是比较弱的。图 4-7 中未显示的孤立成员有 1 位，所谓孤立指的是从不与他人讨论的人。

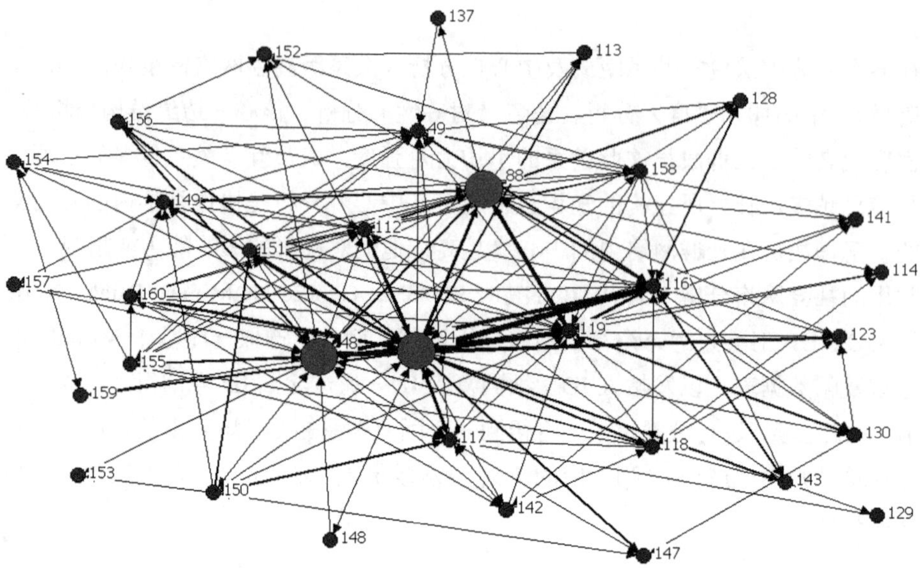

图 4-7 师生交互网络图

2.1.6 文本挖掘方法

文本挖掘相关技术包括中文分词、信息提取、术语提取、文本聚类等得到广泛应用的技术。

1）中文分词

中文分词指的是将一个汉字序列切分成一个一个单独的词，是文本挖掘中的一项基础技术，该领域的其他技术都必须用到分词技术。

2）信息提取

信息提取系统是这样一个计算机程序系统，这个系统的输入是非受限文本，系统按照用户的预期，从文本中提取出用户预先指定的某些类型的信息。信息提取系统实质上是从非结构化的文本中提取结构化的信息[7]。

3）术语提取

术语一般分为单词术语和多词术语两类。单词术语提取一般采用语料库比较方法。多词术语提取往往多考虑词与词的结合紧密度，在领域度计算上，通常依赖于统计方法进行

---

[7] 俞士汶. 计算语言学概论[M]. 北京：商务印书馆，2003.

局部特征的提取[8]。

4）文本聚类

文本聚类是基于相似性算法的自动聚类技术，自动对大量无类别的文档进行归类，把内容相近的文档归为一类，并自动为该类生成标题和主题词。适用于自动生成热点舆论专题、重大新闻事件追踪、情报的可视化分析等诸多应用。

上述方法可通过北京理工大学大数据实验室张华平博士研发的“大数据搜索与挖掘开发平台”实现（见图 4-8）。

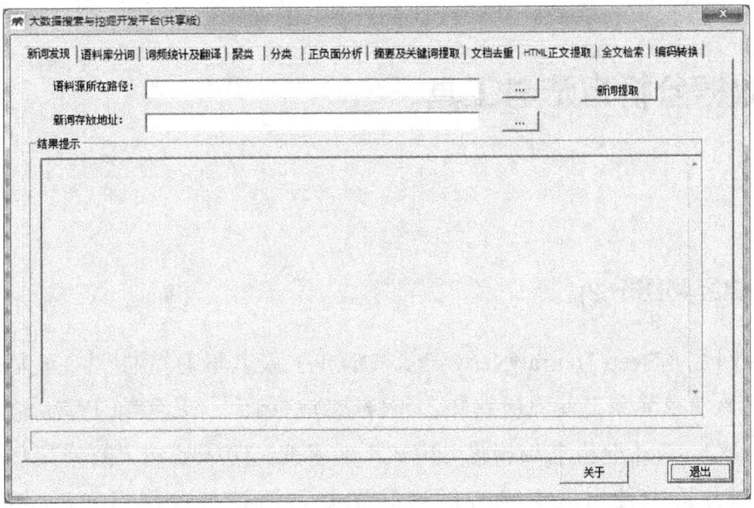

图 4-8　大数据搜索与挖掘开发平台

该平台是网络搜索、自然语言理解和文本挖掘的技术开发的基础工具集，开发平台由多个中间件组成，各个中间件 API 可以无缝地融合到客户的各类复杂应用系统之中，可兼容 Windows、Linux、FreeBSD 等不同操作系统，可以供 Java、C、C#等各类开发语言使用。具体中间件包括汉语词法分析中间件（分词、词性标注、人名地名机构名识别）、新词自动发现中间件、文本聚类中间件、文档关键词提取中间件等。

2.1.7　Web 数据分析

Web 数据分析的目标是从 Web 文档和服务中自动检索、提取和评估信息以发现知识，涉及数据库、信息检索、NLP 和文本挖掘，可分为 Web 内容挖掘、Web 结构挖掘和 Web 用

---

[8] 何燕，穗志方，俞士汶. 一种结合术语部件库的术语提取方法[J]. 计算机工程与应用，2006（33）：4-7.

法挖掘[9]。

Web 内容挖掘是从网站内容中获取有用的信息或知识。Web 内容包含文本、图像、音频、视频、符号、元数据和超链接等不同类型的数据。Web 结构挖掘是指发现基于 Web 链接结构的模型。链接结构表示站点内或站点之间链接的关系图，模型反映了不同站点之间的相似度和关系，并能用于对网站分类。Web 用法挖掘则是对 Web 会话或行为产生的次要数据进行分析。

2.2 大数据分析方法与工具

2.2.1 深度神经网络分析

深度神经网络（Deep Neural Networks，DNNs）及其学习算法[10]，作为成功的大数据分析方法，已为学术界和工业界所熟知。与传统方法相比，深度学习方法能自动从数据中提取特征（知识），对于分析非结构化、模式不明多变、跨领域的大数据具有显著优势。目前，在大数据分析中使用的深度神经网络主要是前馈神经网络（Feedforward Neural Networks，FNNs），顾名思义，数据在这种网络中的流向是单向的：由第一层（输入层）流入，通过逐层（隐层）传递和映射，从最后一层（输出层）流出。这种网络擅长提取静态数据的相关关系，适用于基于分类的数据应用场景。但是受到自身结构本质的限制，它提取数据时序特征的能力有限。

无限深度神经网络（Infinite Deep Neural Networks）是一种具有反馈连接的回复式神经网络（Recurrent Neural Networks，RNNs），本质上是一个动力学系统，网络状态随时间演化是这种网络的本质属性，它耦合了“时间参数”，更加适用于提取数据的时序特征，从而进行大数据的预测。将这种网络的反馈结构在时间维度展开，随着时间的运行，这种网络可以“无限深”，故称为无限深度神经网络。

---

[9] 李学龙，龚海刚. 大数据系统综述[J]. 中国科学：信息科学，2015（1）：1-44.

[10] 张蕾，章毅. 大数据分析的无限深度神经网络方法[J]. 计算机研究与发展，2016（1）： 68-79.

2.2.2　异步大数据分析

异步处理的大数据分析遵守了捕获、存储加分析的流程，过程中数据由传感器、网页服务器、销售终端、移动设备等获取，之后存储到相应设备上，然后进行分析[11]。由于这些类型的分析都是通过传统的关系型数据库管理系统（RDBMS）进行的，数据形式都需要转换或者转型成为 RDBMS 能够使用的结构类型，例如，行或者列的形式，并且需要和其他的数据相连续。处理的过程被称为提取、转移、加载或者 ETL。首先将数据从源系统中提取处理，再将数据标准化处理且将数据发往相应的数据仓储等待进一步分析。

2.2.3　网络图模型分析法

网络图模型用图的结构描述高维变量之间的相互关系，包括无向图概率模型、贝叶斯网络、因果网络等[12]。网络图模型是处理和分析高维大数据和多源数据库的有效工具，目前已经有丰富的图模型的软件系统，例如，MSBN、BN Toolbox、Win BUGS、Hugin、Tetrad、MIM、Co Co 等。无向图模型利用一条无方向边来描述变量之间的关联关系和条件独立性，可以将高维变量的统计推断问题（例如，参数估计和假设检验）分解为低维变量的统计推断问题。贝叶斯网络是一个有向无环图，用于计算大网络中信息的收集和传播。在一个由众多变量作为结点的大网络中，当收集到一部分变量的信息后，不用计算高维联合概率，而是采用网络传播信息流的方法有效地计算目标变量的后验概率。

网络图模型可以用于分解大数据集合，处理多源数据库，利用局部数据，进行并行计算。网络图模型还可以引入隐变量简化复杂的关联关系。利用关联网络图进行基于关联关系的预测，例如，朴素贝叶斯分类器和贝叶斯网络分类器。利用因果网络图可以进行基于因果关系的预测和政策制定。

2.2.4　基于云模型的大数据 CCA 方法

针对传统大数据典型相关分析（Canonical Correlation Analysis，CCA）方法的高复杂度

[11] 百度百科. 大数据分析[EB/OL]. http://baike.baidu.com/link?url=tDvJWODVU2tv2_FEU7TQSKBca7z7hryG3xpAb0V9Im5LQMFtOGbTYn5yEeQf1s3VBZk_SPmPYHqHqW77pp-Rjq，2016-04-02.

[12] 耿直. 大数据时代统计学面临的机遇与挑战[J]. 统计研究，2014（1）：5-9.

在面临大数据 PB 级数据规模时不再适应的现状，提出了一种基于云模型的大数据 CCA 方法[13]。该方法在云计算架构的基础上，通过云运算将各端点云合并为中心云，并据此产生中心云滴，以中心云滴作为大数据的不确定性复原小样本，在其上施以 CCA 运算，中心云滴的较小数据量提高了运算效率。在真实数据集上的实验结果验证了该方法的有效性。

2.2.5 计算智能方法

计算智能一般被认为是在人工神经网络、模糊系统、演化计算这 3 个主要分支发展相对成熟的基础上，通过相互之间的有机融合而形成的新的科学方法[14]。计算智能方法能够有效处理数据中的不完全、不精确或者不确定性，增强分析结果的客观性和可解释性。大数据的规模和复杂性意味着大数据分析需要巨大的计算时空开销，可能无法在可接受的时间内得到精确解。计算智能方法具有启发式特征，通过模拟人类和其他生物体的智慧求解问题，具有高度的自组织、自适应性、泛化和抽象的能力，可以快速近似求解一些 NP 疑难问题，如组合优化问题，为大规模复杂问题的求解提供了有效手段。

---

[13] 杨静，李文平，张健沛. 大数据典型相关分析的云模型方法[J]. 通信学报，2013（10）：121-134.

[14] 郭平，王可，罗阿理，等. 大数据分析中的计算智能研究现状与展望[J]. 软件学报，2015(11)：3010-3025.

03 Section 典型分析模型

严格来说，大数据的分析模型不是被设计的，而是被发现的。为了更好地指导现阶段教育大数据的实践应用，本报告在调研已有相关系统的基础上，构建了七大教育数据分析模型，如图 4-9 所示。

图 4-9　七大教育数据分析模型

3.1　教育决策支持模型

大数据对决策的支持主要体现在学校教学和管理工作方面。目前，国内外已有一些学校和机构对决策支持系统进行了研究，并且都取得了不错的成效。

3.1.1 教育决策支持系统案例

1）美国纽约成长网络决策支持系统

纽约市教育局与“成长网络”公司签订了数据驱动决策工作协议，该协议主要面向3~8年级学生，旨在利用标准化评价数据、支持性资源和专业发展等，提高学习者的学习成绩和教学质量。成长网络收集并处理了大量的数据，将学生的标准化测试数据融入到向教师、学校领导和家长定制的报告中。通过向管理者提供有关学校的支持资源，展示班级、教师层面的数据，向家长展示孩子的班级表现。教师可以利用在线信息系统查找并比较学生个体的数据，从而因材施教，以此来调整教师对于学生个体的关注度，在此基础上做出有关学校管理计划、教师专业发展、学生个性化发展等方面的决策[15]。

2）美国弗吉尼亚州开发的“纵向数据系统”

美国弗吉尼亚州开发的“纵向数据系统（LDS）”，通过汇总每个学生的行为表现，追踪其成长轨迹，改变弗吉尼亚州的教育和劳动力发展政策。该系统能对于学生的档案信息、学业注册、成绩报告、师生联系情况、州毕业率和辍学率等信息进行统计，对比分析背后的可能成因，完善教育体系，向取得优秀成绩的教师予以奖励。解决教育中存在的问题、降低辍学率、增加就业率、提高学生的成功率，预测毕业生未来走向，从而为教育管理者制定教育决策，以及教师绩效评价、职业规划和预测等方面提供科学依据[16]。

3）国家教育决策支持统计服务系统

国家教育决策支持统计服务系统是教育宏观管理改善、决策政策研究、信息技术软件开发三方面深度融合研究开发和建立的平台系统。通过搭建综合数据平台，在数据信息集成基础上，以国家教育重大决策问题、任务和需求为导向，使数据发挥多维度呈现比较分析、发展目标预测与规划、监测与评价功能，实现资源的合理配置，人力资源需求分析，以及教育、培训和人才队伍建设目标研究，为科学决策、宏观管理提供依据，进而提升政府决策的科学性和有效性[17]。

4）上海杨浦区教学质量监控系统

上海市杨浦区教育局应用的教学质量监控系统，旨在从学习水平结构、教学目标达成

---

[15] Light D，Wexler D，Heinze J.How practitioners interpret and link data to instruction: Research findings on New York City Schools' implementation of the Grow Network [EB/OL]. http://www.cct.edc.org/sites/cct.edc.org/files/puBlications/Grow_AERA04_fin.pdf，2016-01-18.

[16] 纵向数据系统[EB/OL]. https://slds.ndcloud.gov/SitePages/Default.aspx，2016-01-18.

[17] 中国教育新闻网. 打造国家教育科学决策服务系统[EB/OL]. http://www.jyb.cn/china/gnxw/201503/t20150320_616495.html，2016-01-18.

度、自我发展性评价及教学有效性这 4 个维度对教学质量进行检测和分析。该系统采用先进的测量学、统计学及目标分类法对基础数据进行深度挖掘，横向比较、纵向跟踪教学质量，实现对教学质量及时有效的监测、诊断和反馈。让家长和学生随时了解学生在年级、班级中学习的进步状况；让教师随时发现自己所教班级在整个年级中的实际状况，分析班级在整个学业阶段的教学质量进步状态，通过对知识点的分析，随时了解教学目标达成度，可随时发现教师在教学过程中存在的问题；可以有效地监测教师的教学质量，为及时进行教学反思和教学评价等提供决策依据[18]。

5）重庆市基础教育质量监测信息平台

重庆市为了提高基础教育监测效率与科学化水平，自主研发了信息化监测评价平台。该平台将日常评价与大规模监测相结合，通过对学生成长、教师教学、学校管理等信息进行采集，利用软件对相关信息进行自动分析，针对每位学生和教师生成综合素质成长报告。采取教师、学生、家长三方的多元评价方式，构建“评价联合体”，使评价更加全面。建立大数据分析模型，发现教育教学中存在的普遍性规律，诊断教育中存在的问题，定量地评价教学质量。通过这样的评价监测机制生成各方面的报告，质量监测与精细评估融入到各级教育主管部门和学校各个主体、教学的全过程、教学评价及其他要素中，为各级教育行政部门、教师教学等方面提供政策建议，促进了学校管理的改进与区域教育的科学发展[19]。

3.1.2 教育决策支持模型构建

1）教育决策支持系统框架

教育决策支持系统框架共包括 4 层，分别为“数据采集层”“数据存储层”“应用服务层”及“展示呈现层”（见图 4-10），通过这 4 层的互相协调，实现对教育决策的支持。

（1）数据采集层。决策支持系统需要采集的数据主要包括课堂教学与在线教学数据、教务管理数据、校园生活数据、教职员工数据、后勤管理数据等。数据采集层是整个决策系统的基础，为教育决策提供数据支持。

（2）数据存储层。通过对数据采集层采集得到的数据进行抽取、筛选，将数据分门别类地存储到教育决策云中，完成数据从业务系统数据库到教育决策云的抽取、转换、清洗与加载的过程，为各种应用服务提供数据和算法的支撑。

[18] 安脉科技. 学校信息管理平台[EB/OL]. http://www.anmai.net/yjdt/yjdt20160108103915.htm，2016-01-18.

[19] 搜狐教育. 大数据评估促进教育决策科学化[EB/OL]. http://learning.sohu.com/20150805/n418249708.shtml，2016-01-18.

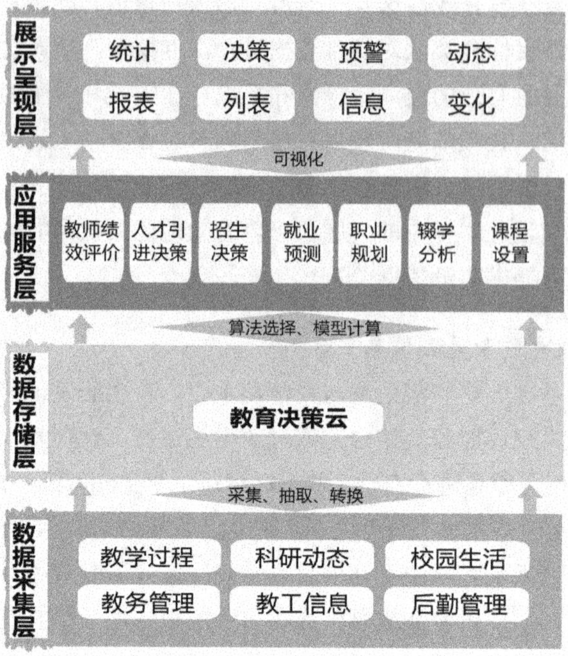

图 4-10 教育决策支持系统框架

（3）应用服务层。通过教育决策云中内置的统计分析与可视化、相关分析、关联规则、决策树等一系列数据挖掘方法，建立不同的应用服务预设模型，提供多种决策服务。

（4）展示呈现层。将应用服务层得到的结果通过可视化转换为图文并茂的数据展现形式，帮助用户从庞杂的业务数据中挖掘出有用的知识和规律，主要通过报表工具、查询组件、数字仪表盘等工具来实现。

2）教育决策支持模型

根据决策支持框架和决策一般流程，绘制出如图 4-11 所示的决策支持模型，包括采集过程数据、智能分析与预测、结果可视化呈现、形成智慧决策、发布管理调度指令和实施管理指令几个阶段。

（1）对教学过程、学习过程、科研动态、资源设备、校园安全等方面进行智能监控，全面记录、采集教育管理过程中产生的各种数据。

（2）根据数据管理仓库中采集到的信息，选择合适的分析工具，应用事例推理、决策树、规则推理、模糊集，甚至神经网络、遗传算法等方法处理、分析各种数据之间的相互关系，发现大量数据背后的潜藏信息。通过教育数据的智能分析与预测，将分析预测结果存储在可视化视频图像管理系统中。

（3）将计算得到的分析预测结果以统计报表、仪表盘等可视化方式进行呈现。

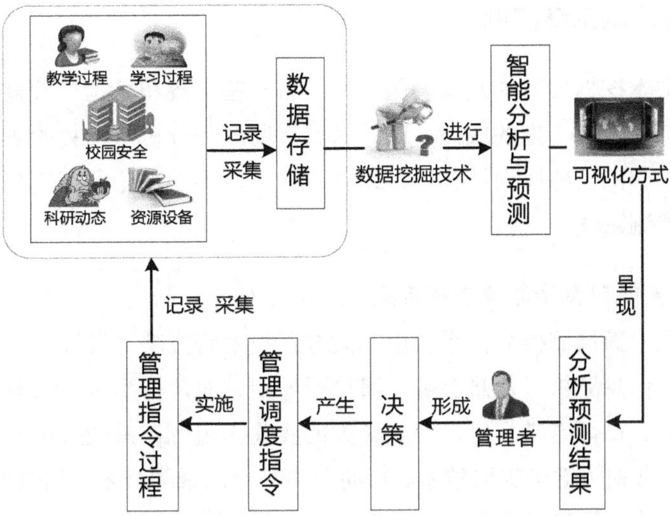

图 4-11 教育决策支持过程模型

（4）教育管理者通过图表和视频等方式呈现出分析预测结果，从而清晰便捷地获知整个教育管理系统的发展情况，形成最佳教育决策。

（5）管理者根据形成的教学决策发布管理调度指令，将智慧管理决策呈现在统一的可视化管理平台上。

（6）在具体管理指令实施过程中，通过合适的信息收集方法，记录、存储、采集有价值的管理数据，再经过智能分析、可视化呈现、智慧决策等阶段形成一个多次迭代的数据采集与分析过程，从而为智慧教育决策系统提供更多的有效信息与管理数据，提高管理系统的智慧性，为管理者进行智慧决策提供更多的支持与帮助。

3.2 教育舆情监测模型

互联网教育舆情，是人们通过网络对教育行业、教育机构、教育制度、教育改革和教育事件等发表的观点、看法、思想、情绪和态度的总和。简单地说，是人们借助互联网发表自己对教育事业的看法[20]。教育舆情监测系统所关注的是互联网上曝光和呈现的教育事件、教育现象和教育问题等，同时更注重挖掘人们对这些教育问题或现象的观点和态度。

[20] 王培顺. 互联网教育舆情监测系统的设计与实现[D]. 武汉：华中师范大学，2011.

3.2.1 教育舆情监测系统案例

目前，随着文本挖掘技术的发展，国内外已有一些学校和机构对教育舆情监测系统进行了研究，并且都取得了一定的成效。国外对舆情监测和分析等相关的研究起步很早，主要集中在对文章内容的情感倾向性分析，或者对物品、事件评论的褒贬分析，而国内也出现了一系列舆情监测系统。

1）方正智思互联网舆情监控分析系统

方正智思互联网舆情监控分析系统由北大方正技术研究院开发设计。该系统教育版主要包括信息采集、信息分析、信息服务、舆论引导四方面，得到了国家教育部、江苏省教育厅、上海市教委、山西省教育厅、西安交大的实践应用。该系统采用网络雷达信息检索技术、自动摘要与自动关键词提取技术、自动分类与自动聚类技术、相似搜索与消重技术、主题检索与追踪技术，提供对境内、境外互联网信息（新闻、论坛、博客、贴吧、手机报、微博客等）的实时采集、内容提取及排重。并且对获取的信息进行全面检索、主题检测、话题聚焦等，进而进行分类与统计，最后生成舆情报告。

2）希嘉教育声誉监控系统

北京希嘉创智教育科技有限公司是一家专注于教育行业大数据产品开发和数据运营的高科技公司。该公司推出的声誉监控系统，旨在通过对与学校相关的互联网舆情信息进行监控、整理与分析，从而为学校制定科学的舆情预警机制。最终保证学校能够在事发第一时间得到预警，以便有足够的时间制定科学有效的舆论引导方案，降低事件影响[21]。

3）乐思网络舆情监测系统

乐思网络舆情监测系统是针对互联网这一新兴媒体，通过对海量网络舆论信息进行实时的自动舆情采集、舆情分析、舆情汇总、舆情监视，并识别其中的关键舆情信息，及时通知到相关人员，从而第一时间应急响应，为正确舆论导向及收集网友意见提供直接支持的一套信息化平台。该平台分为采集层、分析层和呈现层 3 个层次，采用基于全球领先的互联网采集监控技术而研发，具有发现快、信息全、分析准的优势，可让用户在第一时间发现负面舆情[22]。

4）福建省教育舆情信息监测中心

福建省教育舆情信息监测中心由福建省教育厅于 2010 年建立，旨在准确把握教育系统网络舆情的内容、导向、发展趋势，将最新情况及时反映到有关部门和领导，提供网络舆

---

[21] 希嘉教育. 希嘉教育声誉监控系统[EB/OL]. http://www.witschools.com/case2.html，2016-01-18.

[22] 乐思软件. 乐思网络舆情监测系统[EB/OL]. http://www.knowlesys.cn/product_weBmonitor_index.html，2016-01-18.

情方面决策支持，保障正常教学、科研秩序的进行，构建和谐校园。该监测中心利用信息采集技术、信息检索技术、网络内容管理技术及数据挖掘技术，基于关键词，对互联网信息自动采集抓取、分析聚合、分类管理、专题监测、热点事件追踪、关联分析、相似搜索与消重、网络数据库开放访问等，实现网络舆情监测、预警、处置等需求，形成与网络舆情相关的简报、专报、报告、图表等结果，为全面掌握网络舆情动态做出正确舆论引导，提供分析决策依据。

5）Open Finder

Open Finder 是一种舆情观点挖掘的系统，它可以对以文本形式呈现的观点、情绪、态度等信息进行分析，对主观性句子做出注释和标注，并形成基本的观点摘要。该系统首先通过在现有的 TREC 博客文章中，检索评论；然后用更高的检索性能 PL2F 解析评论中更复杂、主观的句子结构；最后对博客进行跟踪，找到任务，形成基本的观点[23]。

3.2.2　教育舆情监测模型构建

网络教育舆情监测系统由舆情信息采集系统、舆情信息处理系统、舆情信息服务系统三部分构成，具体系统模型框架如图 4-12 所示。

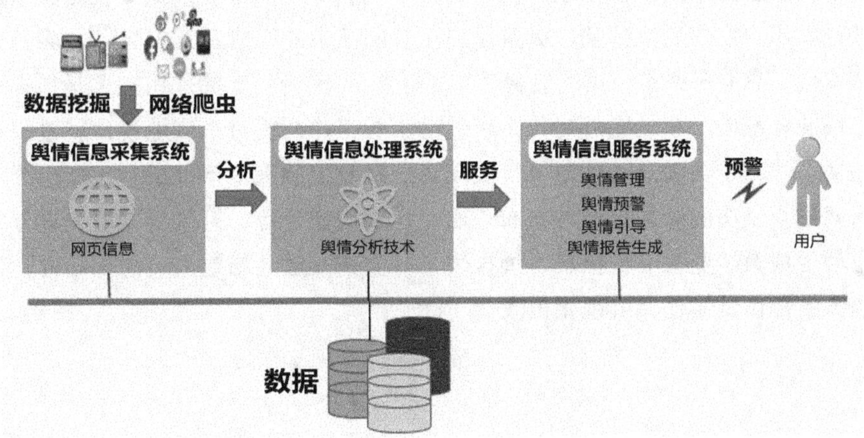

图 4-12　教育舆情监测系统框架[24]

[23] He B，Macdonald C，Ounis I. Ranking opinionated blog posts using OpinionFinder[C]. Proceedings of the 31st annual international ACM SIGIR conference on Research and development in information retrieval. ACM，2008：727-728.

[24] 李明. 面向招考信息的网络舆情系统设计与实现[D]. 济南：山东师范大学，2015.

1）舆情信息采集系统

舆情信息采集系统主要负责教育舆情信息的收集与获取，能够合理应用多线程技术，从海量的舆情信息中高速、及时、有效地获取与教育舆论密切相关的信息（包括新闻、报道、评论、文章等）。该系统还可以根据具体情况在指定网站和给定数据中寻求原始信息的模块（如微博、论坛、贴吧等站点）。最后，这些信息将汇聚到数据库中，组成教育舆情信息库。

2）舆情信息处理系统

舆情信息处理系统主要对教育舆情信息元数据进行结构化的处理，通过对主题词的提取、聚类、分类、建立索引，最后形成规范化、便于统计的数据，再将这些经过加工和处理的数据放入数据库中形成有效的、可用的舆情信息。信息处理系统完成的功能主要有预处理子模块、全文索引模块、自动分类模块、对象跟踪子模块等。

3）舆情信息服务系统

舆情信息服务系统主要是更好地帮助使用者了解舆情监测情况，能够及时地调整敏感关键词和信息来源，提高效率。信息服务系统主要包含舆情管理、舆情预警、舆情引导和舆情报告生成等舆情模块。其中舆情预警是服务系统的核心部分，负责对监测到的高危舆论进行主动报警。舆情监测系统通过对敏感热点或大事件的特征进行布控，在布控策略规则中设置需要关注的热点敏感关键字，相关组件将对存储的内容进行扫描、分析。对匹配上的内容进行预警并产生预警记录，同时支持手机和邮件的报警方式，及时、准确地向本系统的被告警用户发出舆情预警，提醒用户注意网络中的舆情及其走势[25]。舆情管理主要是完成和实现信息服务系统中的“监督”和“控制”。舆情引导的作用主要是根据用户的指令要求，快速、准确、自动完成对特定舆情的引导工作。更进一步地说，就是能通过主动发布一些文章、帖子、消息、回复等，实现对已经发生的舆情事件进行正向引导。例如，自动在新闻站点发布的新闻页面中发布正面、积极的评论等。系统根据事先设置的规则和模板，自动生成舆情监控的日报表、周报表，并定期投送到指定人员的邮箱内，可根据不同用户的需求提供定制化、可视化报表。

3.3 适应性学习模型

适应性学习是指基于学习者个性特征差异提供个性化的学习服务，记录、挖掘和深入

[25] 杨秋平. 网络舆情智能检测与分析系统的设计[J]. 电脑知识与技术，2011（4）：759-761.

分析学习行为历史数据信息，以可视化的方式呈现数据结果，用于评估学习过程、发现潜在问题和预测未来表现，并进行个性化干预、指导，促进有效学习的发生。目前，国内外已有一些学校和机构对适应性学习系统进行了研究，并取得了一定的成效。

3.3.1 适应性学习系统案例

1）Knewton

Knewton 是一个提供自适应教育平台，利用大数据学习分析技术为使用者构建“成熟、实时的学生数据分析”系统。Knewton 细分每个知识点，对每个学生进行单独的分析，令使用者可以得到独一无二的学习帮助。通过在学习中不断监测学生的学习情形，引导最适合的下一步学习内容和活动，当学生在学习中遇到困难时，课程的难度会自动降低。老师可以使用 Knewton 的实时预测技术来监测每个学生的知识空白，即时调整，为每个学生提供个性化教学[26]。

2）Smart Sparrow

Smart Sparrow 是一个在线适应性教育平台，本身没有内容，根据学生表现的动态变化，帮助老师设计适应性教学内容。与其他适应性教育平台相比，Smart Sparrow 更突出老师的地位，“把老师作为学习过程的中心，让老师设计适应性课程”。Smart Sparrow 平台最大的特点是适应性，即“互动中得到的反馈，会引导老师把课程设计得更好。接下来的每一个步骤都是在学生学习行为的基础上动态生成的”。在学生学习过程中，系统提供实时反馈，让老师能进一步掌握学生的学习情况，了解学生遇到的问题，改进学习内容，以达到更好的学习效果[27]。

3）DreamBox Learning

DreamBox Learning 成立于 2006 年，目前支持 PC 和 iPad 端，提供从幼儿园到小学五年级的在线学习服务，并能够实现自适应学习，根据学生个体情况不同，通过算法为学生提供适合的数学课程等。在机器学习技术的支持下，每个学生的行为都可以被记录下来，并以此作为学生基础数学理解能力的依据。以这样的方式，为数亿百万计的学生提个性化的学习路径，针对每一个学生的特殊需求给出不同的方案[28]。

---

[26] Knewton's technical white paper [EB/OL]. https://www.knewton.com/wp-content/uploads/knewton-technical-white-paper-201501.pdf/, 2016-01-18.

[27] WIKIPEDIA. Smart Sparrow [EB/OL]. https://en.wikipedia.org/wiki/Smart_Sparrow，2016-01-18.

[28] Tom Vander Ark. DreamBox Learning [EB/OL]. http://www.huffingtonpost.com/tom-vander-ark/dreamBox-learning-adaptiv_B_1588581.html，2016-01-18.

4）猿题库

猿题库是一家致力于用技术驱动学习的公司。受限于资源和手段，老师无法实现为班级里的每个学生提供个性化的教学，以及为每个学生布置最适合的练习题等问题。猿题库为学生提供练习做题与知识点测评的服务，通过智能算法对学生数据的分析和挖掘，能够准确评估每位学生的能力，实现一对一智能出题，满足学生课堂之外的个性化学习需求[29]。

5）作业帮

作业帮是面向全国中小学生的移动学习平台，推出“个性化”和“自适应”学习。用户点击作业帮的“练习”按钮后，选择年级、教材、科目、所在地区及需要学习的知识点等信息，即可进入自适应学习。通过题目推荐，作业帮将完成对用户知识点掌握程度的判断，并以此为依据给出提升或降低难度的下一阶段题目，系统自适应用户知识掌握程度，帮助用户个性化学习[30]。

6）一起作业网

一起作业网于 2011 年 10 月正式上线运营，已发展成中国最大的中小学在线学习平台。一起作业网已经与 Knewton 达成伙伴合作协议，将共同开发中国 K12 教育的个性化学习产品，迅速捕捉每个学生身上存在的个性化问题，通过数据挖掘，再结合国家的教学大纲，给出一个科学的路径，使学生能最高效地利用时间，创造好成绩[31]。

7）研究机构系统案例

国外一些研究者如美国匹兹堡大学的 Peter Brusilovsky 教授针对学生的学习背景、兴趣偏好和知识水平进行用户建模，适应学习者与系统交互过程中的个性化学习需求，先后开发了 InterBook、ELM-ART、Knowledge Sea、AnnotatEd、TaskSieve 等适应性学习系统；荷兰爱因霍芬科技大学 DeBra 教授、澳大利亚墨尔本皇家理工大学 Wolf 教授及希腊雅典大学的 Papanikolaou 等人也分别研发了 AHA!、iWeaver、INSPIRE 等个性化教育超媒体系统[32]。

国内一些研究学者也做了大量的相关研究，其中在教育技术学领域，北京师范大学余胜泉教授较早研究适应性学习，在《适应性学习——远程教育发展的趋势》文中，从学习诊断、学习策略及学习内容的动态组织三个关键环节提出了适应性学习模式[33]。华南师范大学陈品德博士完成了关于适应性学习的博士论文《基于 Web 的适应性学习支持系统研

---

[29] 多知网. 猿题库[EB/OL]. http://www.duozhi.com/company/201503303035.shtml，2016-01-18.

[30] 多知网. 作业帮[EB/OL]. http://www.duozhi.com/company/201508183716.shtml，2016-01-18.

[31] 多知网. 一起作业网[EB/OL]. http://www.duozhi.com/company/201508193720.shtml，2016-01-18.

[32] 姜强. 自适应学习系统支持模型与实现机制研究[D]. 长春：东北师范大学，2012.

[33] 余胜泉. 适应性学习——远程教育发展的趋势[J]. 开放教育研究，2000（3）：12-15.

究》[34]，设计了 A-Tutor（Adaptive Tutor）原型系统。浙江大学张剑平教授完成了关于适应性学习的著作《网络学习与适应性学习支持系统研究》[35]。东北师范大学赵蔚教授及姜强博士所在研究团队研发了个性化自适应学习系统，系统可根据学习者的多种特点和行为倾向，如学习风格、知识水平、学习行为等，采用相应的教学策略，适应性呈现个性化的学习路径和学习资源，有效促进学习者的个性化教育，对促进学生个性的全面发展及未来创新人才的培养起着重要作用[36]。

3.3.2　适应性学习模型构建

1）适应性学习系统框架

结合适应性学习过程结构，以个性化自主学习、自适应推荐、心理学和计算机科学为理论基础，从用户模型、领域模型、自适应模型、自适应引擎和呈现模型五部分构建适应性学习框架，如图 4-13 所示[37]。

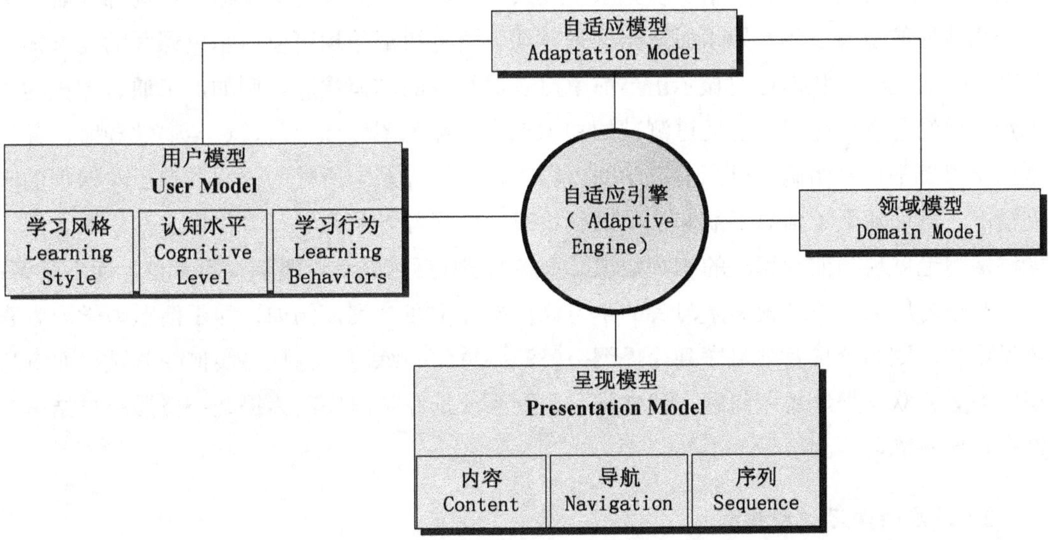

图 4-13　适应性学习系统框架

---

[34] 陈品德. 基于 Web 的适应性学习支持系统研究[D]. 广州：华南师范大学，2003.

[35] 张剑平，陈仕品,张家华.网络学习及其适应性学习支持系统研究[M]. 北京：科学出版社，2010.

[36] 姜强，赵蔚. 面向“服务”视角下的自适应学习系统设计与实现[J]. 中国电化教育，2011（2）：119-124.

[37] 姜强，赵蔚，王朋娇. 基于 GALSRM 模型的自适应学习系统体系结构研究[J]. 现代远距离教育，2013（1）：71-77.

（1）用户模型。用户模型描述用户的个体特征，如学习风格（信息加工之活跃/沉思、感知之感悟/直觉、信息输入之视觉/言语、内容理解之序列/综合）、认知水平（背景知识、知识熟练程度、认知能力，如识记、理解、应用、分析、综合、评价）和学习行为（记录了学习者的学习历史，如学习者访问学习资源的媒体类型、学习时间、访问次数等）等，系统可以根据用户的学习历史记录修正用户模型。

（2）领域模型。领域模型描述领域知识、练习测试等结构，包括概念和概念间的联系，每个概念可以有不同的属性，具有相同属性的概念可以是不同的数据类型。概念间的联系是联系两个或更多概念的对象，具有唯一标识值和属性。

（3）自适应模型。自适应模型定义了根据用户模型中的信息访问领域模型各个部分，以及修改用户模型的一套规则，这些规则体现了课程教学设计的思想。

（4）自适应引擎。自适应引擎对应着系统的实现，根据用户模型选择、组装和动态适应性呈现页面，执行适应性规则，实现根据用户学习行为历史记录修改与维护用户模型等。

（5）呈现模型。呈现模型是指系统根据用户模型、领域模型、自适应模型，通过自适应引擎实现内容、导航和序列三方面的适应性呈现。其中，内容呈现是指系统根据用户学习风格呈现出不同媒体类型（如视频、图片、文本等）、事实或抽象等特性的学习资源；其次是导航，系统根据学习风格、认知水平及兴趣爱好等划分为全局性导航和局部导航，其中全局性导航主要由领域知识树形结构来呈现，通过树形结构可以显示出课程的完整知识体系，并通过学习状态标记显示出当前学习者对知识的掌握状态，例如，未通过测试的知识点采用红色图标标记，已通过测试的知识点采用绿色图标标记。通过全局性导航，各类型的学习者都可以明确自己当前所学的内容、在知识体系中所处的位置及自己对课程的掌握情况，从而避免了信息迷航和认知过载状况，而局部导航为学习者提供了知识概念图，能够清楚地展现当前知识点的相关知识、先前知识、后续知识，便于学习者自上而下学习；其三是学习序列，系统根据学习者的学习风格推荐学习序列，例如，对于活跃型学习者喜欢做中学，则系统推荐学习序列为提纲→资源→总结→练习→论坛→实例→测试，而沉思型学习者喜欢安静地思考问题，独立学习，则系统推荐学习序列为提纲→资源→总结→实例→论坛→练习→测试。

2）适应性学习过程模型

基于大数据的适应性学习过程既强调学习者控制学习、自我调节学习，教师个性化干预指导，又强调系统根据用户特征适应性地推送固有物化资源和学习过程中产生式信息，如图 4-14 所示[38]。

---

[38] 姜强，赵蔚，王朋娇，等. 基于大数据的个性化自适应在线学习分析模型及实现[J]. 中国电化教育，2015（1）：85-92.

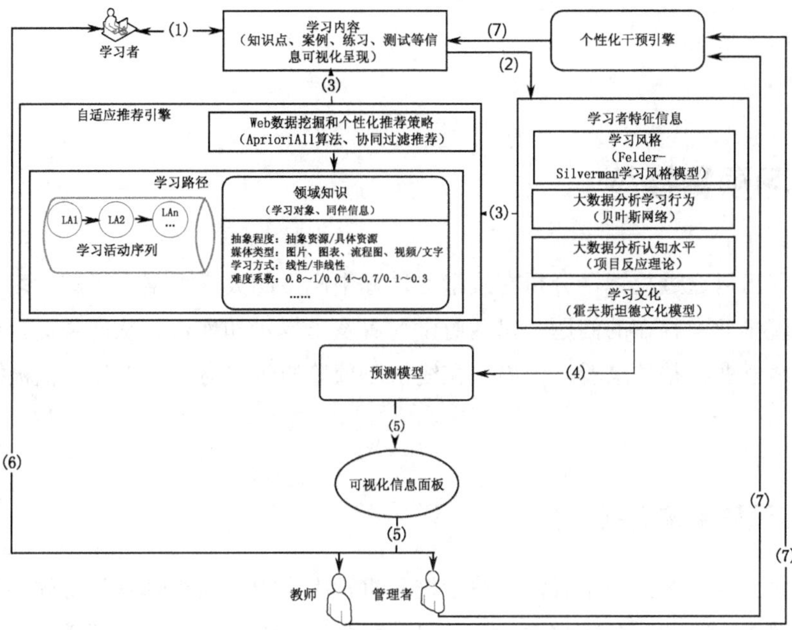

图 4-14　基于大数据的适应性学习过程模型

基于大数据的适应性学习结构由 7 个环节组成，充分说明了学习者可实现学习的途径和方法。

通过（1）、（4）、（5）、（6）4 个环节，可以实现学习者根据仪表盘中可视化信息（如学习者特征、学习结果、学习需求等）进行自组织学习，制定并执行学习计划，自主选择学习策略和学习资源，对学习进行自我评估，有助于提高学生的学习能动性和主动性。

通过（1）、（2）、（3）3 个环节可以实现系统采用贝叶斯网络、协同过滤推荐技术、项目反映理论、Felder-Silverman 学习风格模型及霍夫斯坦德文化模型等判定学习风格、兴趣偏好、知识水平、学习文化等学习者特征，适应性呈现个性化、可视化的学习路径、学习资源、同伴信息、工具等，有助于培养学生的自我效能感。

通过（1）、（2）、（4）、（5）、（7）5 个环节，教师与管理者可以利用信息面板中的可视化信息，调整教学策略，实施个性化指导和教学干预，有助于掌握学习者学习规律，优化学习过程，改进学习效果，提升教育质量。

3.4 学习预警模型

学习预警可以通过挖掘、分析在线学习过程中产生的大量数据，了解学习者的学习情况并及时发现学习中存在的问题，以此对学习者发出提示和警告，从而督促、引导学习者顺利完成在线学业。整体来看，国内外在线学习预警的研究与实践正处于积极探索阶段。

3.4.1 学习预警系统案例

美国在大数据方面是领跑者，一些学校和机构率先根据需求开发了不同的学习预警系统，包括普渡大学、北亚利桑那大学、马里兰大学巴尔的摩分校、可汗学院、奥斯汀州立大学、密歇根州立大学等大学。这些机构所关注的主要是预防辍学，研发的学习预警系统已经在应用中取得了一定的成效，积累了宝贵的经验。

根据预警功能的实现形式，可以将现有学习预警系统划分为四类：①为了实现在线学习预警的功能，独立开发一款学习预警系统，这又分为两种情况，一是由学校自主开发，如普渡大学开发的课程信号系统（Course Signals），二是由企业机构开发，如 Desire2Learn 机构开发的学生成功系统（Student Success System，3S）；②学习预警功能是通过学习管理系统与可视化工具相结合实现的，如可汗学院的学习仪表盘；③预警功能通过在学习系统中嵌入个性化工具实现，如电子顾问（eAdvisor™）；④学习预警系统作为在线学习平台中的一个模块，如海星预警系统。

1）课程信号系统（Course Signals）

Course Signals 是由美国普渡大学开发的一款在线学习预警系统，用于监测学生的学习状态。该系统尝试采用一种新的算法（Student Success Algorithm， SSA）来判断处于学业危险中的学生，并对其进行预警。其预警方式类似于交通信号灯，是针对教师和学生的不同状态而设定的“警示信号”。根据预警信号，教师通过电子邮件、短信、在线消息等形式对学习者进行干预，从而促进学生的健康成长[39]。

[39] Purdue Informztion Technology. Course Signals[EB/OL]. http://www.itap.purdue.edu/learning/tools/signals/，2015-04-12.

2）Desire2Learn 开发的学生成功系统

由美国 Desire2Learn 机构开发的学生成功系统，向用户提供一系列服务，如查看学生学习情况、预测学业危机、提供干预和产生学习分析报告等。此外，系统通过分析学生的出席率、课程完成情况、参与度和社会学习等影响学生学习的因素，形成多样化的预测模型，从而准确预测处于学业危险的学生，并向其提供适当的干预措施[40]。

3）可汗学院的学习仪表盘

学习仪表盘又称数字化学习仪表盘（Digital DashBoard for Learning），由可汗学院于 2013 年 9 月推出。它最初应用于可汗学院的数学课程中，以信息跟踪技术和镜像（Mirroring）技术为基础，对学习者的在线学习行为进行精密追踪，记录并整合大量学习者的学习信息，并按照使用者的需求进行数据分析，最终以数字和图表等可视化形式呈现出来，从而为在线教育中的学习者、教师、研究者及教育管理者提供学习分析 [41]。

4）电子顾问（eAdvisor™）

由美国亚利桑那州立大学开发的 eAdvisor™，能够帮助新生更快地认识他们的专业并为他们安排课程，从而帮助他们顺利毕业。通过让学习者在网上做一份学位搜索问卷，eAdvisor™便可以为其制定相应的学习路径，它规定了学习者每学期需要完成的课程及拿到的学分[42]。在整个学习过程中 eAdvisor™会为学习者提供个性化的点播工具并对整个学习过程加以引导和支持，实现对学习者的预警。

5）海星预警系统

海星预警系统（Starfish Early Alert System）是海星企业成功平台（Starfish Enterprise Success Platform）中的一个模块，致力于帮助学生完成学业。海星企业成功平台包括海星预警、海星连接、海星通知和海星洞察 4 个不同但相互连接的模块。海星预警系统以大数据、学习分析、分布式计算等为基础，通过分析学习者的努力程度，尽早了解学生，降低辍学率[43]。

通过对国外多个学习预警系统案例进行深入调研发现，它们之间既有相同点又有不同点。为了更好地认识以上案例，下面从实现形式、预警内容与方式、采用的技术算法和工

---

[40] Essa，A&Ayad，H. Improving Student Success Using Predictive Models and Data Visualisations[J]. Research in Learning Technology，2012，（20）：58-70.

[41] 张振虹，刘文，韩智. 学习仪表盘:大数据时代的新型学习支持工具[J]. 现代远程教育研究，2014，（3）：100-107.

[42] Arizona State University. How does eAdvisor™ Benefit me? [EB/OL]. https://eadvisor.asu.edu/，2015-09-05 .

[43] Starfish Supports University of NeBraska-Lincoln's Efforts to Improve Campus Coordination, Early Identification of At-Risk Students, and Enhanced Student Planning [EB/OL]. http://www.prweb.com/releases/2014/05/prweb11873587.htm，2015-11-05 .

具、成效及不足等方面对这些案例进行分析比较（见表 4-10）。

表 4-10 学习预警案例比较

	课程信号系统	学生成功系统	可汗学院学习仪表盘	电子顾问	海星预警系统
实现形式	独立的在线学习预警系统（学校自主研发）	独立的在线学习预警系统（企业机构开发）	学习管理系统与学习支持工具相结合	在线学习系统中嵌入个性化工具	在线学习平台中的一个模块
预警内容	课程成绩、努力程度、辍学	学业危险、辍学	知识点	学习路径	努力程度、课程成绩
预警方式	交通信号灯、电子邮件、短信、学习管理系统中的消息	可视化图形、电子邮件	学习仪表盘、电子邮件	电子邮件	小红旗、短信、电子邮件
技术/算法/工具	预测学生成功算法、数据挖掘和分析工具	语义分解、整体预测建模法、学习分析、数据可视化技术	信息跟踪技术、镜像技术、学习分析	个性化的 eAdvisor™ 点播工具、学习分析	大数据、分布式计算、自矫正系统、学习分析
成效	辍学率降低、学生成绩提高、节省管理所需的时间和金钱	预测学业危险、提供适当干预、降低辍学率、方便管理者管理	提高知识点掌握程度、降低自身欠缺技能、学习内容个性化推荐	推荐适合的专业课程、定制相应的学习路径、安排课程计划、辅助学生按时毕业	尽早了解学生、降低辍学率
不足	不够个性化、提供过量相同的干预、不提供诊断信息，难以提供有效的补救措施	普适性较低、非技术人员不能够很好地解释决策和行动所预测的结果	应用学科有限，只有数学课程、只预警知识点的掌握情况（预警内容过于单一）	仅使用电子邮件预警不够及时准确（预警形式过于单一）	预警内容不全面

3.4.2 学习预警模型构建

1）学习预警框架

学习预警系统涉及 4 个核心问题：①为什么要进行预警，即预警的目的是什么（目的层）；②预警什么，即要预警哪些内容（内容层）；③怎么预警，即以哪种方式实现预警（方式层）；④预警的结果，即学习者通过预警后系统会给出哪些建议等（结果层）。

结合上述核心问题，本书构建了学习预警系统的通用框架（见图 4-15），包括目的层、内容层、方式层和结果层。

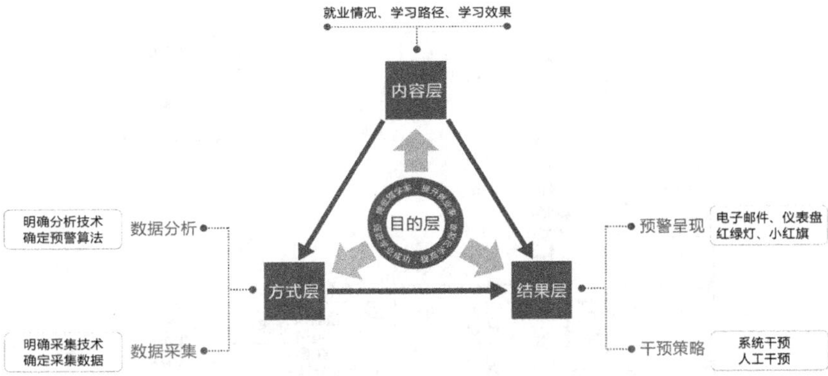

图 4-15　学习预警系统框架

（1）目的层确定预警的目的，预警目的大致有 4 种，分别是降低辍学率、促进学业成功、提高学习效果和提升就业率。预警目的是整个预警过程的基础，只有确定了预警目的，才能明确预警内容。目的确定为预警系统的建立与运行指明了方向，并直接影响着数据的收集与获取，同时也会影响预警方式，进而影响预警结果。

（2）内容层因预警目的的不同而不尽相同，根据预警的目的，大致将预警内容分为预警辍学、学业成功、知识掌握、就业情况、学习路径、学习效果等。当预警内容不同时，所采用的预警方式也会不同。

（3）方式层主要包括数据采集和数据分析两部分。数据采集需要明确使用什么样的数据采集技术，以及采集哪些数据，这取决于预警的目的及内容；数据分析需要根据采集的数据判断采用哪种数据分析技术及预警算法。大数据时代采集到的是学习者的全方位数据，当目的不同时会筛选不同的数据进行分析处理。

（4）结果层主要包括预警信息的呈现及干预策略，根据目的层和内容层及方式层确定预警信息的呈现形式及提供的干预策略。预警信息的呈现形式是学习预警系统的直观表现；干预策略的提出能够为学习者提供个性化的建议或反馈。

2）学习预警过程模型

结合学习预警流程及学习预警框架，研究构建了学习预警过程模型（见图 4-16），该模型主要用来描述在线学习预警的具体步骤及过程。

一般而言，在线学习预警的操作过程分为 7 步。

第一步：确定预警目的，明确预警什么。预警的目的不同，会导致后续步骤有所不同。

第二步：数据采集。根据预警目的确定需要采集哪些数据，以及用到哪些数据采集技术。

第三步：数据分析。将采集到的数据送到分析引擎进行分析，根据适当的分析技术及预警算法对采集的数据进行分析，判断学习者是否需要预警。

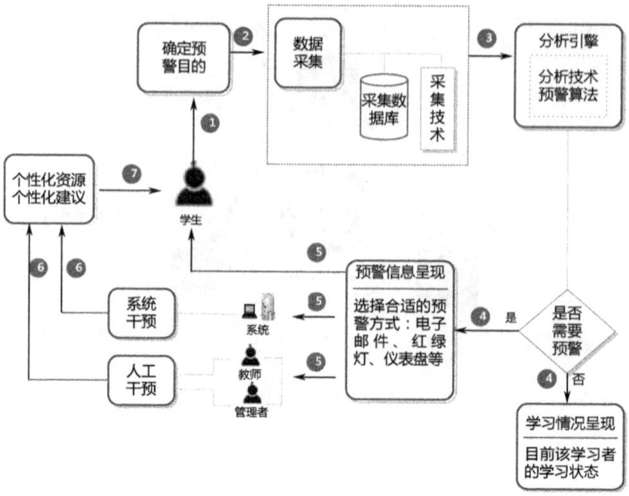

图 4-16 学习预警过程模型

第四步：预警信息或学习情况的呈现。根据第三步的判断，如果需要预警，则呈现出相应的预警信息；如果不需要预警，则呈现出学习者目前的学习情况。

第五步：预警信息推送。预警信息的推送共分为三部分，一部分推送给教师和管理者，教师和管理者可以查看所有学生的预警信息；另一部分推送给系统；此外还有一部分直接推送给学生，考虑到有些预警信息可能会伤害学生的自尊心，所以，推送给学生的预警信息只是所有预警信息中的一部分。

第六步：个性化资源及建议的提出。教师和管理者根据推送的预警信息，人工进行干预，提出适合学习者的个性化建议和个性化资源；系统根据推送的预警信息结合自适应引擎可以自动生成适合学生的个性化建议和资源。

第七步：将个性化建议和资源推送给相应学习者。

3.5 深度学习分析模型

深度学习是指在理解学习的基础上，学习者能够批判性地学习新的思想和事实，并将它们融入原有的认知结构中，能够在众多思想间进行联系，并能够将已有的知识迁移到新的情景中，做出决策和解决问题的学习[44]。近年来，随着互联网和通信技术的快速发展，

[44] 何玲，黎加厚. 促进学生深度学习[J]. 现代教学，2005，（5）： 29-30.

利用技术工具辅助深度学习研究、提高深度学习效果，成为深度学习研究的新重点；利用学习分析技术从学生学习行为的角度阐释深度学习发生机制，构建深度学习行为诊断模型，为探究学习行为与深度学习结果提供新的思路。

3.5.1　深度学习分析系统框架

构建深度学习分析模型的核心目的在于通过学生学习过程中大量行为数据的采集与分析，最终诊断学生达到深度学习的结果层次，以及预测未来的学习表现。深度学习分析模型的总体思路与学习分析的一般模型相似，只是它以深度学习结果评估为基础，而非一般的学业成绩。

具体来说，深度学习分析模型是以诊断深度学习结果、预测最终表现为目标导向，以调整矫正学生学习行为为手段，实现自底向上对深度学习行为分析过程进行建模与分析，并在问题解决流程模式的指导下，将模型分为数据、机制、结果三部分（见图 4-17）。其中，数据层是模型构建的基础，主要包括对学习者在学习过程中产生的各种行为数据的采集和存储；机制层是模型构建的核心，也是深度学习分析模型区别一般学习分析模型的关键，

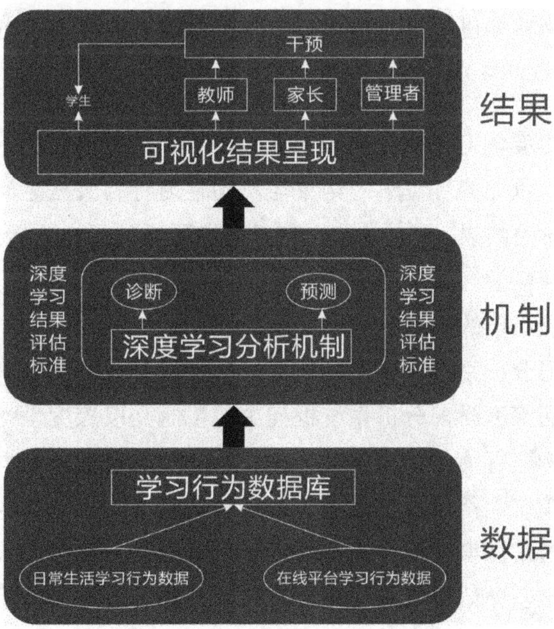

图 4-17　深度学习分析系统框架

主要提供基于深度学习结果评估的计算模型，从而实现对最终结果的诊断与预测；结果层是模型落地的关键，主要体现利益相关者与数据之间的关联状态，以及如

何最终影响学习效果的关系流程。模型虽然呈现出自底而上的线性效果，但实际上是一个循环过程，学生既是分析结果的受益者，也是下一阶段行为数据的生产者，从而使得模型的运行机制周而复始，数据不断迭代更新。下面对模型的不同模块进行详细阐述。

1）数据

框架的最底层由大量的学习者行为数据组成，根据行为数据来源不同，可以将行为数据分为两大类。第一类为通过各种平台所采集的学习行为，如学习管理系统（LMS）、在线学习平台系统（Moodle）中的学习行为数据。这类数据具有明显的特征表现，且多以结构化的数据形式存在。第二类为通过人为统计或者感知设备所采集的学生日常生活中的学习行为数据，如传统课堂中使用课堂观察法获得的学习行为数据，以及通过物联网等感知设备实时采集的学生生活中的学习行为数据。这类数据通常不具有明显的行为表征，因此，收集的数据多以半结构化或非结构化的格式存在。

底层数据层除了实现对行为数据的采集以外，还需要在对行为数据的提取、分类、存储和索引的基础上，建立具有学习行为数据库。因此，底层数据层需要对采集到的各式行为数据进行初步处理，按照结构化、非结构及半结构化的行为数据格式将行为数据进行分别存储，并需要对行为数据进行过滤与筛选，以确保收集到与学习高度相关的行为数据。

2）机制

框架的第二层是深度学习分析的机制，该模块的重点在于根据不同分析目标，提供各式方式、方法与策略，以探究深度学习结果与不同学习行为数据之间的关系，实现从行为数据的角度分析深度学习结果。具体来说，当研究需要通过行为分析预测深度学习结果时，机制层需要提供基于深度学习结果的预测模型，并通过预测模型对行为数据进行处理分析，从而判断不同个体可能出现的深度学习结果层次。

一般意义上，学习分析系统框架中的机制大多是以学业成绩、学生辍学率为因变量构建不同的分析模型，而深度学习分析系统框架中的机制是以深度学习结果为因变量，以不同行为数据为自变量构建行为分析模型。为此，深度学习系统分析框架中，机制层所提供的各种方式、方法和策略，都是以深度学习结果评估为基础，而这也成为区别一般学习分析系统框架的关键。通常深度学习结果评估，既可以由教师、专家依据一定的标准进行质性评估，也可以通过一些评估量表进行量化的统计。前者的标准包括 SOLO 学习结果结构评估、概念图学习结果意义评估等；后者量表包括深度学习结果量表评估、深度学习过程量表评估等。

3）结果

框架的第三层是深度学习分析结果的呈现，并最终反馈作用于包含学生、教师、家长、管理层与开发人员等利益相关者。其中学习者既是行为数据的提供者，也是行为数据分析的直接利益相关者，是整个模型的关键组成。通过可视化的呈现方式实现对深度学习诊断结果、预测结果呈现给教师、家长、教学管理者及学生自己，便于他们通过对不同的干预方式实现对行为的调整，以最终达到较高层次的深度学习结果。

对于学生而言，一方面根据深度学习行为分析诊断结果，调整现有学习行为；另一方面，在预测模型的指导下实现对未来学习路径的制定与规划。对于教师而言，深度学习行为诊断模型结果可以为教师实时把握学生是否达到深度学习结果提供有力的判断依据；行为预测模型结果也为教师提供针对个体学生学习行为的干预指导，以确保每个个体都能达到深层次的学习。对于家长而言，模型分析的结果为家长提供了深入了解孩子学习状况的渠道。对于教学管理者而言，可以整体把握教师教学、学生学习状况，为课程进度的控制、课程的调整提供有力的支撑。

3.5.2　深度学习分析模型构建

结合深度学习分析系统框架构建了基于学习行为大数据的深度学习分析过程模型（见图 4-18），该模型包含数据收集、数据存储、数据清理、数据分析、呈现与可视化、应用与指导 6 个步骤，最终实现对学习结果层级的诊断与评估。

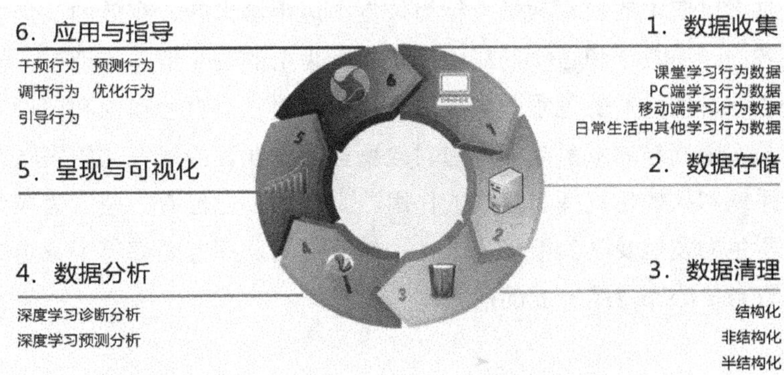

图 4-18　深度学习分析过程模型

深度学习分析模型的第一步是对学生大量学习行为数据的采集，学生学习行为数据除了包含传统课堂学习环境中产生的行为数据以外，还包括学生通过在线学习平台所产生的行为数据（包含移动终端产生的行为数据），以及日常生活中通过物联感知技术实时采集的各类行为数据。

对于采集到的行为数据需要根据不同的数据类型与特征进行相应的存储，因此，深度学习分析模型的第二步是对采集的行为数据进行数据存储。随后针对存储数据进行数据的清理，即通过标准化的格式转化等方式实现对不同格式（结构化、非结构、半结构化）的数据进行统一管理。第三步的数据清理，除了实现对数据格式的整合清理之外，还需要根据要求剔除与学习无关的行为数据。

深度学习分析模型的第四步是数据分析阶段，该阶段主要实现对处理后的大量行为数据按照一定的分析方法（诊断分析、预测分析），实现从行为分析角度对学生学习深度学习结果进行评估。

分析模型的第五步为结果的呈现与可视化，该阶段主要实现对数据分析结果的呈现。深度学习分析模型的受众包括学生、教师、家长及教育管理者等利益相关者，因此，根据受众的不同其结果可视化呈现的方式也不尽相同。

分析模型的最后一步是实现对分析模型结果的应用与指导。深度学习诊断分析与预测分析的结果可直接作用于学生自身，通常学生根据结果反馈的信息可直接实现对行为的调整与优化；而间接的应用指导则表现为通过教师、家长、教学管理者等其他社会成员对分析结果的解读，实现对学生某一方面学习行为的干预、引导与调整。

3.6 学业评价模型

学业评价是指以国家的教育教学目标为依据，运用恰当的、有效的工具和途径，系统地收集学生在各门学科教学和自学的影响下认知行为上的变化信息和证据，并对学生的知识和能力水平进行价值判断的过程。学业评价模型的建立是评价理论和评价实践的中介，具有构建理论与实践指导的双重功能，它对改变当前学业评价研究的无序状态，使之逐步走向理论化、系统和结构化发挥着重要的作用[45]。国内外已经有一些较为成熟的学业评价系统，在促进学生的发展及学生潜能、个性、创造性的发挥方面都起了一定的作用，保证每一个学生具有自信心和持续发展的能力。

3.6.1 学业评价系统案例

1）教育评价云应用平台

北京师范大学中国基础教育质量监测协同创新中心发布的“教育评价云应用平台”是中国首个“教育评价云”。随着基础教育新课程改革的深入与教育领域综合改革的推进，如

[45] 吴维宁，高凌飚. 学业评价模式的初步研究[J]. 华南师范大学学报：社会科学版，2005（6）：107-112+160.

何大规模实施过程性评价，充分反映学生的成长历程和学校日常教育教学状况是教育评价面临的主要难题。

初步建成的教育评价云平台[46]包括“工具研发系统”“数据采集系统”“实时分析系统”“数据库及其应用系统”“结果发布系统”“质量提升系统”等多个系统。其中，“数据采集系统”包括语文素养测试系统、英语综合运用能力系统、音乐表现能力测试系统、学生日常学习生活健康状况数据采集系统，这些系统具有人力投入少、数据采集周期短、准确性高、易于大规模推广等优势。“实时分析系统”包括教学过程实时动态采集系统和教学资源使用实时追踪系统，可以有效将学生学习和教师教学等过程性信息的评价纳入到基础教育质量评价体系当中。“数据库及其应用系统”初步形成了较为完善的数据资源共享机制，是中国首个基于教育评价云的大型国家基础教育质量数据库。该数据库的开放与应用将为相关领域研究者的研究提供第一手真实数据。“结果发布系统”实现了及时反馈、实时交互的个性化及现代网络化发布系统，极大地强化了教育评价信息全覆盖，社会公众广泛参与的良性互动。

2）基于教育大数据的应用服务平台——51 测评

专注于 K12 教育大数据服务，通过纸笔书写的数字化技术收集教育教学过程中的常态化数据，借助于前沿的大数据技术，在专业的教育理论指导下通过专业的教育测评模型，打造出基于教育大数据的应用服务平台——51 测评。该平台是由北京师范大学现代教育技术研究所与北京拓思德科技有限公司联合打造的，是涵盖数据采集、数据存储运算、数据挖掘分析、提供数据产品和服务的专业大数据平台。

北京拓思德科技有限公司独家拥有纸面书写数字化技术——数字光学点阵技术。用户在普通的纸张上，通过最熟悉的纸面书写习惯，轻松实现原笔迹在计算机或移动设备上的即时呈现、存储、回放、分享与交流，拓思德已经将该技术应用于教育教学的多个领域。考试批阅系统和日常作业批改系统，教师直接用笔批阅，平台自动统计分析，帮助老师从繁重的考试与作业批改中解脱出来，自动生成错题统计、知识点错因统计、学生集中错误点分析、学生易错点分析，也可自动生成不同角色的可视化报告。

51 测评有效收集了学校教学过程中的原始数据，通过教育测评模型对数据进行专业的清洗和建模，借助大数据的存储和运算能力，形成有价值的数据报告和产品服务。充分发挥其教学反馈调节功能、教学诊断指导功能、强化激励功能、教学提高功能、目标导向功能。从教师的角度来看，教学决策将跨越人类的有限理性，从依赖存在于教师头脑中的教学经验转向依赖对海量教学案例的数据分析。最重要的是在区域或者学校层面形成整体的大数据战略，将信息化的相关工作与学校日常工作相结合，推动学校及每位教师与学生的

---

[46] 中国新闻网. 北师大推出首个“教育评价云平台”[EB/OL]. http://www.chinanews.com/edu/2014/04-08/6039862.shtml，2016-01-17.

快速发展。

3）学生学业质量监测与评价网络平台

“学生学业质量监测与评价体系”（网络服务平台）[47]是适应素质教育与新课程实施的需求而建立的、以促进学生发展为目的的、对象和主体多元化、评价方式多样化的学业质量评价体系。它既能完成终结性的测验考试的全部内容，更适用于学校教学过程的评价与精细化管理。在北京市已有海淀区、西城区、朝阳区教委及 120 多所学校在成功地使用。该网络服务平台可在一个地区或学校的网络上对学生学业成绩的发展进行全面的监测、管理与评价。

“学生学业质量监测与评价体系”是教育测量、统计和评价学的理论和方法所支持的、一个完整的监测、管理与评价体系。它包括成绩和试题数据的输入（自动验证和纠错）、描述统计分析、推断统计分析、测验质量分析、学生发展评价、决策支持工具等部分。通过输入成绩、试题得分数据或抽样数据，即可对考试的质量分析（如命题的质量、团体和学生的宏观指标、学生对每个知识点掌握的程度等）做出全面的定位、分析和详细的诊断。该系统为教学过程的精细化管理与评价提供了十分丰富的手段，用精彩纷呈的各种测验量表、统计表格和动画图形来展现数据，对数据和信息进行全面、深入的挖掘和分析，从而使评价的结果更加全面、客观和公正，在学校领导决策和教学导向中充分发挥作用。

系统主要的特点之一是采用个体内差异评价及教育测量的科学方法来实现学生学业质量的发展性评价。通过建立每次考试的“测验量表”，追踪每个学生在总体常模中的位置，即“入口、过程、出口”的“正态化标准分”的发展变化，来取得学业成绩发展变化的定量、科学的数据。系统可以对每个学生进步的幅度、班级或教师的“加工能力”做出定量、科学的评价，深受各地区和学校领导的重视和好评。

4）中小学教育质量综合评价系统

中小学教育质量综合评价系统[48]是由上海市闵行区教育学院领衔研究、北京京师励耘科技有限公司承担开发的一套先进的基于信息化平台的评价系统。主要包括学生学业水平指数、学生学习动力指数、学生学业负担指数、师生关系指数、教师教学方式指数、校长课程领导力指数、学生社会经济背景对学业成绩的影响指数、学生品德行为指数、身心健康指数、跨年度进步指数共 16 方面，构建了教学质量评价的描述、分析及薄弱环节分析方法体系，进行了方法创新。该系统具有 5 大创新点：评价系统框架化、评测维度多元化、检测方法多样化、数据挖掘系统化，评价报告全面化。此系统完成了基于大数据挖掘的信

---

[47] 中国供应商. 学生学业质量监测与评价体系[EB/OL]. http://www.china.cn/jiaoyujiaoxueruanj/1731547473.html，2016-01-17.

[48] 凤凰网资讯. 上海闵行中小学教育质量综合评价系统获国家鉴定[EB/OL]. http://news.ifeng.com/a/20151125/46386334_0.shtml，2016-01-17.

息化分析平台，对闵行区的教师教学质量评价起到了重要作用。

5）校用学生学业评价系统

释锐新课程背景下学生学业评价系统是一款专业的符合新课程教育改革的学生学业评价系统（48 项指标）[49]，产品用途包括学业考试安排、考分录入或批量导入、学业查询与学生个体分析、教师之间横向与纵向教学效果对比、班级之间横向与纵向学业水平对比、各类实用的学业成绩汇总图表、学业数据导出至综合素质评价系统等第三方系统。该软件的应用能够大幅度减轻教务处、班主任和任课教师的教学负担，使校长第一时间看到考试的结果和状况，满足学生及家长随时随地查询学业成绩、分析和评价个人学业成绩走势的需求。释锐新课程背景下学生学业评价系统既重视学习结果又重视学习过程的评价；既重视采用定量的评价方法也重视采用定性的评价方法；不仅评价学生的记忆和认知，而且能全面地评价学生多方面的智能；兼顾内部评价与外部评价；尊重被评价的对象。

6）畅言教育评价系统

科大讯飞面向基础教育领域研发了畅言教育评价系统[50]，评价维度包含学业发展水平、品德发展水平、身心发展水平、兴趣特长养成、学业负担状况 5 个维度。系统在学生成长记录和学业成绩数据基础上，运用教育测量理论模型，对数据进行统计分析，结合定性与定量评价、形成性与终结性评价，为教育管理机构、学校、教师和学生提供针对性分析报告，实现以评促教、以评促学、以评促建。

3.6.2　学业评价模型构建

1）学业评价框架

学业评价系统涉及 4 个层：第一层是数据采集层，即对学业评价的相关数据进行采集；第二层是实时分析层，即对采集到的数据进行分析追踪；第三层是结果发布层，即形成评价报告，得到教师考评、学生自评、班级纵向和横向比较数据；第四层是质量提升层，即针对评价报告，教师、学生及家长的后续工作（见图 4-19）。

数据采集层是学业评价需要采集的关键性内容，一是学生品德发展水平[51]，含行为习惯、公民素养、人格品质、理想信念 4 个关键指标。二是学生学业发展水平，含知识技能、学科思想方法、实践能力、创新意识 4 个关键指标。三是学生身心发展水平，含身体形态

[49] 中国系统集成网. 学生学业评价系统[EB/OL]. http://www.xtjc.com/product/201101/21-5485.html，2016-01-17.

[50] 畅言教育评价系统简介[EB/OL]. http://www.iflytek.com/content/details_205_1813.html，2016-01-17.

[51] 张生. “互联网+”时代 我们需要什么样的教育评价[J]. 中小学信息技术教育, 2015，(12)：16-18.

机能、健康生活方式、审美修养、情绪行为调控、人际沟通 5 个关键指标。四是学生兴趣特长养成，含好奇心求知欲、爱好特长、潜能发展 3 个关键指标。五是学生学业负担状况，含学习时间、课业质量、课业难度、学习压力 4 个关键指标。

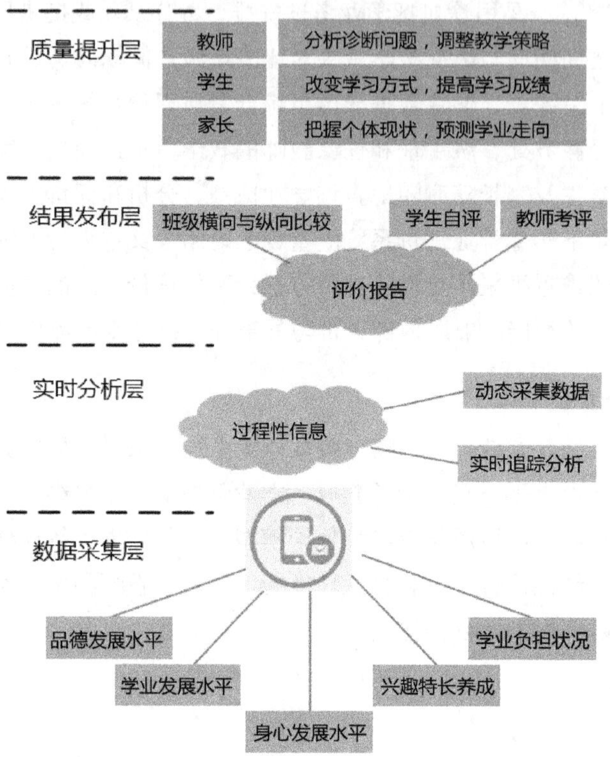

图 4-19　学业评价系统框架

实时分析层包括教学过程实时动态采集系统和教学资源使用实时追踪系统，可以有效记录和监测学生学习与教师教学过程中的信息，让教师随时发现学习者的学习状态及教学过程中存在的问题。

结果发布层实现了及时反馈、实时交互、个性化的现代网络化发布，通过教师考评、学生自评、班级的横向与纵向比较等全方位、多元化的评价方式，对学业成绩形成评价报告，精确反馈学生学业质量进步状况，让家长和学生随时了解学生的学业状态。

质量提升层是在结果发布的基础上，教师能够分析诊断问题，及时进行教学反思与教学策略调整；学生可以改变学习方式，提高学业成绩；家长可以把握学生现状，预测学业走向。

2）学业评价过程模型

结合学业评价框架，现构建了学业评价过程模型（见图 4-20），该模型中学业评价的实现共分为 9 步。

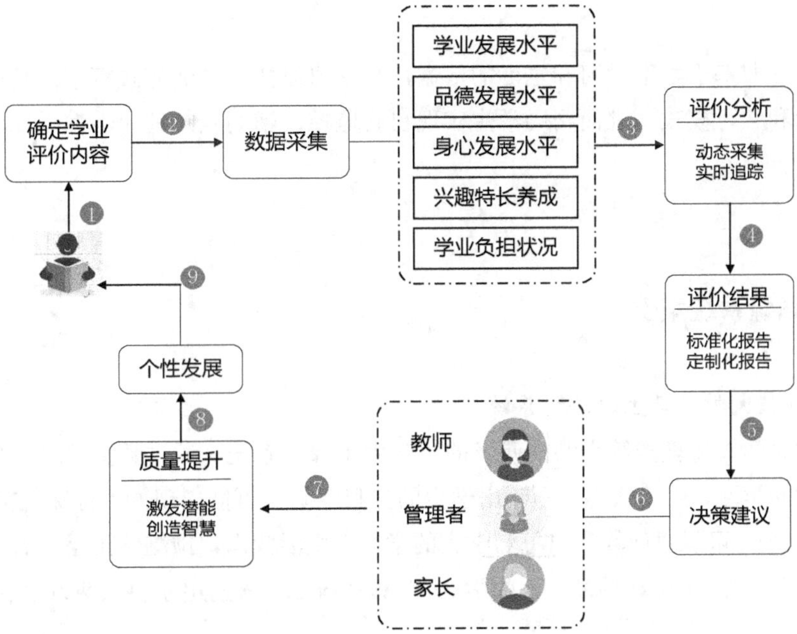

图 4-20　学业评价过程模型

第一步，确定学业评价内容。确定好学业评价内容，才可以针对性地对学生学业进行评价。

第二步，数据采集。根据需要的数据，对学业评价相关体系的内容进行采集。

第三步，评价分析。收集学习中的过程性数据，并对这些数据不断进行动态采集和实时追踪。

第四步，评价结果。分析数据后对数据整理分析，形成标准化和定制化报告。

第五步和第六步，决策建议。根据分析结果，对教师、家长和管理者提出相应的建议，促进学生更好地学习。

第七步，质量提升。提供实施建议，激发学生的潜能，创造智慧。

第八步，个性发展。多种评价模式，从多方面提高学生能力，促进学生个性化发展。

第九步，学生在整个学业评价过程中，不断促进个人发展。

3.7 学生画像模型

学生画像，即基于学生学习和生活的数据，从学习习惯、生活方式等不同角度描绘学生特有的生活和学习模式，进而帮助学生实现自我监控，辅助教师针对性教学，并帮助管理者优化决策。

3.7.1 学生画像系统案例

1）电子科技大学“学生画像”系统

电子科技大学周涛教授等人共同研发的“学生画像”系统，通过数据整合、分析，挖掘出每个学生的学习、生活状态，预测出学生的挂科危险及可能出现的“特殊状况”。通过“学生画像”系统，可以“计算”出每名学生的学习、生活状态，预测学生是否有挂科的可能，甚至还有辅导学生更好地规划自己的学业[52]。该系统已经覆盖电子科大两万余名本科生。

2）成都寻道科技有限公司“学生画像”系统

成都寻道科技有限公司开发的大数据产品——学生画像系统对学生在校日常行为中产生的多种数据进行深度分析，从而精准地描述某个学生或某特定群体的基本信息、学习、生活、社交、实践情况，揭示、比较学生个体或特定群体不同的成长轨迹。在此基础上，对个体或群体开展精确预测预警。该产品的主要功能是全面认识学生、定位失联学生、定位抑郁易感学生、定位宿舍“过宅族”，以及助力贫困关怀、成绩预测&挂科预警、毕业去向预测&失业预警[53]。“学生画像”系统通过大数据分析，为相关职能部门开展教学管理提供定量化决策依据，有效引导学生健康成长。利用“学生画像”系统，所有的学生管理者都能实时感受所有学生的心理、学习、习惯等个人和群体状态。

---

[52] 华西都市报. 电子科大研发“学生画像”谁会成”学霸学渣”可预测[EB/OL]， http://wccdaily.scol.com.cn/shtml/hxdsB/20150827/300210.shtml，2016-01-20.

[53] 新浪新闻. 教育大数据产业[EB/OL]. http://news.sina.com.cn/o/2015-11-19/doc-ifxkwuxx1559954.shtml，2016-01-20.

3.7.2　学生画像模型构建

1）学生画像系统框架

学生画像系统主要分为 4 个阶段：①数据收集阶段，即系统最初应明确需要采集哪些数据，这是整个系统的基础；②数据分析阶段，即对收集的数据进行分析；③结果呈现阶段，即对学生各方面数据呈现出来；④信息推送阶段，根据呈现的结果推送一些资源或建议。现从系统实现流程的角度出发，设计如图 4-21 所示的学生画像系统框架。整个系统分为 4 个阶段，即数据收集、数据分析、结果呈现及信息推送。各阶段之间相互联系，后一阶段均以前一阶段为基础。

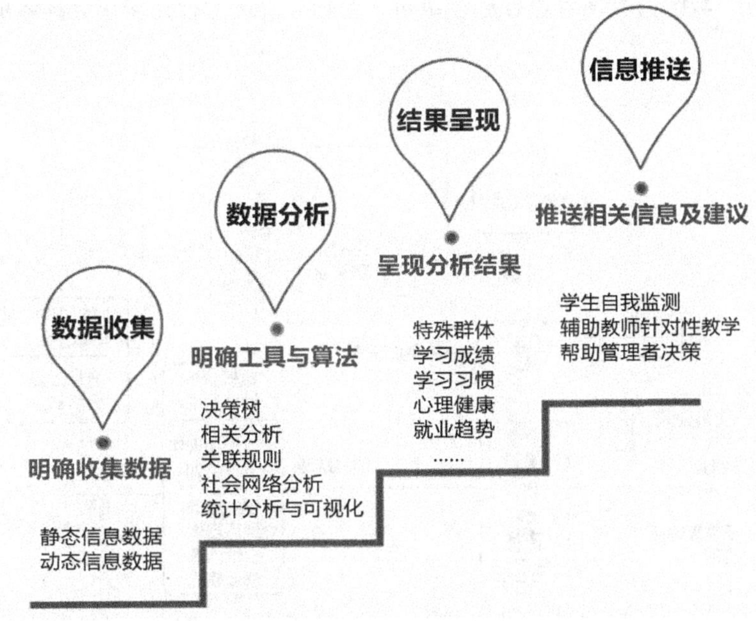

图 4-21　学生画像系统框架

（1）数据收集阶段即明确收集数据。只有明确了收集哪些数据，才能进行后续研究。收集的数据包括两部分，分别是学生的静态信息数据和学生的动态信息数据。其中学生的静态数据是指学生的基本数据，可以通过学生信息系统进行收集。动态数据可以通过学生的生活数据和学习过程中的行为数据中得到。明确收集哪些数据是整个画像系统的基础所在。

（2）数据分析阶段即需要确定用到哪些数据分析工具及算法。分析工具及算法的准确性直接影响系统的科学性。能够进行数据分析的工具及算法很多，如决策树、相关分析、关联规则、社会网络分析、统计分析与可视化，等等。算法及工具的选择取决于所采集数据的性质，不同的数据用到的分析算法和工具是不同的。

（3）结果呈现阶段即呈现出分析的结果。学生画像系统是对学生方方面面的数据进行收集并分析的，所以，经过分析之后所呈现的结果也从不同方面体现，比如呈现的结果包括对特殊群体的呈现、学习成绩的展现、学习习惯的展现、心理健康水平及就业趋势等的呈现。通过结果的呈现才能使学生更加了解自己，使教师和管理者更加了解学生。

（4）决策建议阶段，即教师及管理者根据学生信息的呈现结果对学生推送一些相关建议及资源。这既有利于辅助教师进行针对性教学，又能帮助管理者优化教育决策。

2）学生画像模型

通过对国内现存学生画像系统的分析总结，为学生描绘一幅精准的数字“画像”，可以分为 6 个步骤来实现，分别是数据采集、基于分析引擎的数据分析、数据分析结果呈现、分析结果推送、教师与管理者进行教育决策、通知学生进行行为修正。具体步骤如图 4-22 所示。

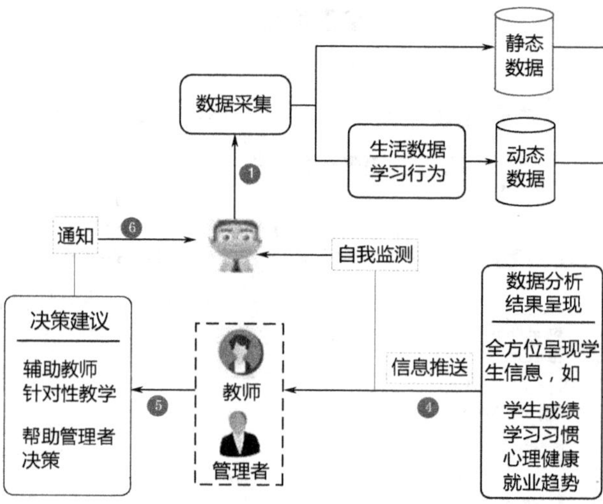

图 4-22 学生画像分析模型

（1）数据采集。数据采集是学生画像分析模型的起点，其后所有功能的实现都是基于大数据分析的基础之上。数据采集的来源主要有两部分组成，第一部分是描述学生基本属性的静态数据，包括学生所有的基本信息数据，如学生姓名、年龄、学号、年级、性别等。第二部分是由学生不断变化的学习行为及日常生活所产生的大量数据，即动态数据，包括学生日常消费数据、入寝室的时间、进出图书馆的次数、借阅书籍的种类、在教学楼打水的次数、去澡堂洗澡的时间、吃饭的时间等。此时，学生画像系统就像一双无形的眼睛，监控着学生在校的一切行为，学生买一次饭、去一次图书馆、取一次钱等行为均会被当做学生产生的动态数据，纳入到数据采集中。学生的动态数据是整个学生画像系统的核心部分，是整个分析模型的核心要素。

（2）基于分析引擎的数据分析。学生画像系统是一款典型的教育大数据产品，在使用的过程中必然离不开数据分析技术。在文章的两个案例中，对采集到的数据进行了数据挖掘，所用到的“工具与算法”包括统计分析与可视化、相关分析、社会网络分析、关联规则、决策树等一系列方法对学生的素有数据进行全面分析。以学生的朋友圈分析为例：两个朋友关系越亲密，共同行动的概率就越大，而陌生人之间则不然，这是经过仔细验证的结论。基于此，可以对学生们的共现频率进行统计分析，凡是两两间较短间隔内在同一场所，研究人员都进行了记录，以此获取两人的关系亲密程度，超过某一亲密程度的则为朋友，以此获取每个人的朋友圈信息。此后，研究人员再结合学生基本信息，获取学生与朋友之间的标识，如室友、同班、同学院等，进而进一步分析学生的交际能力与偏好。最后以朋友圈分组进行成绩相关性分析。电子科技大学的“学生画像”系统发现，学生自身成绩与身边朋友的成绩具有很强的相关性；身边朋友成绩较好，自身成绩也相对较好。

（3）数据分析结果呈现。经过数据采集及数据分析之后，学生画像系统将会按照已有数据对每个学生进行一次数据化定位并进行分析结果的呈现，例如，系统会根据学生以往的学习成绩及挂科情况来推断该学生在本学期是否有挂科的可能，并对学生的学习成绩、心理状态、学习习惯及未来的就业趋势有一个量化的体现。

（4）分析结果推送。分析结果根据推送对象的不同可以分为两个部分，一是直接面向学生推送数据分析结果，提醒学生进行自我行为的矫正，如通过学生学习基础及由日常行为特征体现出的努力程度，综合分析提前预测学生挂科可能性之后，将学生可能挂科的信息传达给学生，以便学生有效提升自己的学习成绩，改善自身的行为模式。挂科预警主要从三个方面分析：一是刻画学生生活与学习的规律性。比如，如果某学生最近几个月作息极不规律，那么他的成绩将会有下滑的可能；二是分析课程相关性，先导课程的掌握程度对后续课程的成绩有大的影响。比如，如果某学生微积分—I 分数在及格边缘，那么后续课程微积分—II 就有较高的挂科可能性。三是计算学生在该课程上付出的精力。比如，如果发现该学生在图书馆从未借阅与微积分课程相关的图书，那么他挂科的可能性会进一步提高。

分析结果的另外一部分则是将教师及教育管理者作为信息接受者。在传统教育中，学生心理健康难以了解、学生异常行为难以防范、学习状况不可预测、学生个性化辅导缺少方向，已经成为多数学校面临的问题与挑战。学生画像系统的出现为教师和学生提供了决策依据，教师可在系统中清楚了解到学生的学习和生活状况，包括学生的心理健康，对学生的异常行为进行提前感知，以便及时补救和处理，防患于未然。管理者可在系统中对某个特殊的群体的生活规律、学习习惯有一个整体的把握，并根据学生的学习和生活现状，做出合理的教育决断。个性化教学让每个学生在快乐学习的基础上保证自身的健康成长。

（5）教师与管理者进行教育决策 。教师与管理者作为整个教育教学活动的引领者，决定着学生的学习方向。在接收到学生画像系统的推送通知后，需要全方位考虑学生的学习生活现状，对自己的教学及管理做出适当的调整，例如，当系统数据分析显示出某位同学突然吃饭、洗澡、出入的次数减少，则推断该学生最近可能在心理上出现一定的问题，教师需要及时与这类学生进行沟通，善意引导，帮助学生走出困境，避免恶性事件的发生。

（6）通知学生进行行为修正。学生既是学生画像系统的源头，也是整个系统最后的作用对象，对学生不便于直接接触的学习和生活隐患，教师与教育管理者可以作为一个间接的作用者，采取比较委婉的方式及措施，从侧面辅助学生对自己的行为进行修正。例如，当学生出现焦躁、抑郁等心理异常现象时，并不能够依靠自身的力量来走出困境，也不能直接让这类学生知道自己处于异常状态，此时就需要教师和管理者作为第三方介入，采取一定的措施和手段帮助学生走出困境。

第 5 章
Chapter 5
教育大数据的应用案例

◆ 随着教育界对大数据思考与探索的不断深入，具有教育特色的大数据应用理论、模式与方法也在逐步形成。

◆ 调查对象中约有59.6%的用户认为大数据在国内基础教育领域处于起步阶段，水平较低、方向不清；38.68%的用户认为处于发展阶段，有了基本方向和部分成功案例；1.72%的用户认为已到成熟阶段，发展方向清晰，并开始融入教育实践。

◆ 本书认为，当前我国基础教育大数据正处于起步探索期，有了基本的发展方向，出现部分应用探索案例。

◆ 通过全面调研、精心筛选，本书共整理出49个基础教育领域的大数据应用案例，进一步归纳发现基础教育大数据主要存在五大应用模式，分别是驱动教育政策科学化、驱动教育评价体系重构、推动区域教育均衡发展、助推学校教育质量提升及促进师生个性化发展。

01 Section 教育大数据驱动教育政策科学化

传统教育数据的采集渠道和获得数量相对有限，大多通过后期调查统计进行分析，以反映过去某个时间段的教育发展状况。这种方式得到的数据很难具备伴随式的动态调整功能与阶段性的趋势预测功能，不利于为国家教育政策的制定提供科学支持。相对而言，大数据具有数据海量化、途径多元化、挖掘深度化、视角综合化等优势，有利于发现教育领域中同一类数据本身的特征、不同数据之间的联系、数据与外在影响因素的相互作用。它既可以全面透视宏观领域，又可以深刻剖析微观层面，易于构建更为系统化的教育发展模型，以推动国家教育政策制定与调整的科学化，而建立在大数据基础上的教育决策，还能增强民众对教育政策的理解和支持力[1]，使得教育政策的制定和实施都更为科学化（见图 5-1）。

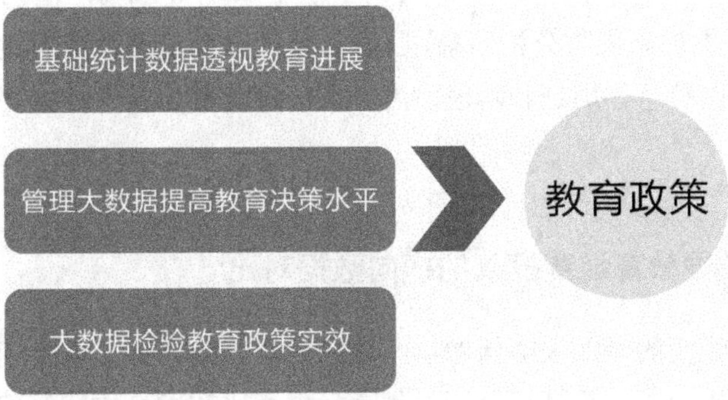

图 5-1 教育大数据驱动教育政策科学化

[1] 杨现民，王榴卉，唐斯斯. 教育大数据的应用模式与政策建议[J]. 电化教育研究，2015（9）：54-69.

1.1 基础统计数据透视教育进展

我国幅员辽阔，各地经济发展水平差异较大，因此，国家层面的教育政策制定与实施，离不开教育基础数据的伴随性收集和全国共享，这就需要建立学校、教师、学生三大基础数据库，以收集基础教育相关数据；及时动态更新教育基础数据，掌握全国学生、教师和学校办学条件的动态信息，从而辅助教育政策的制定与实施，透视我国教育进展情况。

案例 1——全国中小学招生量与师生比的纵向数据对比[2]

《2015 年基础教育发展调查报告》汇集了教育部及国家相关部门发布的最近数十年的数据，反映我国近年来基础教育的发展情况与趋势。数据显示从 1997 年开始，我国小学招生人数从 2500 万减少至 2014 年的 1658 万，小学教师数量在这一时期也同步减少。伴随小学招生数量下降，初中招生人数从 2001 年也开始直线下滑。已经从最高峰时每年招生 2263 万人，减少到 2014 年的 1448 万人。与招生人数和在校生总量的下降形成鲜明对比的是，初中阶段教师数量保持了平稳，甚至略有增长。普通高中阶段教师数量近年来一直呈增长趋势，2014 年教师数量达到 166 万人，成为基础教育学段中唯一明显增长的群体，这种增长导致到 2014 年时，我国高中阶段师生比虽然下降至 14.4%，但仍然明显高于初中的 12.6%。依托这些数据的采集与分析结果，我国后续可以在基础教育的建校选址、师资配备、生源情况、学段衔接等总体规划和阶段发展方面，进行更为科学的部署和调整。

案例 2——不同学段教育经费投入的横向数据对比[3]

全国各地教育经费的投入失衡问题，不仅是教育问题，更是社会问题。它与地方经济密切相关，也会直接影响当地甚至全国的教育发展水平和教育均衡等问题。《2015 年基础教育发展调查报告》从横向对比的角度来看各地不同学段教育经费投入的情况，结果显示

[2] 中国教育在线. 2015 年基础教育发展调查报告[EB/OL]. http://www.eol.cn/html/jijiao/report/2015/pc/index.html，2015-12-21.

[3] 中国教育在线. 2015 年基础教育发展调查报告[EB/OL]. http://www.eol.cn/html/jijiao/report/2015/pc/index.html，2015-12-21.

我国近二十年来国家财政性教育经费的投入数量不断增加，尤其是在 2006 年以后呈现大幅度提高，但各地财政的教育经费投入增幅差距较大。例如，2013 年北京地区基础教育阶段生均经费为 28668 元，而贵州为 6872 元、河南为 5458 元，差距达到 5 倍左右。教育经费投入的差距，也会对不同省份的高等教育入学率产生一定的影响。例如，2015 年北京高招本科录取率约为 71.8%，位居全国第一，而同期贵州为 39%，河南为 44.4%。结果发现基础教育阶段教育经费投入与高等教育入学率有一定的关联性。这些数据对于国家教育经费、政策等的总体平衡与重点扶持政策，都有着重要的参考作用，同时也会在政策的出台与实施过程中得到更多的理解与支持。

案例 3——特定群体教育需求状况的指向数据分析[4]

城乡一体的社会空间和二元分割的制度羁绊导致人口在城乡之间大量流动，进城务工人员数量持续攀升，由 2009 年的 2.30 亿人增长到 2014 年的 2.74 亿人。

《2015 年基础教育发展调查报告》指出，虽然近年来义务教育阶段进城务工人员子女随迁率不断增加，由 2009 年的 30.95%增长到 2014 年的 38.42%，但留守率依然维持在 61.58%的高位水平。

（1）关于不同学段的留守率：初中生留守率要高于小学生，二者在 2014 年分别占到 66.26%和 59.6%。

（2）关于父母打工情况：留守儿童中有 46.91%为父亲外出打工，43.36%为双亲外出打工，9.73%为母亲外出打工。

（3）关于留守儿童的监护人情况：33.53%的留守儿童为隔代监护，22.62%是兄弟姐妹同住，处于无人监护状态。

（4）关于农民工随迁子女的就读情况：2014 年有 73.8%的农民工随迁子女在公办学校就读，有 17.5%在民办学校就读，8.7%在打工子弟学校就读。

（5）关于农民工随迁子女的教育花费：入读公办学校的农民工子女平均年教育花费为 8625.06 元，占家庭年度总收入的 12.94%，入读民办学校的平均年教育花费为 11500 元，占家庭年度总收入的 17.61%，入读打工子弟学校的平均年教育花费为 11159.13 元，占家庭年度总收入的 19.41%。

这些数据使国家能够较为全面地了解留守儿童及农民工随迁子女的受教育需求，不断完善留守儿童在当地受教育权利的保障机制，为进城务工人员随迁子女在城市公办学校就读提供政策支持和经费支持，指导各级政府根据实际情况调整该群体在公办学校的入读比

[4] 大公教育.《中国农村教育发展报告 2015》在京发布：农村教育面临严峻挑战[EB/OL]. http://edu.takungpao.com/360/q/2015/1221/3256852.html，2015-12-21.

例，或者积极购买民办学位，保障有特殊需求的未成年人群体接受义务教育权利。

1.2 管理大数据提高教育决策水平

当前，我国的教育管理信息化仍属于“人管、电控”的管理模式，智能化程度不高，管理水平和效率有待提升[5]。随着国家教育管理公共服务平台的建设与运营，我国教育数据的应用逐步迈入系统化、规范化、有序化和全面化的大数据时代。教育数据的分析将走向深层次挖掘，从海量教育数据中发现隐性而有用的信息，既注重相关关系的识别，又强调因果关系的确定，发现教育系统中实际存在的问题，从数据角度提供解析思路，以提高教育决策水平。

案例 1——全国中、小学生学籍数据辅助教育决策[6]

自 2014 年 1 月我国中小学生学籍系统在全国正式联网运行，目前已实现 1.93 亿中、小学生信息入库。学生正式学籍号的发放，标志着全国中、小学生学籍信息管理系统进入新的应用阶段。该系统在中、小学招生入学、学籍注册、学籍档案管理、学籍异动、升级、毕业、成长记录等方面发挥日益重要的作用，学生“终身一人一号”电子学籍管理办法，为持续性记录每个学生的学业表现与全面发展情况提供了制度保障。

为确保以学生身份信息为核心的基本数据的准确性，该系统在完成首次信息采集后，还利用公安部人口信息管理系统，以及国家人口基础信息库，对学生数据进行核查对比，对全部信息准确无误的学生核发正式的、全国唯一专属个人学籍号。2015 年系统已支持了 3689 万名学生毕业、1.25 亿名学生升级、3795 万名新生入学、691 万名学生转学等工作。其中，2015 年仅网上转学这一项工作，该数据库就为全国学生家庭节约近 43 亿元。

除了节省经费外，全国学籍系统还可以监测学生上学考勤情况、随迁子女流动情况，控制义务教育学生的无序流动等。这些数据的建立、调用、对比和分析，都有助于提高义务教育的经费管理、资源管理、招生就业和教育规划水平。

---

[5] 杨现民. 信息时代智慧教育的内涵与特征[J]. 中国电化教育，2014（1）：29-34.

[6] 教育部网站. 全国中小学生获得正式电子学籍号[EB/OL]. http://emic.moe.edu.cn/edoas2/emic/messageView.jsp?id=1423027791959257&searchValue=学籍，2015-12-25.

案例 2——国家基础教育质量监测数据解读办学质量[7]

2007 年，教育部依托北京师范大学建立了教育部基础教育质量监测中心，研制出了四年级和八年级数学、语文、科学、英语、心理健康、体育与体质健康的监测指标体系，并通过多次预试和技术检验，开发了一整套测查和评估学生学习质量和发展状况的监测工具，建立了全国性的多级基础教育质量监测数据采集网络，形成了科学规范、统一标准的数据质量保障制度。

2007—2011 年，该质量监测中心分年度、分学科在全国 28 个省级单位开展了数学、语文、科学、英语、心理健康、体育与体质健康六大学科和领域的试点监测工作，每年参加试点的省分别为 3～11 个。2012 年，该中心在全国范围内抽取了 254 个县（市、区）4000 余所学校约 19 万名学生进行监测，建立了第一个全国性的基础教育质量数据库，此后逐步建立了教育监测结果反馈和应用机制。这项工作的持续开展，对于基础教育实践工作的正面导向和积极影响不断显现。监测中发现的问题定期向教育部提交专题报告，成为国家教育决策的重要参考。

案例 3——多角度采集大数据辅助制定教育决策[8]

上海闵行区教育局依托大数据所进行的数字化校园管理体系建设，全面客观地收集学生成长数据（见图 5-2）。闵行区学生电子成长档案的内容包括身心健康、学业进步、成长体验、个性技能 4 个维度，设立了 14 个一级、38 个二级、53 个三级数据采集指标。为了收集数据，学校为每一位学生发放了电子学生证，学生日常行为数据将被动态抓取和实时记录，并能在系统内自动生成各种数据统计图表，让学生隐性的状态和需求显性化，让家长和老师能够更直接地看到学生的点滴进步或潜在的问题。学校或教育行政部门根据数据分析，就能判断校运动会的覆盖面大不大，学校课程的选择性高不高，学生学习经历丰富不丰富，与社会接触机会多不多，然后再有的放矢地推进教育改革。

目前，在闵行教育信息采集的渠道有 3 种：第一，电子学生证的实时采集。例如，学生走进校门、中途离校、图书借阅、走班制课堂、进出特殊场所（如阅览室、实验室、室内运动场等）进行刷卡，学生点到点轨迹，可以一一保存下来。第二，通过开发的闵行区中小学在校信息上报系统，学校统一上报区平台，并分类纳入主题数据库。第三，通过业务系统间的数据交换和共享，如学生健康管理系统、学生校外社会实践、学生学籍管理系

[7] 辛涛，胡平平. 我国国家基础教育质量监测新进展[N]. 中国教育报，2013-03-27（009）.

[8] 刘博智，宋伟涛. 大数据“导航”学生成长——上海闵行区的教育管理信息化变革[EB/OL]. http://www.jyb.cn/basc/sd/201403/t20140326_575420.html，2015-12-26.

统的数据，都可以通过数据接口汇集到主体数据库。

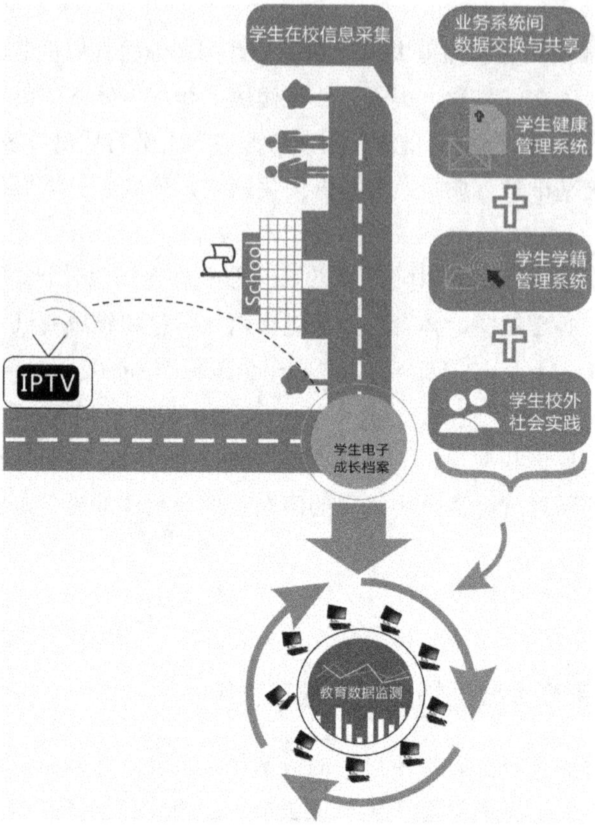

图 5-2　上海闵行区数字化校园

1.3　大数据检验教育政策实效

有了大数据的支撑，过去教与学过程中很多难以破解的问题，都能够找到对应的解决方案，教学理念与学习方法也将随之发生变化。我国基础教育虽然提倡个性化教学和因材施教，但在传统的班级教学模式下要实现个性化教学，还存在现实的困难。开展基于大数据的教育质量监测，用准确数据为基础教育决策提供依据，能在很大程度上提升教育决策和管理的科学化、民主化和专业化水平。同时，教育政策制定者在衡量学习效果时，不再单纯依靠频繁的考试，而是从更为理性、客观、全面的角度审视学生群体和个体的信息，用科学的理念和方法变革教育方式，深化基础教育教学改革。

案例 1——大数据检验上海小学教育“零起点”政策实效[9]

2015 年 1 月起，上海市教委就“基于课程标准进行教学与评价”项目进行全样本调查，力求从家长的视角全面解读全市小学一年级学生的学习状况，包括一年级小学生在独立作业、作业完成效率、学校适应、学习愉悦、学业压力等方面的真实感受。统计结果显示：一年级小学生在独立完成作业和完成效率方面整体表现状态良好，其中，92.46%的一年级小学生能独立完成或基本独立完成作业；超过半数以上的家长认为“孩子能够适应学校生活”，并有较高的学习兴趣，同时对学习压力的感受表示适度；近九成家长认为学生普遍感觉上学是“很快乐”的，并能够在上课时较好地集中注意力。

“上海市小学一年级学生学习状况调查”报告提供大数据采集和分析结果，是检验上海小学教育零起点政策的重要措施之一，它从家长和学生的角度验证了该政策的可行性，增加了后续工作的信心，其结果也有助于教育行政部门、参与学校和师生进一步调整后续教育策略、教学计划和教学方案。

案例 2——中国义务教育大数据检验教育质量影响因素[10]

中国义务教育质量地图系统（见图 5-3）是中国基础教育质量监测协同创新中心基于现有的全国基础教育质量数据库，面向教育决策者需求，服务于各级教育行政部门的教育决策支持系统。

该系统集成了 2008—2013 年全国基础教育质量的所有数据，涵盖了学校、校长、教师、学生等与教育相关的多个方面，基于学生表现、学习时间、学习压力等多个指标，展现全国、具体某省或某县的、在某年（2008—2013 年）的教育质量状况。

该系统在区域教育信息管理中，形成了集收集、查询、分析为一体的区域教育信息管理服务系统。不仅能够科学地管理区域教育发展的各类信息，而且基于地理定位的特点，使得该系统可以提供直观、形象的区域教育发展分布信息，并可实现区域教育信息的动态查询与监控。尤其是空间分析功能，可以有效计算区域基础教育资源的空间可达性指标，教育管理者以此可以评估教育资源的空间布局，为学校片区划分、管理和宏观调控区域教育发展、合理配置教育资源提供决策参考服务。

---

[9] 虹口政协．“大数据”呈现上海小学教育“零起点”政策实效[EB/OL]．http://www.hkqzx.gov.cn/StaticArticle/150304/134848974.shtml，2015-12-26．

[10] 中国基础教育质量监测协同创新中心．中国义务教育质量地图系统 [EB/OL]．http://www.eachina.org.cn/xietong/decision/中国基础教育质量地图系统-2，2015-12-26．

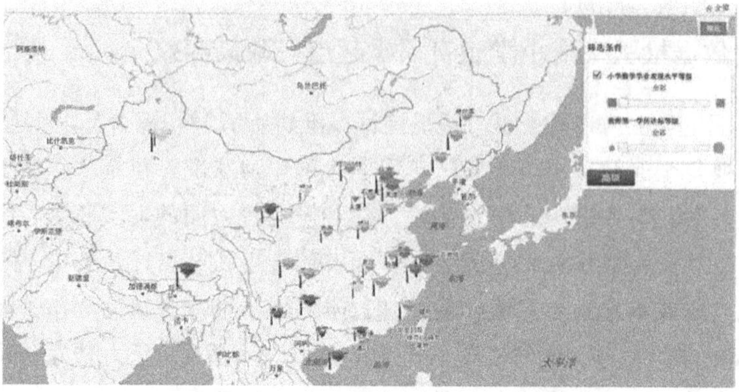

图 5-3 中国基础教育质量地图系统

该系统利用三维动态展示、交互式展示大数据分析模型与方法，实现数据可视化的理论与技术突破，向教育决策部门更直观、更形象地反映我国的基础教育质量与公平状况，不仅有利于及时发现问题并有效验证已实施教育政策的有效性，还可以为各级教育行政部门的教育决策和教学改进提供全面、科学的数据支撑。

02 Section 教育大数据驱动教育评价体系重构

教育评价是在系统、科学、全面地收集、整理、处理和分析教育信息的基础上，对教育价值做出判断的过程。从微观层面看，教育评价的目的在于指导学生的发展方向，对学生进行客观的总结，对教师的教学质量进行评估；从宏观层面来看，教育评价的目的在于促进教育改革，提高整个国家的教育质量[11]。《国家中长期教育改革和发展规划纲要（2010—2020 年）》也指出，要改进教育教学评价，根据培养目标和人才理念，建立科学、多样的评价标准；开展由政府、学校、家长及社会各方面参与的教育质量评价活动；做好学生成长记录，完善综合素质评价；探索促进学生发展的多种评价方式，激励学生乐观向上、自主自立、努力成才。

相比传统的教育评价，大数据的发展使教育评价走向客观性评价、伴随性评价、综合性评价和智能化评价，为学生的自我发展、教师的教学反思、学校的质量提升等多方面提供了基于数据分析的实证支持（见图 5-4）。大数据支持下的教育评价一方面能够减轻工作负担；另一方面采用统一标准进行评价，能在一定程度上提升评价的准确性。

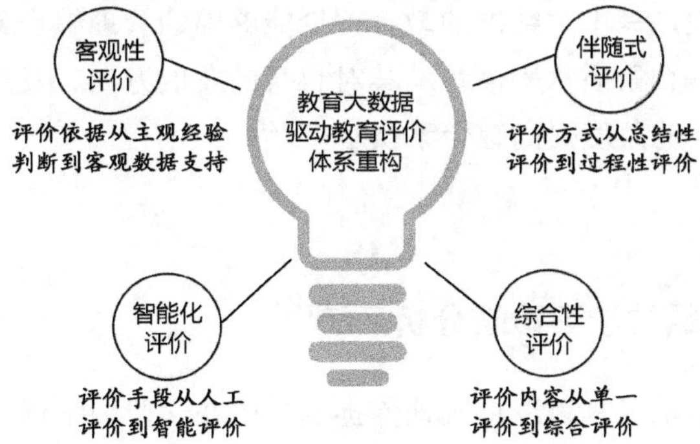

图 5-4 教育大数据驱动教育评价体系重构

[11] 金娣， 王刚. 教育测量与评价[M]. 北京：教育科学出版社，2002.

2.1 客观性评价：评价依据从主观经验判断到客观数据支持

在传统的教育环境下，教师对学生的评价，相当一部分是来自学生的考试成绩，以及教师个人的主观印象，导致评价不够全面、客观、理性。教育大数据的出现，使得学生有机会记录、展示各方面的情况，并借由数据依托，让学生对自己、教师对学生的了解更全面、客观，强化了教育评价的诊断、引导、调整的功能，为学生的全面发展、终身成长提供更为科学的评价指针和引导方向。

从国家层面来说，基于大数据的教育评价主要关注全国整体的教育质量发展现状，从宏观上看教育体系的质量，关注点在于教育体系中的结构、效益等各要素之间的协调一致性，描述基础教育质量现状及前景预测，着重标识基础教育薄弱的环节，为国家进行政策决策提供一定的数据支撑和方向指引，使决策有理可循，决策过程更科学、便捷。

对于各省、市、县来说，基于大数据的教育评价能关注当地的教育水平、学生发展现状等。在平台中，关注学生的成长及教师教学水平情况，与其他省、市、县进行对比，发现当地教育过程中的缺陷，进行弥补，从而达到促进教育发展的目的。

对于各学校及教师而言，基于大数据的教育评价聚焦本校或本班学生的综合素质情况，以及教师教学水平基本情况，可以与其他学校进行比较，与全国整体教育现状进行比较，准确把握学校的教育水平，支持学校教育中的相关决策。

对于家长来说，基于大数据的教育评价展示了孩子的综合素质现状，帮助其了解孩子的成长发展情况，并与全国其他学生发展情况对比，发现问题及差异，为更好地培养孩子提供参考方向。

对于学生本身来说，基于大数据的教育评价能够辅助管理综合素质评价相关材料，使学生全面认识自己的综合素质水平，帮助其对自身的发展方向、发展路径进行规划，弥补缺陷，促进学生从自身的角度提高综合素质水平[12]。

案例 1——基于大数据的学习诊断分析系统[13]

利用成熟的网络追踪工具可以精确地捕捉到学生在学习网络课程时的行为，不仅可以

[12] 张鹏高，张生，李宣宣. 基于大数据的基础教育综合评价[EB/OL]. http://www.eachina.org.cn/xietong，2016-01-20.

[13] 网奕资讯. 自动网络阅卷系统在 TEAM Model 智慧教室的整合运用[EB/OL]. http://www.habook.com.tw/eteaching/habook_epaper/2014/20140227_OSS/20140227_OSS.htm，2016-01-05.

记录简单的变量，如一个主题所花费的时间，还可以记录越来越多的细节信息。这些信息为培养批判性思维方式、解决综合问题及由于时间推移对概念的记忆程度等问题提供依据[14]。同时，可以帮助管理者、教师调整、改善教学管理与课程设计，如教师什么时候应为学生提供帮助、课程开发者怎样完善课程内容和结构等。

学习诊断分析系统能在学习过程中提供学情的实时诊断分析报告。例如，学习稳定度落点分析图中，每个点代表的是一个学生，依据所在落点区域呈现不同的颜色，来代表该生的学习状态是否为粗心大意、学习良好或学习力不足。针对不同落点的学生，老师所采取的辅导策略就会有所不同。对老师而言，学习诊断分析报告提供了试卷题目落点分析，供命题老师参考题目难度是否合理，哪些题目可以进行优化。系统还可以提供知识点施测结果的雷达图、学年报告的各班级比较分析图表、学生的个人诊断分析报告等。可视化的分析报告一目了然，为学生了解自己的学习情况、老师针对性地改进教学、学校进行教学管理等提供了科学的数据支持。

案例 2——课堂互动反馈系统在课堂评价中的应用[15]

课堂反馈系统是利用数字化教学平台环境，让全体学生即时参与反馈的教学评价辅助系统（见图 5-5）。上课时每个学生手持一个遥控器，根据教师的提问，即时反馈自己的答案，教师可以即时得到全体学生学习情况数据。例如，当教师出题后，学生利用遥控器进行选择，教师能马上看到答案和正确率，选项的分布比例及每个学生的选择情况，大大提高了课堂即时评价效果，有针对性地决定是否需要调整教学速度或方向。此外，及时反馈系统还具有抢答竞赛、淘汰竞赛、即问即答、抢权竞赛、挑人作答等功能。

老师利用电子白板讲解课程内容　　利用IRS请学生进行反馈　　老师立即统计反馈结果查看学生作答状况　　查阅统计报表

图 5-5　即时反馈系统

[14] L·约翰逊, S·亚当斯贝克尔, V·埃斯特拉达, A·弗里曼(作者)；张铁道，白晓晶，李国云，吴莎莎，殷蕾(译者). 新媒体联盟地平线报告：2014 基础教育版[R]. 奥斯汀：新媒体联盟，2014.

[15] 网奕资讯·IRS 即时反馈系统[EB/OL]. http://www.habook.com.tw/eTeaching/products.aspx?BookNo=IRS_01，2016-01-05.

课堂反馈系统的应用使得学生课堂反馈时间缩短，省去了教师对学生逐一询问的传统的分析和汇总计算过程。系统就教学环节中对于各个知识点的掌握情况给出准确的反馈数据，形成为学科服务的课堂反馈与训练系统，然后对教学环节的反馈数据进行有效的收集处理与分析[16]。应用结果发现，互动反馈系统可以提高学生的课堂参与度，快速收集课堂中动态的生成性数据，并能进行数据的即时统计分析与呈现，不仅增强了学生在课堂上的互动性、参与度，也帮助教师从班级整体、学生个体的学习进度进行高效评价[17]。

2.2 伴随式评价：评价方式从总结性评价到过程性评价

教育评价在发展过程中，其评价功能观逐渐开阔，评价方式日趋丰富，经历了从结果导向的总结性评价，发展到过程导向的形成性评价，进化到质量导向的伴随性评价。伴随性评价是把总结性评价与过程性评价相结合，重在积累教学过程中学生智能发展的生成性成果，不给学生划分等级，不去单纯比较学生成绩高低，而是通过及时记录学生的学习状态、学业表现、学习阶段性反馈等多种来源数据对学习情况和水平做出判断[18]，采取目标与过程并重的学习质量发展型评价观[19]。

大数据时代，多种数字化设备的综合应用，可以收集学生在学习平台、学习终端上的学习痕迹、学习表现、学习习惯等数据，并且用数据可视化的分析技术加以呈现，使教师和学生可以在不增加技术使用难度的前提下，了解学习者在整个学习过程中的表现，用基于大数据的伴随式评价引导学生终身学习。

案例 1——上海区域性数字化教育评价体系[20]

上海闵行区教育局依托大数据进行数字化教育评价体系探索。通过基于客观数据的分析，改变了以资料检查、调查访谈和印象评分为主的传统教育评价，用数据来描述区域发展中的教育现象与问题。有了这样一个数据池，区域数字评价体系的建立也就有了依托。

---

[16] 梁伟潮. 浅淡中学课堂反馈系统的推广与应用[J]. 中小学电教:上，2012（7）：141-143.

[17] 李广文. 基于 Socket. IO 的互动教学即时反馈系统的设计与实现[J]. 中国现代教育装备，2012（18）：10-12.

[18] 高凌飚，钟媚. 过程性评价:概念,范围与实施[J]. 上海教育科研，2006（9）：12-14.

[19] 高凌飚. 关于“过程性评价”的思考[J]. 课程·教材·教法，2006（10）：15-19.

[20] 中国教育新闻网. 大数据“导航”学生成长：上海闵行区的教育管理信息化变革政策实效[EB/OL]. http://www.jyb.cn/basc/sd/201403/t20140326_575420.html，2016-01-26.

学生的评价体系分为身心健康、学业进步、个性技能、成长体验四个部分。系统同时采集区域中每所学校每名学生的身体素质数据、校园活动数据、社会实践乃至学生阅读、公益活动等成长数据，构成一个有过程性、多来源的伴随式教育评价体系。

案例 2——基础教育质量发展性评价系统[21]

学校发展性评价是以现代教育发展观为指导，以促进学校发展为目的，以学校发展过程为对象的评价。它关注学校的发展定位和潜力，重点诊断发展中的问题，寻求学校发展的关键因素，从而发现和判断教育价值、实现教育增值[22]。

北京师范大学认知神经科学与学习国家重点实验室建立的大型教育质量发展性评价系统，可以支持多种基于数据的测评形式。各类参评人员可登录平台完成特定任务的测评，并获得个性化分层报告反馈。

对于教师教学水平的评价，目前来看，各地区、各学校的评价指标都不尽相同，这也与各地的关注点不同有关。对于教师的教学水平评价通常包括两个方面，第一是教师的个人属性，也可以称为硬性指标，如教师的职称、教龄、获奖成果等。第二是教师教学指标，如教师教学内容、教学方法、教学态度、教学效果等。其中，教学内容包括课堂中讲授内容的科学性、信息量、教学进度安排等；教学方法指教师组织教学的方法，包括课堂互动、板书、讲课思路是否清晰等；教学态度主要是指教师讲课的精神状态、言行举止；教学效果则是指学生对知识的接受程度，可以同学生综合评价结果相结合。根据这些方面建设不同学段的全国统一教师教学水平的评价指标体系，通过在系统中录入教师基本信息、学生评价教师数据及教师日常活动数据等，形成对教师教学的完整描述[23]。

如今该系统已为北京市东城区、石景山区、顺义区、密云县，山东省潍坊市，浙江省杭州市上城区，浙江省宁波市江北区提供伴随式发展性评价，对各地教育质量评价及促进发挥了重要作用。通过伴随式的发展性评价，可以进一步促进区域教育决策和管理现代化，促进学校特色发展和学校管理科学化，促进教师专业发展，最终使学校教育质量不断提升。

---

[21] 区域教育质量检测支持平台[EB/OL]. http://www.eabnu.com/login，2016-01-26.

[22] 周琦. 树立科学的学校发展性评价体系，促进学校内涵发展[EB/OL]. http://www.bjkecheng.cn/news_9465.html，2016-01-26.

[23] 张鹏高，张生，李宣宣. 基于大数据的基础教育综合评价[EB/OL]. http://www.eachina.org.cn/xietong，2016-01-20.

2.3 综合性评价：评价内容从单一评价到综合评价

如果说伴随式评价是对评价方式的改变，使得评价从注意结果转为重视过程最后实现注意质量；那么综合性评价就是对评价内容的改变，不仅评成绩，还要评学习方法、学习兴趣、学习能力、思维与文化等多方面的内容。在对评价内容的改革中，大数据将再次突破评价的片面性，收集学习者多方面的学习信息，如文化背景、家庭背景、学习风格、学习能力、认知水平，等等。

教育的对象是学生，学生的综合素质发展直接反映了教育质量情况。为贯彻落实《国务院关于深化考试招生制度改革的实施意见》，促进学生全面发展、健康成长，教育部在《关于加强和改进普通高中学生综合素质评价的意见》中将高中生的综合素质评价分为 5 个方面，分别是思想品德、学业水平、身心健康、艺术素养、社会实践（见图 5-6）。

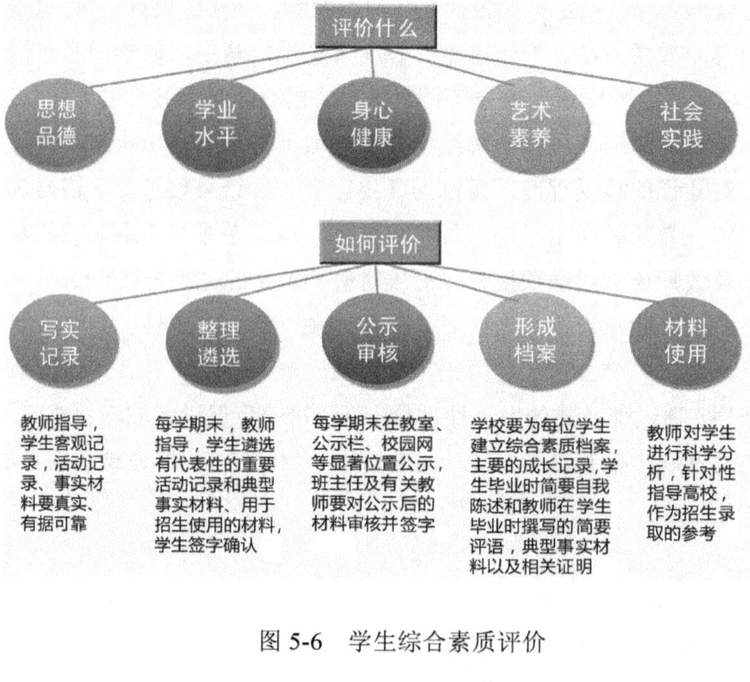

图 5-6 学生综合素质评价

主要评价内容如下：思想品德，主要考察学生在爱党爱国、理想信念、诚实守信、仁爱友善、责任义务、遵纪守法等方面的表现；学业水平，主要考察学生各门课程基础知识、基本技能掌握情况及运用知识解决问题的能力等；身心健康，主要考察学生的健康生活方式、体育锻炼习惯、身体技能、运动技能和心理素质等；艺术素养，主要考察学生对艺术的审美感受、理解、鉴赏和表现能力；社会实践，主要考察学生在社会生活中的动手操作、体验、经历等。通过对这五大方面的指标细化工作，形成高中生的综合素质评价指标体系。在此基础上，按照小学、初中教育的不同性质和特点，调整评价指标，进而形成一套完整的学生综合素质评价指标体系。

中、小学通过综合评价系统、电子档案袋等方式，收集、处理并分析学生多个方面的学习表现数据，来反映学生在知识与技术、过程与方法、情感态度价值观等方面的变化，教师也可通过这些数据反思教学优势与不足，及时调整教学方法，提高教学质量[24]。

案例 1——学生综合素质在线评价[25]

广东省佛山市盐步中心小学建立了“学生综合素质发展性在线评价系统”，通过网站平台、ITV 平台和移动终端在系统内记录学生综合素质。系统包含品德发展水平、学业发展水平、身心发展水平、兴趣特长养成、学业负担状况 5 个方面的内容，每个一级指标下有 19 个二级、67 个三级评价指标，三级指标下有 229 个监测点。老师、家长根据监测点及时记录孩子在学校、家庭的表现，记录关键事件，呈现出立体、全景式的综合性评价。

一年多的数据记录，使得综合性评价方式反映出了很多传统评价方式中被忽略、被隐藏的问题。例如，四年级某位学习成绩名列前茅的同学，在平台关键事件的品德记录中，得到了并不理想的评价，细致分析发现他不爱参加值日，也没参加学校的资源回收活动。这些关键事件反映了学生的综合表现。教师和家长结合学生的这种表现，和学生共同努力，在接下来的学期中调整自己的行为，并取得了明显进步。

综合性评价，实现了传统评价“一对多”模式（一个学习成绩评价多名学生）向“多对一”模式（多维学习表现描绘一个学生）的变革，优化了学生成长路径，体现出教育是服务的新理念，为学生提供了全面发展的机会。

案例 2——基于数据挖掘技术的综合素质评价[26]

上海七宝中学立足于学校数字化建设实践，探索面向数据关联特征的应用体系建设，设计了以评价数据为核心的数字化校园应用体系模型，在多元评价模式及数字化校园应用

[24] 张鹏高，张生，李宣宣. 基于大数据的基础教育综合评价[EB/OL]. http://www.eachina.org.cn/xietong，2016-01-20.

[25] 周伟涛. 教学信息化应用的基层样本[N]. 中国教育报，2015-06-11（008）.

[26] 陈圣日. 基于多远评价理念的数字化校园应用体系的研究[EB/OL]. http://www.doc88.com/p-2146744089880.html，2016-01-08.

体系的支撑下，应用数据挖掘技术对海量数据进行分析，以进行学生综合素质的评价。学校设计了学生多元评价系统的数据分析方案。综合素质评价体系分为行为规范、心理素养、学业水平、人文素养、艺术特长、科技创新、体能素质、学习能力、社会综合九大部分。该系统通过对学生不同方面的评价统计，运用数据挖掘技术，计算频繁项集和关联规则来考察学生的综合情况，给出综合性评价。例如，系统数据分析结果发现，学习能力和科技创新表现出强相关关系，那么，在培养学生科技创新时，可以同时关注学习能力的锻炼；系统发现学生心理素养和社会综合活动的强关联关系后，对于社会活动能力较弱的学生，可以在心理素质培养方面给予更多关注，等等[27]。

2.4 智能化评价：评价手段从人工评价到智能评价

大数据的一个明显特点就是数量庞大、维度丰富。若想收集、处理、分析这些庞大且繁杂的数据，离不开智能化分析技术。因此，教育评价的手段要对应地从传统人工统计、处理考试成绩等相对单一的数据，转变到用智能技术来分析网络和终端来收集学生各方面的大量数据，智能化的计算与可视化呈现，实现教育评价的即时性与智能性。

案例 1——万份英语同题作文智能评价[28]

在一个多月的时间里，来自全国 25 个省、市 148 所中学，共提交了 15771 篇同题英语作文，这样的评价怎么进行呢？传统评价方式下，即使是最优秀的教师，这几乎也是一项不可能完成的任务。而批改网凭借其智能评价技术，不仅可以即时完成所有作文的评分工作，同时给出学生在用词、搭配等方面的修改建议[29]。这是因为在批改网的后台数据库中，存储了庞大的英语本族语语料库（英美新闻、著作等的语料素材）。语料库越丰富，对比的客观性就越高，机器批改与人工批改的一致率就越高。机器批改作文时，基于搜索和抓取技术，将学生作文与语料库在“词汇”“句子”“篇章结构”“内容相关度”四大类 192 个维

[27] 陈圣日. 运用数据挖掘技术构建中学生数字化多元评价体系[D]. 上海：复旦大学，2011.

[28] 北京语言智能协同研究院. “批改网”百万同题英语写作数据报告（2015 中学版）[EB/OL]. http://www.docin.com/p-1320773110.html，2016-01-12.

[29] 中华人民共和国教育部. 大数据结合人工智能帮助学生学外语[EB/OL]. http://www.moe.gov.cn/jyb_xwfb/s5147/201406/t20140603_169691.html，2016-01-12.

度的拆分对比，就可以针对每篇作文给出综合得分，并且可以对其中的主要维度，如师生参与进程、学生写作时段分布、学生自主学习效果、学生出错语法点等进行详细分析与可视化呈现[30]（见图 5-7）。

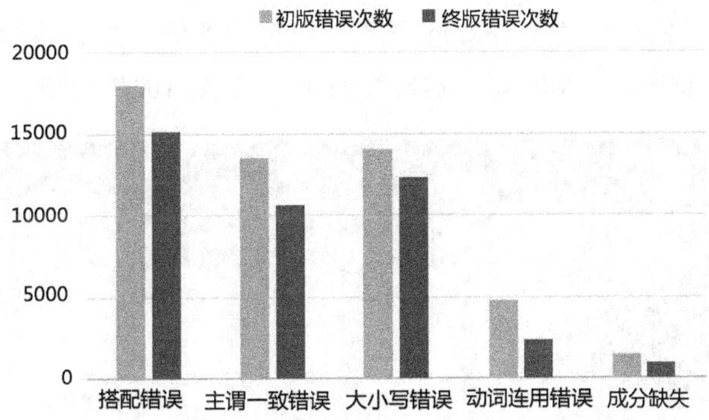

图 5-7　智能分析万份同题作文的语法错误情况

智能化的评价手段，不仅能让学生在提交作文后即时看到自己的得分，还可以让学生准确发现所有需要修改的语法错误、不地道的词组搭配、写错的单词等。系统根据智能算法与匹配，对这些错误都给出了修改建议，学生也有了修改的积极性，根据智能化评价意见修改后再次提交。

对比学生初始作文和最终作文的平均分可以看到，学生自主修改后作文分数平均提高了 3 分，修改后最终版本比初始版的出错率有所降低（见图 5-8）。

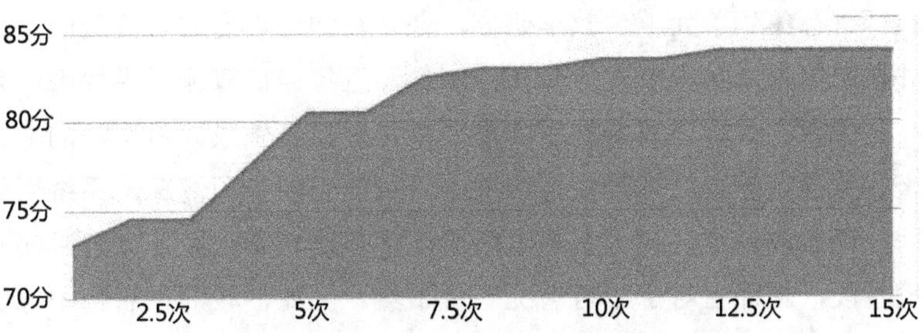

图 5-8　智能统计万份同题作文数据

[30] 句酷批改网：用机器批改作文的创业故事[EB/OL]. http://www.duozhi.com/company/20141124/2412.shtml，2016-01-12.

案例 2——智慧课堂评价 iExam[31]

北京市丰台师范附属小学使用 iExam 系统，用智能评价手段评估学生的学习状况。该系统可以根据教学目标快速组卷出题，实现即时练习考试与成绩分析（见图 5-9）。

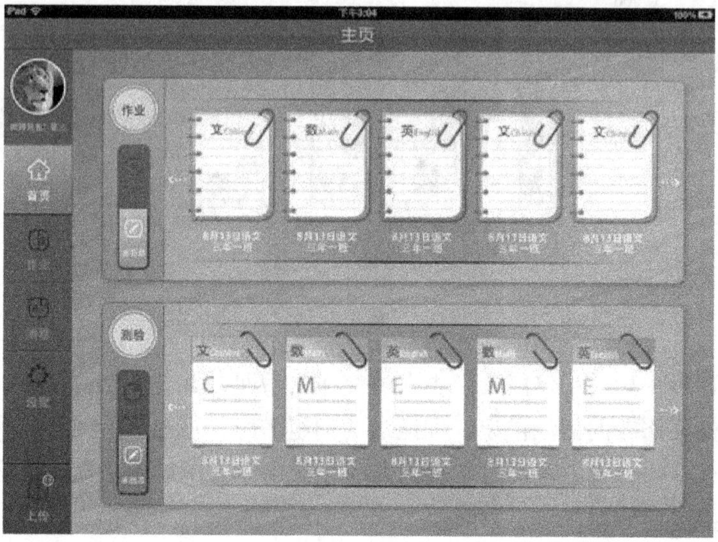

图 5-9 iExam 首页

首先，教师进行集体单元整体教学研究，把所有知识点变成可检测的点，针对检测点进行命题，并按照题目难易程度进行标注。例如，五年级口算测试模块中，教师规定百位数、十位数、是否有小数等口算条件后，系统就可以随机生成数量不等的测试题目推送给学生。接下来学生提交答案，教师在检测屏中看到学生的答题情况，系统用绿色条表示正确的答案，用红色条表示错误的答案，线段的长度是这名学生用了多长时间来完成题目。智能化的评价手段，使师生对于学习情况一目了然。例如，教师在后台中标注成较容易的题目，结果发现学生费时较长才能提交答案，说明这个题目实际上是偏难的，需要对题目难度进行调整或者进行补救教学。此外，系统还可以快速统计每道题的答题正确率，这样会很清楚地了解班级学生的整体掌握情况，直接指向教学设计是否合理。

智能化的评价手段，不仅为教师节省了大量时间，也帮助学生了解自己的学习情况，实现了教与学效率的大幅提高。

---

[31] 中国教育装备采购网. 智慧课堂在丰台区师范学校附属小学的创新应用[EB/OL]. http://www.caigou.com.cn/News/Detail/141485.shtml，2016-01-14.

03 Section　教育大数据推动区域教育均衡发展

教育公平是社会公平的重要基础，具有起点公平的意义。区域教育均衡发展是我国教育事业面临的重大现实问题。要缩小地域发展差距，就必须缩小教育差距、促进教育公平，这样才能使区域发展更均衡、社会更和谐[32]。应用大数据技术能够准确把握区域教育发展动态和影响其均衡发展的关键因素，从教育资源均衡、教育机会均等、教育质量均衡等方面推进区域教育的均衡发展[33]，也有助于不同区域根据自身环境条件、经济状况及发展需要，形成各具特色的区域教育发展路径[34]（见图 5-10）。

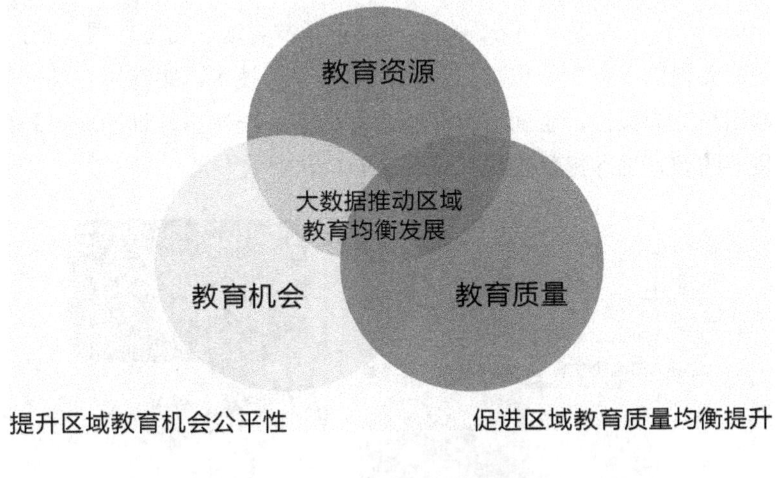

图 5-10　教育大数据推动区域教育均衡发展

[32] 李克强. 播洒爱心放飞希望努力促进教育公平提升教育质量[J]. 中国农村教育，2015（9）：1-1.

[33] 刘雍潜，杨现民. 大数据时代区域教育均衡发展新思路[J]. 电化教育研究，2014(5)：11-14.

[34] 杨现民，王榴卉，唐斯斯. 教育大数据的应用模式与政策建议[J]. 电化教育研究，2015（9）：54-62.

3.1 助力区域教育资源均衡配置

实现区域教育的均衡发展，首先要在教育资源供给与分配上达到均衡，应根据不同地区、不同学校及不同学生个体的发展需求，予以个性化的资源保障和支持。传统教育数据反映的是宏观的、整体的教育现状，因此，传统的教育机构布局与教育经费的调整难免会出现一些分配不均的现象，而大数据可以获取全样本的数据，记录即时性、过程性的行为与现象，能够较为全面地采集区域范围内教育基础数据（如学生入学、退学、转学数据，教育经费投入数据等），同时结合区域经济发展、人口流动、居民收入等数据，建立科学的评估模型，统筹管理，调整下一阶段的教育机构布局、教育经费及资源的投入及分配等政策，为区域均衡发展提供有效支持。

案例 1——大数据绘制城市教育资源动态地图

深圳市收集了区域受教育人口统计、年龄分布、家长职业分布、家庭迁入迁出、跨区流动、学校分布、公开预支等不同方面的实时动态数据，这些动态数据为动态的城市规划、动态教育资源配置提供了科学的依据。利用大数据分析技术，跟踪用户访问路径中的用户点击行为获取用户行为数据，全面掌握区域动态信息，绘制出深圳的城市教育资源动态地图，为建立良好的教育生态提供支持（见图 5-11）。

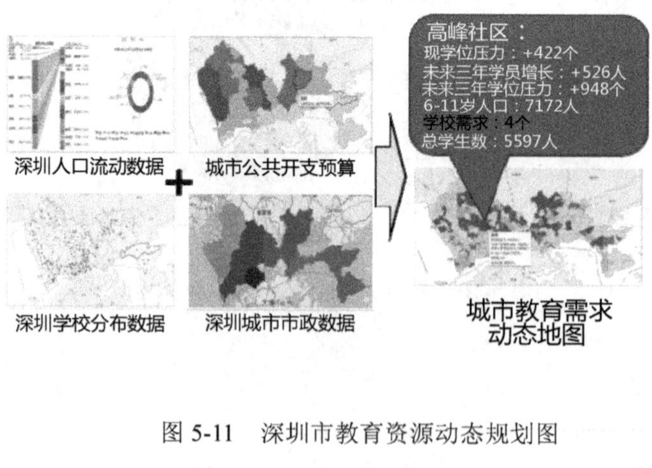

图 5-11 深圳市教育资源动态规划图

案例 2——大数据解析区域教育经费用途[35]

江苏省教育厅通过分析地方财政大数据，了解本省教育发展现状，在此基础上出台措施以健全经费保障机制，落实教育重点工程，开展精准扶困助学工作，保证教育资源均衡分配。江苏省根据 2014 年生均教育经费的划拨与使用情况的数据，重新调整全省公办中等职业学校年生均财政拨款，并结合教育经费的使用情况和入学人数的变化，在入学压力较大的地区改建、扩建、增建学校，增设学位，解决适龄入学儿童和流动人口子女入学难的问题，开展落实扶贫助学工作（见图 5-12）。

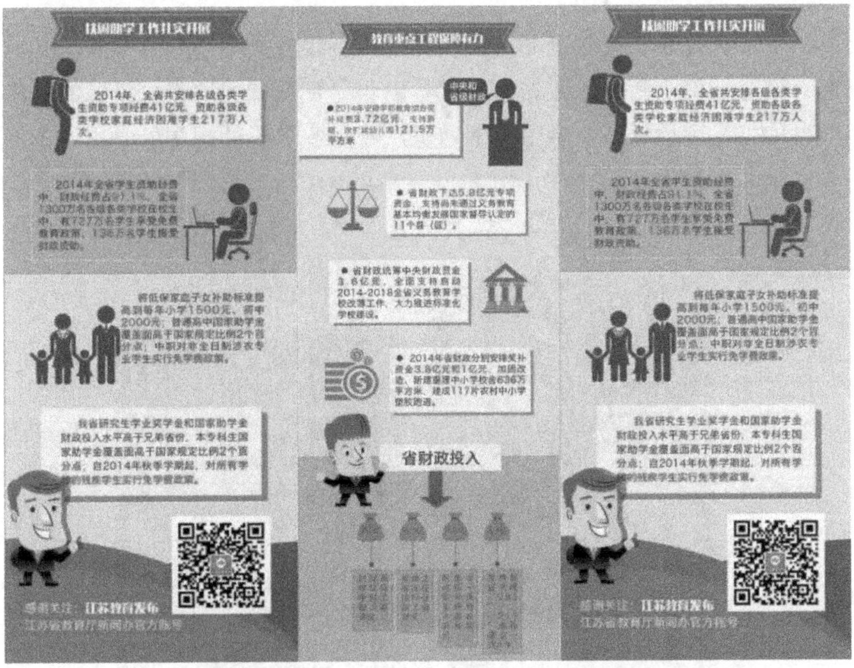

图 5-12　大数据解读江苏省教育经费用途

3.2　提升区域教育机会公平性

随着全国统一学籍信息管理制度的建立，每个学生的受教育状况，包括入学、退学、

[35] 中国校长网. 大数据告诉你 2014 年江苏教育经费用在了哪儿[EB/OL]. http://www.zgxzw.com/news/html/197724.html，2016-01-28.

休学、转学等，都可以实现实时采集与监控。通过与户籍、居民收入、健康医疗等数据的关联分析，区域教育行政部门可以发现可能存在入学难问题的家庭，及早开展帮助和干预，保障儿童受教育的基本权利；通过对适龄儿童入学信息的采集和深度挖掘，合理分配区域教育资源，改善教学环境、调整经费投入等，并规范招生入学工作；对于特殊教育需求群体，可以创造尽量满足其学习需求的学习环境，满足区域内特殊儿童的受教育机会。

案例 1——苏城“新生大数据”从幼儿园到高中入学人数都在“涨”[36]

2015 年 4 月，苏州市教育局公布了当年苏州市各级各类中小学入学和幼儿园入园人数的基本情况。通过这份“新生大数据”可以看出，尽管苏城优质教育资源的总量每年都在增加，但教育的增量远远赶不上学生入学增量，今年各学段的招生入学压力依然不小（见图 5-13）。

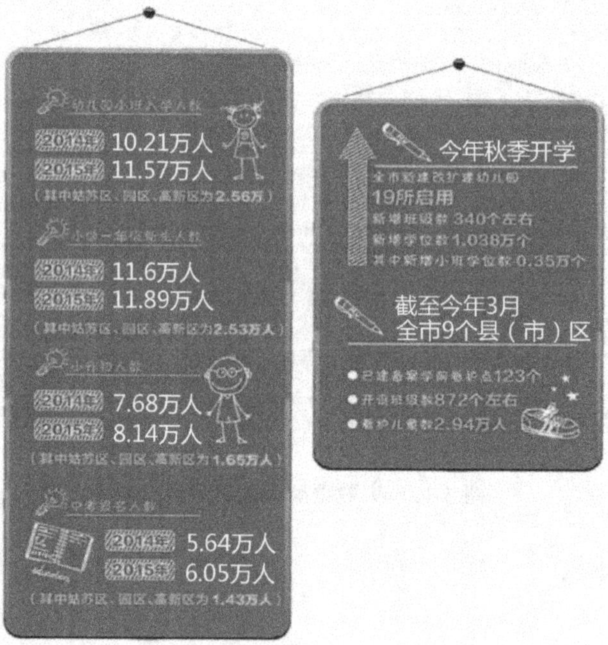

图 5-13 苏城“新生大数据”

[36] 苏州新闻网. 苏城新生“大数据”从幼儿园到高中入学人数都在“涨” [EB/OL]. http://news.subaonet.com/2015/0430/1489561.shtml，2016-01-30.

（1）幼儿园：持续增长高位运行。2016 年苏州市幼儿园小班适龄幼儿人数预计为 11.57 万人，与 2015 年相比预计新增 1.36 万人；苏州姑苏区、园区、高新区（三区）小班入园人数 2.56 万人，预计增加 0.081 万人。

（2）小学：持续递增稳中有升。2016 年 9 月全市小学一年级适龄新生预计 11.89 万人，与 2015 年相比预计新增 0.29 万人；苏州姑苏区、园区、高新区（三区）一年级新生预计 2.53 万人，与 2015 年相比预计减少 0.16 万人，但这其中不包括当年流动人口随迁子女适龄孩子。

（3）小升初：稳中有升压力渐增。2016 年苏州市初一新生入学人数预计为 8.14 万人，与 2015 年相比，预计增加 0.46 万人。苏州姑苏区、园区、高新区（三区）初中一年级入学新生约为 1.65 万人，与 2015 年相比预计增加 625 人。

（4）中考人数：增加了 4000 余人。2016 年苏州市报名参加中考人数为 6.05 万人，与 2015 年相比，增加 0.41 万人。苏州姑苏区、园区、高新区（三区）报名参加中考人数近 1.43 万人，与 2015 年相比增加 651 人。

数据显示，各个学段中幼儿园入园的供需矛盾仍最为突出。对此，教育部门今年已采取了不少措施：截至 2016 年秋季开学，全市新建、改扩建幼儿园 19 所，新增班级数 340 个左右，新增学位数 1.038 万个，其中新增小班学位数 0.35 万个。积极支持发展普惠性民办幼儿园，要求各级政府比照当地公办幼儿园生均公用经费财政拨款标准，对普惠性民办幼儿园给予运行经费补助，鼓励支持公办幼儿园帮扶民办幼儿园提升保教管理水平，促进教师专业能力发展。另外，继续加强无证园整治，推进学前看护点建设。截至 2016 年 3 月，全市 9 个县（市）区已建备案看护点 123 个，开设班级数 872 个左右，看护儿童数 2.94 万人，有力地遏制了无证园的蔓延，缓解了外来流动人口随迁子女接受看护的需求。

案例 2——甘肃省依据“大数据”精准开展招生扶贫[37]

甘肃省多个行政部门共同配合，利用大数据、移动互联网技术和省市县乡村五级互联互通的扶贫网络，建设了精准扶贫大数据管理平台，全方位、全过程监管扶贫情况和扶贫成效。数据采集范围包括全省 13 个市州、84 个县市区；采集对象是 417 万贫困人口。从 2015 年起，随着大数据平台的建设与应用，甘肃省根据扶贫“大数据”库的分析结果，明确了扶贫对象、需要资助的最低程度及时间段，为贫困家庭幼儿免除学前教育保教费；为贫困家庭子女接受中职教育的学生和在省内就读高职院校的学生免除学费和书本费；为贫困家庭子女就读中职学校的学生，提供每学年的助学金；为考上高职院校的贫困家庭学生，

[37] 甘肃省教育网. 甘肃：依据“大数据”精准开展招生扶贫[EB/OL]. http://www.gsedu.cn/xinwzx/zonghxw/2015/06/11/1433987085922.html，2016-01-30.

提供生源地的信用助学贷款。

案例 3——广东湛江应用学籍系统规范招生入学工作[38]

广东省湛江市利用学籍大数据，规范招生管理，实现区域教育公平。在小升初阶段，该市根据全国学籍管理系统中的学生信息，划定招生范围，采取对口直升、随机派位、统筹安排等方式确定入学对象，制定并实施了“小升初”具体政策，直接将毕业生分配到对应的公办初中学校，规范“小升初”招生秩序。

在普通高中招生阶段，该市利用全国学籍系统学生信息，直接生成考生电子档案，除补充录入中考报名信息外，不许修改，由此确保了数据完整和准确。基于学籍系统的招生计划设置，该市教育行政部门可以较为合理地设置各学段招生计划，有效限制个别学校突破计划擅自招生的现象；应用全国学籍系统加强学生异地就读审核管理，有效控制了学校违规跨区域招生现象，为生源地教育行政部门掌握本地学生异地就学情况提供了数据依据；严格审核学校为无学籍新生补建学籍的情况，如录取的新生没有学籍，学校必须向主管教育部门提出书面申请，经批准后才可补建新生学籍。这种措施有效遏制了学校的违规招生行为，实现规范且公平的招生入学。

3.3 促进区域教育质量均衡提升

区域教育均衡发展的传统思路是通过政策导向来配置区域内的教育经费、教学设备、师资力量、校园建设等。然而，由于数据采集分析技术的落后，在客观条件上限制了决策者对区域内动态变化信息资料的把握，数据不全面、不准确，难以对可能出现的变化进行预测，因此，在区域教育政策的制定过程中，难免依靠教育经验和主观印象，这样会造成一定的偏差，制约了区域教育均衡发展的进程，导致区域教育政策制定的效果不够理想[39]。

经过十几年的教育信息化改革，目前我国大部分省市都实现了区级、校级、班级内部的网络互联，建立了多种数字化校园管理平台、学习平台、家校沟通平台、校本教研平台等，为区域教育政策制定提供了一手的、丰富的数据支撑。区域教育行政部门可以用教育数据来勾勒区域教育特征，通过教育数据挖掘来分析区域教育问题，通过教育数据分析来

---

[38] 教育管理信息化建设与应用案例选登[N].中国教育报，2016-01-30.

[39] 钟婉娟，杨润勇. 论区域教育政策制定[J]. 教育科学，2003，(6)：31-34.

预测区域发展趋势，从而制定更为合理的区域教育政策，实现区域教育的均衡发展。

案例 1——深圳通过教育数据挖掘实现区域内教育质量的均衡[40]

深圳市教育部门建立了全市范围的教育基础数据库。通过收集并分析学期过程中的教育大数据来了解区域内的学习状态和区域教育质量差异及问题。例如，该市通过对全市范围的考试成绩数据、学生成长数据，以及学校办学情况数据进行关联分析后发现，该区 90 分以上的优质生群中，从表面上看其成绩表现是相似的，都属于学业优秀生，但通过大数据关联分析后发现，这些学生在各自的知识、能力、情感价值，以及所在学校的师资配备、学习环境等情况存在较大的差异，而通过进一步的数据分析发现，这种差异也体现了某些共同的现象和规律。又如，福田区通过对学业与非学业的数据挖掘发现，每天睡眠时间保证在 8～9 小时的学生，其学习效果最好。因此，学校和家长在课外活动、家庭作业、课内任务等方面进行协调，以保证学生睡眠时间和身心健康。

区域教育大数据的应用，有效地帮助区域教育行政部门洞察全区的教育质量与外在资源之间的相关性，有计划地采取针对性较强的调整策略，实现区域内教育质量提升后的优质均衡。

案例 2——上海市中小学生学业质量绿色指标体系

上海在 2011 年建立了“中小学生学业质量绿色指标”体系，在收集学生学业水平数据的同时，还汇集学生学习动力、学业负担、师生关系、教学方式、校长课程领导力、学业背景、品德行为、身心健康、跨年度进步等十个方面的数据。

在评价维度上主要包括学科水平测试，以及面向学生、教师和校长的调查问卷，包括身体形态、生理机能、身体素质 3 方面 21 项指标在内的体质监测、自我评价等。学业水平测试以能力立意为主，包括设计实验、解决实际问题等。从单一的学习成绩评价转向全面的综合评价、从学业水平的评价转向学业质量的评价，力求把教育管理、教学指导、教与学的行为建构在科学数据分析基础之上。

绿色指标体系中的大数据为教育发展提供了有力指导。对教育行政部门来说，该体系为制定教育政策、促进区域间教育均衡、改进教学提供了依据；对基础学校，该体系为学校发现自己的薄弱点改进教学行为提供了有力指导；对社会层面来说，保证了公众对义务

---

[40] 教育部. 大数据时代——海量考试信息如何为高招服务[EB/OL]. http://www.moe.gov.cn/jyb_xwfb/s5148/201403/t20140326_166228.html，2016-01-30.

教育质量的知情权，也改变了社会对学校好差口口相传的主观评价状况。

上海市通过对该体系所采集到的大数据进行分析与解读，有利于实现区域教育管理、教学指导、教学行为的科学化。经过两年试点，上海市在区域教育质量提升上取得了显著成效，后续将继续扩大推进“绿色指标”体系，并建立上海市义务教育质量基础数据库[41]，实现通过大数据技术提升区域教育均衡发展水平。

案例 3——中小学生安全意识和心理问题的精准画像[42]

电子科技大学教育大数据研究平台是大数据时代背景下的个性化教育研究，是基于教育大数据领域的产学研一体化平台。

该平台基于所收集的中小学安全教育大数据，推出针对学生安全意识和心理问题的精准画像系统（见图 5-14），构建出安全意识和心理问题的精准画像，准确指导学生安全意识培养、学生心理健康培养、思维方式培养等，为学生安全教育提供个性化引导，培养全方位发展的学生。该系统覆盖学校 59933 所，覆盖教师数 404484 人，覆盖学生 15888567 人。

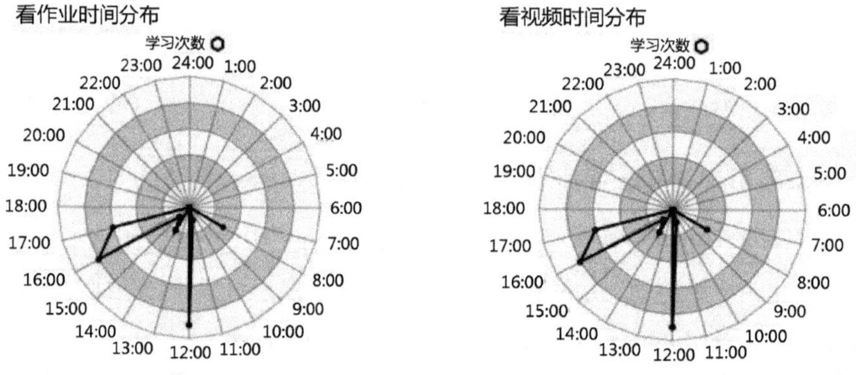

图 5-14 学生画像系统

[41] 上海市教育委员会. 市教委关于 2013 年下半年区县教育工作补充意见[EB/OL]. http://www.shanghai.gov.cn/shanghai/node2314/node2319/node12344/u26ai36810.html，2016-01-01.

[42] 教育大数据研究所. 中小学应用——安全教育[EB/OL]. http://www.ebigdata.org/index.php?s=/Show/index/cid/18/id/4.html，2016-01-01.

案例 4——四川青羊区教育质量评价帮助区域学校提升实力[43]

2012 年，四川青羊区教育局正式启动教育质量评价改革，引入学业成长报告，全方位变革评价目的、内容、方法，改善现有教育生态。学业成长报告是以我国新课程标准提出的“知识与技能，过程与方法，情感态度价值观”目标为基础，结合教育学和心理学的相关研究成果，形成的一个“知识、技能、能力”三维测量评价模型。该评价模型不仅可以生成学生个人的报告，还可以生成班级、学校和区域的报告，既能反映学生的长短板，也能看出教师的强弱项、学校的优劣势，进而帮助教师优化教研、学校改进教管。

在传统“三率一分”的评价方式中，教师只能依据班级平均分，以及班级的优秀率、达标率和不及格率来对教学做出评价，但根据新型评价模型所分析出来的班级数据，就可以跳出“数据不足经验凑”“模糊判断、经验主导”的模式。成都市实验小学战旗分校语文张老师分析班级报告后发现，学生的概括能力两极分化严重，表达能力整体都不太好。于是，张教师及时调整教学方式，请一组孩子讲主要内容，其他孩子来判断、评价，这样既培养概括能力，又锻炼表达能力。通过分析年级数据，把握学校整体情况，凭借数据分析发现老师的特长，请这位老师推广其特色和经验，帮助教师互相取长补短，提升学校整体实力。

---

[43] 教育部. 成都青羊区探路义务教育质量评价改革——用大数据开学业诊断书[EB/OL]. http://www.moe.gov.cn/jyb_xwfb/s5147/201505/t20150521_188355.html，2016-01-21.

04 Section 教育大数据助推学校教育质量提升

学校教育发展的均衡是区域教育均衡发展的主要目的和高级阶段。无论是幼儿园、小学、初中还是高中，学校在办学过程中，不仅要提升教育决策能力、校园管理能力、学校教学质量，还要尊重师生个性，为教师发展和学生成长提供良好的环境，最终要以人的发展为目标，促使学生全面个性化发展和教师专业发展[44]（见图 5-15）。

随着各种智慧教学与管理平台的不断涌现，大数据对学校教育的变革作用将不断凸显。大数据技术持续跟踪、采集学生成长过程中的各种数据，进行全面、系统的统计分析和数据挖掘，为每个学生提供相应的学习和成才机会；大数据技术可以对教师专业发展情况进行分析，总结教师的教学优势与不足，协调优秀师资的交互与流动，促进教师专业发展；大数据能对学校历史与即时数据进行挖掘，分析学校特色、生源特征、资源优势等，制定符合学校自身发展的特色方案，展示出提升学校管理质量和教学质量上的独特优势；大数据技术将各种教育装备与互联网连接起来，可以实现智能化识别、定位，以及实时监控管理与对比分析，对学校的安全运行状况进行实时监控与预警，打造平安、和谐校园。

图 5-15 教育大数据助推学校教育质量提升

[44] 翟博. 树立科学的教育均衡发展观[J]. 教育研究，2008（1）：3-9.

4.1 幼儿园

利用大数据、云数据采集与分析技术等信息化手段，基于 APP 或在线平台，可以为幼儿园教育教学、儿童成长监测、校园安全监控等方面提供支持。通过对幼儿学习中过程性数据的收集与分析，可有效地了解幼儿学习中的自主选择；通过给幼儿建立成长档案，教师和家长可即时了解孩子在校内外的行为，从而增加幼儿园与家长的互动，为幼儿营造一个良好的成长环境，真正促进幼儿发展。

案例 1——APP 数据解读幼儿科学探索行为[45]

上海市徐汇区科技幼儿园在“全面加特色”的教学理念下，将课程分为共同性课程和选择性课程。其中，科探室活动为选择性课程的特色活动之一。

科幼结合已结题的上海市规划课题——“幼儿园‘科学领先计划’本土化实践研究”中的部分内容，创设了“火箭发射”“等臂天平”“玩镜子”“多米诺”等多项科学探索活动，供幼儿自主选择，并引入过程性数据采集工具，为科探室设计出专属 APP，为每个孩子建立档案。在活动中幼儿通过 APP 自主选择活动内容，后台数据立即开始收集幼儿在活动中所呈现的各类数据，如选择的内容、完成任务的用时、内容完成度、作品的照片呈现及对活动的评价等。通过这些数据的收集，帮助教师更精准地了解活动内容设计的有效性、材料安排与难度设置的适宜性，了解幼儿对各个内容的兴趣点，并为教师提供实时的教育策略支持。

走进徐汇区科技幼儿园的科探室，每个孩子都专注地进行着自己的“研究”。孩子们自主选择，自发探索。每项活动要做什么，怎么做，都藏在里面，等待幼儿自己去选择，去理解，去发现。充分发挥了孩子们的自主性，也从真正意义上做到了让幼儿自主学习。教师得以更好地观察，并运用数据解读幼儿的探索行为。既能凸显园本课程特色，又能促进幼儿的自主学习，还帮助教师理性、科学地认识幼儿的能力发展，科学真实地走近每一名幼儿。

---

[45] 上海市徐汇区科技幼儿园. 科技幼儿园科探室：APP 解读幼儿科学探索行为[EB/OL]. http://www.kjyjjt.com/xiaoyuandongtai/tupianxinwen/2015-07-29/151.html，2016-01-26.

案例 2——利用幼教云记录幼儿成长[46]

“中国幼儿园在线”是由杭州碧海银帆科技有限公司专为幼儿园园务管理与家园互动打造的幼教专业即时通信工具。“成长故事”模块可将幼儿园平时班级活动的照片/视频、幼儿定期健康测评等信息资料实时收集记录，保存到“幼教云”，与家长共享，是记录幼儿成长的网络工具。电子成长档案模块可通过文字、评价表、照片、视频等形式，全方位收集幼儿日常的活动信息，记录幼儿的成长过程。老师可通过 iPad、手机上的 APP 软件，在活动中采集孩子的视频、照片、声音等信息，上传到成长档案中。同样，家长也可以把孩子家庭生活与外出活动的信息上传到成长档案，在云端统一保存。从而形成一份内容全面、连贯完整的幼儿成长档案。通过对幼儿成长档案信息的收集和分析，园长和教师可以有效评价教育活动，监控教学质量，家长则能客观全面地了解自己孩子的情况。

“成长故事”中的“幼儿体质测评”，能准确监测和记录幼儿的身高、体重、头围、胸围等方面数据。当孩子站到自动体质测评仪上时，测评仪就能准确测出幼儿的身高、体重等数据。这些数据能被实时保存到云端，家长通过手机客户端可以随时查看，从而了解孩子的健康状况。

幼儿体感指标测评是指运用信息技术手段，对幼儿的运动、感知、动作协调能力等方面的发展情况进行数据和影像记录的综合测评，该方案以《3～6 岁儿童学习与发展指南》为依据研发制定。家长可以通过手机客户端随时查看和了解测评视频与数据，配合幼儿园开展保育教育工作。

4.2 小学

小学教育是基础教育的基础，是全面实施素质教育和培养各级各类人才的重要阶段。大数据技术能够全面客观地记录小学生的成长轨迹，沉淀和积累多维度的学生成长数据，让反映学生发展状态的数据完整显示出来，推进教育质量观的转变，引导学生培养模式和教育质量管理方式的科学发展。大数据技术还能帮助学校开展智能化的校园安全管理，掌握小学生身心健康状况，有针对性地开展预防、保健和医疗服务。

在教学方面，利用大数据可以革新课堂交互模式。将课堂教学过程中不断生成和积累的数据可视化呈现，与学生课堂表现一一对应。在技术支持下，这些数据可即时、直观、全面地呈示于课堂中，并不断实时介入课堂互动，从而发展为课堂教学互动的基本媒介。

---

[46] 记录成长呵护健康——“中国幼儿园在线·成长故事”功能简介[J]. 幼儿教育，2014（25）：50-51.

课堂数据可视化应用实现课堂形态的新变革，推进教师技术应用的优化变革。

案例 1——校园安全监控与防范[47]

江苏省春江花园小学使用了感知校园物联网和技术防范系统来建设校园安检系统[48]。感知校园安全防范系统通过遍布校园重要区域的摄像头和感应点，全面收集校园内人员的活动数据，自动对在校园中活动的人员进行身份区分，并对进入重要区域的可疑人员进行重点监控，确保校园安全。系统采用视频智能分析设备，对重点区域进行智能分析，对不安全因素报警，有效遏制校园暴力等犯罪事件的发生。上级教育部门也可采用同一个系统架构下的智能网络监控系统，实现对管辖区域所有学校的综合集中监控。

案例 2——用数据读懂内心世界[49]

成都市锦江区与北京师范大学联合开展的“建立教育质量评价监测体系，促进区域教育质量提升”项目研究，每年都会从社会适应性、师生关系、家校合作等方面对学生全面发展进行监测与评价。

成都师范附属小学一位四年级的班主任王老师，认真分析数字检测结果后发现，本班学生在情绪评价上总体趋势与全区比较相近，但与本年级横向比较，处于中间偏下水平。其中两个指标比较突出，一个是“幸福度”，另一个是“孤独感”。在消极情绪方面，该班学生的“孤独感”平均分比本区高出 2 分，比本校同年级高出 2.9 分。这说明班级中有部分学生因家庭因素、学业成绩等影响，造成了自尊心与自信心受挫，感受到孤独。在与校方及专家组成员沟通后，王老师了解到，过高的期待会造成孩子的负担。当不能完成家长期待时，孩子就会产生焦虑情绪，造成自卑，同时也会导致情绪低落等症状。

解读数据、分析原因后，王老师针对本班学生的心理状况提出了改进措施：给学生提供更多参与班级、学校及社会实践活动的机会；坚持班级共同体的个性化打造，创设和谐的班级文化；加强自身业务学习，关注孩子从四年级到五年级心理的变化；引导孩子合理宣泄，运用正确的方法处理各种局面；提议丰富和完善学校的心理健康课程，开设心理健康小社团活动，等等。一年过后这个班再次参与了北师大的监测。结果显示，该班学生在

---

[47] 张月玲，李延晓. 基于云计算与物联网的智能后勤系统设计[J]. 计算机科学，2012（1）：212-213.

[48] 中国电信浙江公司. 天翼助力信息化应用——智慧校园整体解决方案[R]. 浙江：中国电信浙江公司，2012.

[49] 教育中国. 成都师范附属小学：大数据背景下的教育管理样本[EB/OL]. http://edu.china.com.cn/live/2015-03/10/content_31732255.htm，2016-01-27.

情绪与行为方面的表现明显优于全区平均水平。大数据提供的反馈让教师们更加明确学生的实际心理状况，而且明确了科学改进的方法和策略。

案例 3——课堂数据可视化的教学应用[50]

ClassDojo 是一款免费的基于学生行为数据可视化的课堂行为管理网络工具。通过量化学生行为、评估学生行为、呈示学生行为得分、生成学生“行为报告”四个环节，教师可实时评估学生的行为表现，对学生行为表现加减分，改善学生的课堂行为表现，促进学生良好行为习惯的培养。据官方统计，截至 2015 年 2 月，共有来自全球 150 个国家的 300 多万名教师、5000 多万名学生和家长使用该工具[51]。

ClassDojo 将课堂教学过程中学生及其行为表现数据加以可视化呈现，激发全员共同参与、创设游戏化课堂，展开即时、全面、自主的教学互动，并增进教育利益相关者间的协作交流（见图 5-16）。

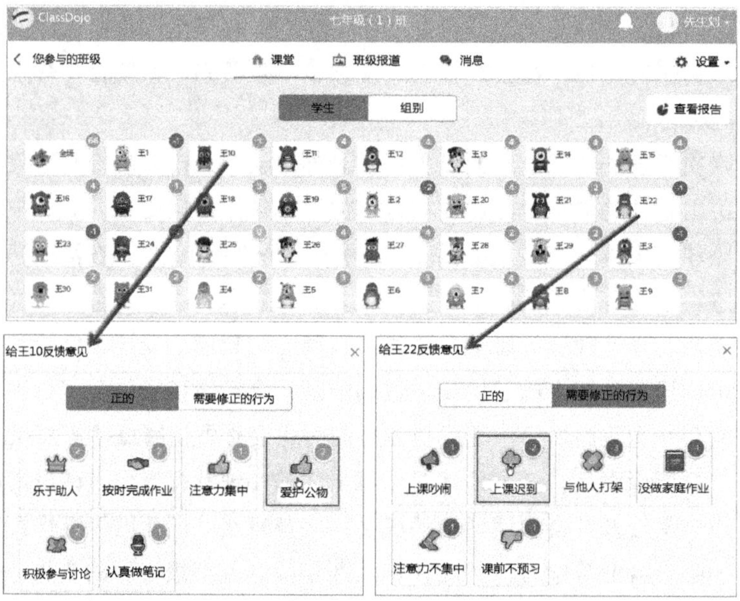

图 5-16　使用 ClassDojo 进行课堂管理

---

[50] 阮士桂，郑燕林. 课堂数据可视化的价值与教学应用[J]. 现代远程教育研究，2016（1）：104-112.

[51] Gross，A. ClassDojo's Sam Chaudhary Talks Changes，Criticism, and Communication [EB/OL]. http://www.educationdive.com/news/classdojos-sam-chaudhary-talks-changes-criticism-and-communication/360771/，2016-01-27.

基于 ClassDojo 的课堂数据可视化，直观地以图形图像的方式呈现学生学习与行为表现数据，一方面，教师应用 ClassDojo 即时评估学生行为表现，而学生则即时看到教师对自己的评估结果。另一方面，ClassDojo 中的“数据”与学生表现相关联，数据变化实则源于学生表现的变化，不断反射出学生的行为表现，使教师和学生得以即时审视自身的行为表现，展开更为即时的教学互动。另外，ClassDojo 充分应用数据可视化“一图胜千言”的优势，将所有学生的表现得分置于单一页面，使课堂教学系统内的大量数据一览无余，促使教师能够统整且毫无压力地理解和管理学生。

ClassDojo 除了在课堂教学中作为学生行为的即时评价与管理工具外，还会对学生的行为表现加以记录和存储，并以“行为报告单”的方式动态呈现出“整个班级”或单个学生在某一段时间内（包括今天、昨天、本周、上周、本月、上月、全部，以及自定义日期范围）的发展变化情况。数据报告直观反映出学生行为表现的发展轨迹，促使教育利益相关者能够更深入地了解到学习是一个不断积累与生成的发展过程。

4.3　初中

在初中的智慧校园管理体系建设中，大数据技术的发展与应用为全程、全面监控教育运行状况，预警校园危机提供了条件。学校管理的数字化和网络化也得到了有力推动，办公自动化系统、资产管理系统、教务管理系统、科研管理系统等各种应用系统，为教育管理数据的实时采集和深度挖掘提供了条件，有利于学校管理与决策的科学化。

案例 1——大数据保障德育管理科学化[52]

在浙江省城关一中数字化校园建设中，德育管理平台涵盖德育工作组成员、德育纪事、班级德育管理、综合查询等部分，通过值日教师、任课教师、德育处的数据记录构建城关一中学生德育“大数据”，在日常德育管理流程中实现三向互动（见图 5-17）。

---

[52] 管红增. 建构大数据实现个性化学习——玉环县城关一中学习分析系统建设案例[J]. 中国教育信息化，2015(5): 18-22.

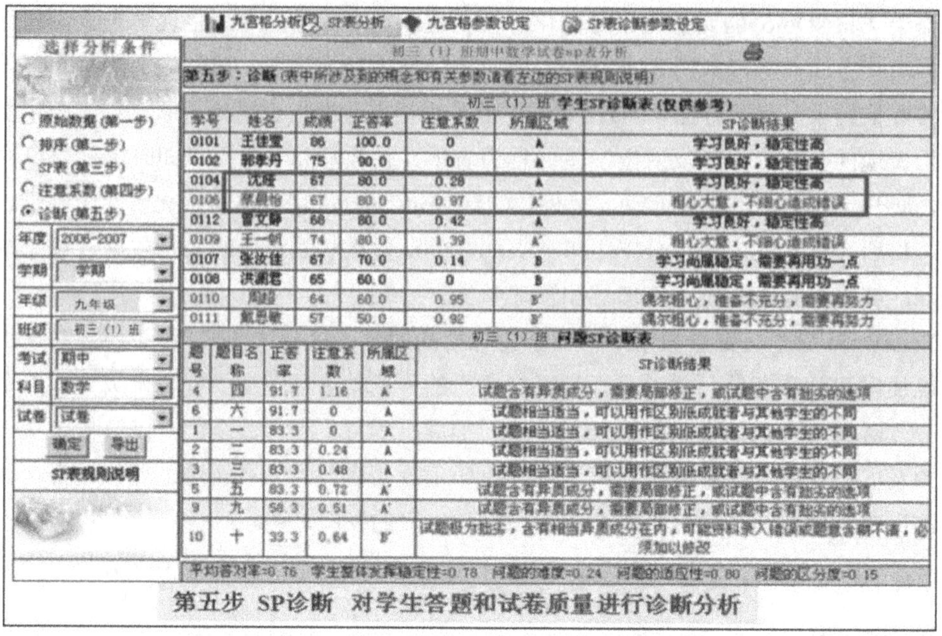

图 5-17 玉环县城关一中学生德育数据库

值日管理。值日教师每天将学校产生的德育管理数据（四项竞赛结果、值日反馈等）录入德育平台，使班主任得以及时了解学生在自己眼力所及范围之外的动态，并通过德育平台与德育处进行互动，共同了解学校的德育状况，协同处理学生的违纪问题。

班级管理。每个班主任定期将班级数据（包括学生基础信息、学生违纪、学生奖励、学生家访、班级工作计划等）通过德育平台进行存储，建立起完善的学生资料档案。这种方式不但能对学生的表现进行跟踪，还能对其身心状况进行长期的纵向和横向比较，有力保障了班主任对班级整体状况的掌握，更能帮助班主任了解重点学生的身心变化。

德育科研。德育处定期将学校优秀班主任的工作心得和教育随笔刊登在德育平台上，让所有班主任共享优秀的班级管理资源，在平台中畅所欲言，取长补短。同时，学校还通过德育平台的数据对班主任的工作进行考核，让班主任在“你追我赶”中，自我锻炼，争优创先。

案例 2——一人一个时间表，确保学习有效点[53]

School of One（SO1）是美国纽约市教育部门的一项初中数学教改项目。它的特点是以

[53] 张渝江. 大数据时代，如何赢得教育的未来？[J]. 上海教育，2013（17）：16-21

学生为中心，采用大数据分析和适应性技术搭建个性化混合式学习环境，满足每个学生的个性化学习需求。SO1 的学习分析算法有助于确保每个学生在其学习的有效点进行学习。通过收集数据，更多地了解学生和更好地预测进度，以适合每个学生。

SO1 学习分析算法每天需要分析的数据包括：学生的学习历史和背景，前一天的评估数据，以及可用的内容、教室、人员和技术；确定哪些课时内容在统计学上最适合哪种类型的学生。然后，它会为每个学生和每名教师生成一个独特的时间表，且每个时间表和教学计划都是自动调整的，以适应每个学生的学习节奏、能力，找到最有效的学习方式。例如，引导学生参加大组教学、小组教学、小组合作、虚拟教学、自主学习、实时远程辅导等各种方式的学习。

在 SO1 项目中，教师可以修改系统生成的时间表，且教师本身也作为计划的一部分，参与到学生学习环境中。这里，技术并没有完全替代教师，而是在线学习和面对面教学的结合，以及技术和教师的结合。

案例 3——北京市初中英语写作诊断分析报告[54]

批改网是由北京语言智能研究院研发的英语作文批改系统，在 2015 年 2 月北京市初中生英语写作比赛活动中，批改网共收到学生作文 30087 篇，覆盖北京市 16 个区县及燕山地区的 457 所学校。通过在线作文的批改，收集学生英语写作基本句式、单词频度和错误的数据，生成了针对初中生英语写作平均句长、错误分析、班级和个人的诊断报告。

通过对学生作文平均句长的单词数量分析，绘制平均句长分布图，直观显示出不同年级学生的句长现状（见图 5-18）。结果显示平均句长分布在 10～15 区间的比重最高，达到 42.97%，初三年级学生的作文平均句长分布在 10～25 区间的比重高于其他年级。同时统计出学生在某一话题下的最高频的热词，生成词云，从侧面反映出学生的个人喜好、生活状态、对事物的态度和观点。另外，对学生作文的错误也进行了分类统计，从单词、句子和语法等不同角度进行错误归纳，指出常见错误和典型案例，生成数据报告（见图 5-19）。教师可以通过自己班级的学生的 ID 获取班级诊断报告，学生也能够获取自己的个人诊断报告。

[54] 豆丁网.北京市初中学生英语写作诊断数据分析报告[EB/OL].http://www.docin.com/p-1509210094.html，2016-04-10.

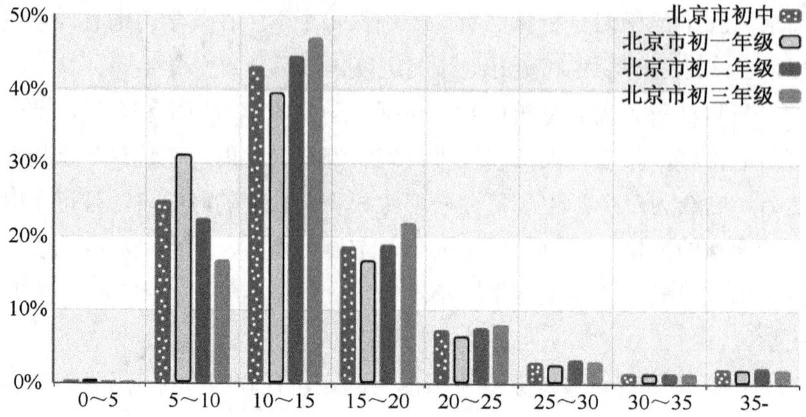

图 5-18 平均句长分布

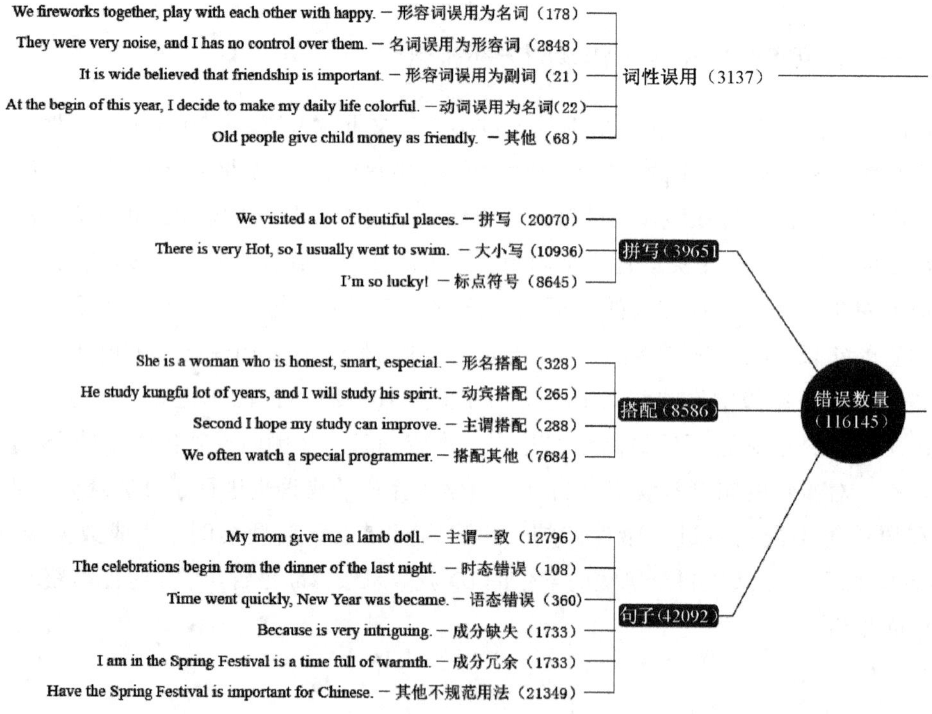

图 5-19 本篇作文常见错误类型

4.4 高中

与初中学校类似，大数据能对高中学校历史与即时数据进行整合与挖掘，从硬件方面，促进校园的数字化与网络化建设，监控运行情况，保障校园安全；从软件方面，分析学校特色、生源特征、资源优势等，制定符合学校自身发展的特色方案，同时丰富校本资源建设。

案例 1——新兴技术推进智能校园管理[55]

浙江省宁波经贸学校应用多种新兴信息技术，架构起智能化应用、全面化覆盖的校园教育服务体系，实现了基于大数据和物联网技术的智慧校园管理体系（见图 5-20）。

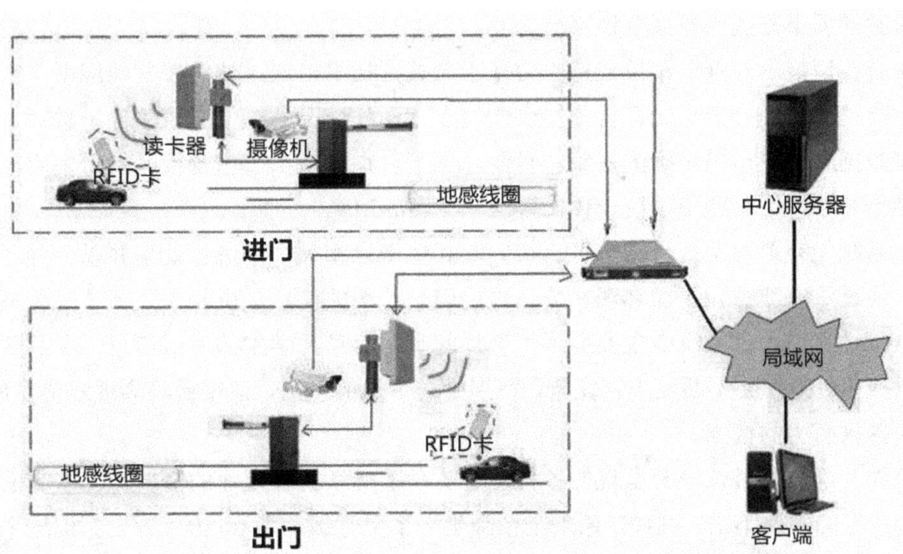

图 5-20　车辆信息检测装置

校园门口安装了车辆交通信息自动采集装置和视频抓拍装置，学校的车辆会自动放行；校园显示屏上会实时显示地下车库的车位数，让老师们停车更加方便、安全；实训楼自动

[55] 史望颖，叶赛君. 浙江宁波：用新兴信息技术打造智慧教育升级版[EB/OL]. http://www.jyb.cn/china/gnxw/201410/t20141029_602591.html，2016-01-29.

安防门禁系统能主动识别身份，自动照明系统则会根据设定自动开关。

学校中药标本室中有很多珍贵的标本和药材，怕潮、怕高温、怕火，需要有人现场监控。现在该标本室接入网络布点布线，安装温度、气体浓度等检测传感装置，可以用智能校园管理系统对环境实时监测，一旦超出预先设定的警戒线，系统就会自动报警。

学校中草药种植基地部署了土壤湿度数据采集与控制系统，假如测到土干了，这个装置就会自动喷水；安装了灯光控制装置，能自动调节明暗。此外，学校还计划安装自动施肥、自动施加农药两个系统，后期可以进行基地生态远程监测、施肥和施药等远程控制。

案例 2——大数据助力综合校情展示及辅助决策[56]

学校在教学和日常管理等工作中积累了大量的、历史的数据，但是这些海量数据却没有得到有效的利用和分析。学校管理人员在日常数据整理中只是通过统计或排序等简单的功能操作获得表面的、浅显的信息结果。为了有效地利用这些大量的历史数据，使它产生应有的价值，在教学与学校管理中发挥作用，需要应用到综合校情展示及辅助决策支持平台或者教学质量监测与数据分析平台。

综合校情展示及辅助决策支持平台基于大数据技术，通过从学校其他应用平台抽取海量数据自动进行综合分析、评价，提供学校多方面的情况，方便学校领导、教师、家长根据这些数据和图表做出正确的决策。目前，该平台在北京十二中各校区均可使用，不仅实现了数据共享，还有利于学校一体化管理（见图 5-21）。

该系统无须单独录入数据，可直接读取其他平台相关数据进行处理并以多种形式呈现出来，通过这些数据能更加客观、公正地展现学校相关信息，供相关人员了解相关情况，以便决策。目前，该系统中主要展示了教师的基本信息、学生的考试信息，今后随着其他系统的应用，数据会不断地丰富完善，特别是一卡通的使用，该平台将会展示更多的信息，为决策提供有力的依据。

例如，学校通过该平台呈现的各种图表实时了解学校各方面的情况，哪些方面需要加强，哪些方面发展不错。例如，原来全校师生一个月吃饭花费 80 万元左右，但这个月只花费了不到 50 万元，食堂饭菜质量是否有必要提高；原来学生每月借书量在 1 万本左右，但这个月只有 2000 本，若没其他特殊情况，是不是学生作业太多？

---

[56] 北京市中小学数字校园 • 综合校情展示及辅助决策支持平台[EB/OL]. http://www.bjszxy.cn/eportal/ui?pageId=458835&columnId=458105&articleKey=474317，2016-01-29.

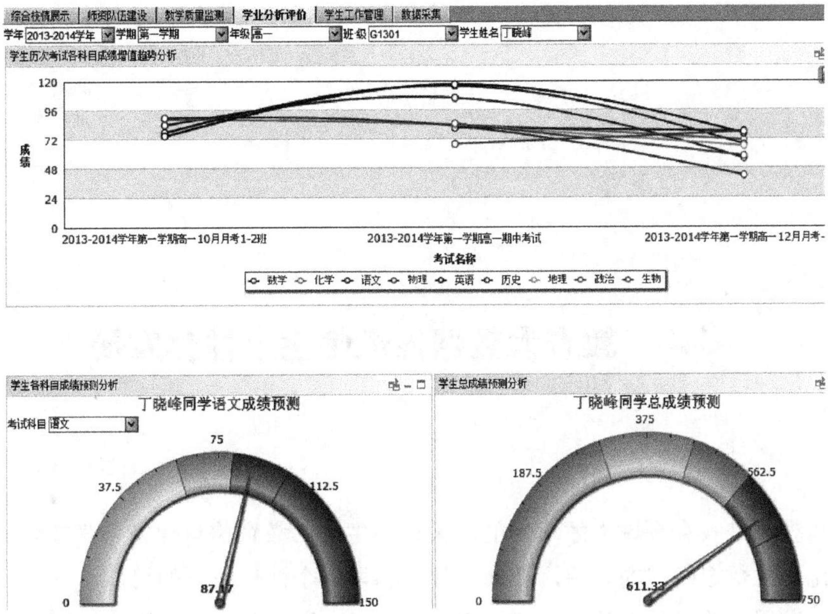

图 5-21　北京十二中综合校情展示及辅助决策支持平台

05 Section 教育大数据促进师生个性化发展

学生和教师是教育领域人才培养的两大核心主体。教育信息化带领学校教育从大众化走向个性化，大数据时代的开启，加速了教师和学生个性化成长的可能。

个性化发展的前提是个体首先要真正认识自己，知道自己的优势、不足、兴趣、偏好、风格、知识缺陷、能力缺陷、发展目标等；其次，需要提供最适合个体发展的环境、资源、活动、工具、服务等外部条件。而大数据的最大优势便是让学生和教师认识每个真实的“自我”，同时通过学习行为、教学行为数据的深度挖掘与分析，为每个真实的“自我”推送最合适的学习资源与学习路径。

大数据可以记录学生个体成长的轨迹和行为，可以诊断其学习需求与问题、预测其学习结果、改善学习兴趣与学业表现、制定个性化生涯规划等，满足不同阶段学生的成长需要。教师也可以借助大数据技术提供更有针对性的因材施教，并且有机会看到自己的教学行为、教学习惯、教学风格和教学成长变化，认识到自己在教学中的特点和问题，挖掘教师个性和智慧，实现科学理性的个性化专业发展（见图 5-22）。

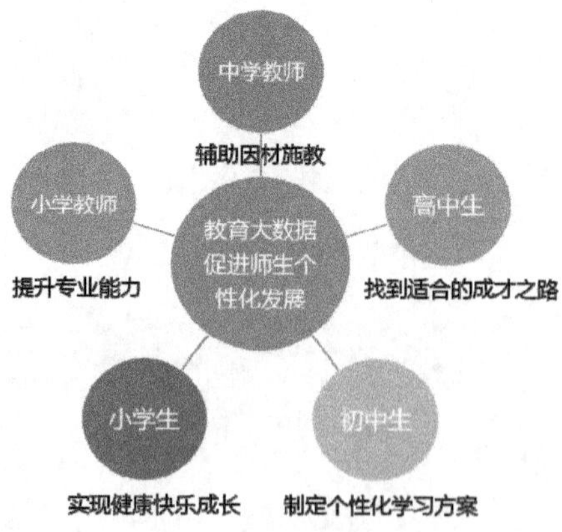

图 5-22 教育大数据促进师生个性化发展

5.1　小学教师：提升专业能力

教师是学校教学的核心角色，是深化教学改革，提升学业质量的主攻手。教师要想获得更好的专业发展，前提是先要减轻自身工作负担，在此基础上获得专业发展空间。大数据技术能够帮教师对课堂教学行为数据进行及时分析和评估，有利于教师找出课堂教学质量存在的问题和原因，辅助教师研究并制定出相应的对策和措施，促进教学反思，提升教学质量，助力教师专业发展。

案例 1——课堂大数据促进教学反思

课堂教学行为大数据是指课堂中的模式数据、关系数据、结构数据和行为数据等非结构化或半结构化的数据。课堂教学行为大数据，能够有效地将教师的实践性知识等隐性知识显性化，从而高效地推动并改进教师的课堂教学实践，实现优质有效的专业学习。

首都师范大学数字化学习实验室开发的数字化课堂的大数据分析应用，已经在扬州、常州等地中小学的 200 多个班级进行了多个学期的系统性试点应用，带来了教育效果的明显改变。在数字化课堂教学过程中，可以对学习过程进行数据形式化采集和描述，并基于课堂单元和学期单元进行学习过程的大数据挖掘和分析。教师通过这些数据和分析结果，可以即时进行教学控制和教学反思，从而提高课堂教学水平。学生和家长通过这些数据和分析结果，也可以尽快发现自己在学习中的不足，进而提高自己的学习水平。

例如，四川省成都市泡桐树小学的官老师运用多屏互动智慧课堂展示了一节小学五年级的数学课《图形中的规律》[57]。首都师范大学数字化学习实验室的评课专家对该现场课进行了课堂教学大数据的评价。专家基于课堂教学行为数据及课堂观察结果对该课进行了定量和定性的分析与知识萃取，抽取了具体经验和教学方法与教学策略方面的知识。随着教师讲课的进程，即时生成一系列数据，能够客观反映出教师的教学过程，有利于促进教师的教学反思。

---

[57] 邹承明. 课堂教学行为大数据助力教师的专业学习[EB/OL]. http://www.etkeylab.com/Article/ShowArticle.asp?ArticleID=762，2016-01-29.

案例 2——“云手表”辅助了解学生成长轨迹[58]

在上海市卢湾一中心小学，使用“云手表”不仅能采集学生的运动数据，同时还可以采集学习数据来了解学生的学习情况。每一门课、每一种学习体验，教师们都可以通过从“云手表”采集的数据得知每一大题得分是多少，每一小题的得分是多少，每一题花费了多少时间解答，学生是否修改过选项……经过这一系列数据分析，教师可以了解每名学生对知识点的掌握情况，并可以诊断出需要加强的薄弱知识点，及时调整教学方式，改进教学内容，并且协助学生制定个性化的学习方案。

在学校创造的“云空间”中，学生的一切学习活动都将被忠实地记录下来，放进“云”中。这种无意识记录将为孩子留下成长的足迹，并且成为研究孩子成长轨迹的重要数据。

案例 3——构建知识图谱引导学习路径[59]

一个三年级的学生，在测验时错了一道题，但他的困惑或许不在这道题本身，而是在一年级的某个知识点没有掌握好，导致现在要运用相关知识链接的时候，出了差错。这样的学习状态在学生中是很常见的，但是只有少数有经验的骨干老师能够发现真正的问题。怎么能让所有老师都能像专家门诊一样，立即发现问题所在？上海嘉定实验小学数学组的老师们决定做一件事——构建小学数学学科的知识图谱（见图 5-23）。

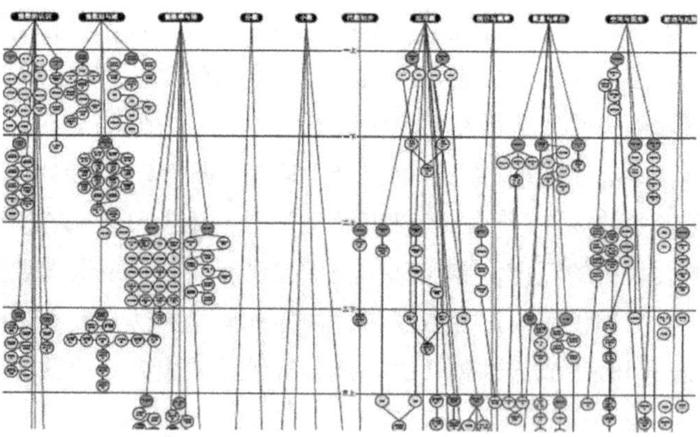

图 5-23　可视化知识图谱

[58] 周伟涛. 教学信息化应用的基层样本[N]. 中国教育报，2015-06-11（008）.

[59] 王慧. 上海嘉定实小：数字化的十年故事[EB/OL]. http://www.aiweibang.com/yuedu/43504898.html，2016-01-30.

图谱以年级段作为区分，用线将每一个知识点的关系连接起来，不仅可以看到横向的关系，也能够看到纵向的发展。知识图谱有两个生长纬度，横向看是学期知识分布，10 行代表 10 个学期。如第一行囊括的是一年级第一学期的所有知识点，这些知识点之间可能有先后关系，也可能是并列关系。纵向看是知识逻辑的发展脉络。

知识图谱还有一个潜在纬度，称为“学习引导路径”。当学生学习到某个知识点后，他可以选择：①在正常教学结构下，继续学习的方向。②“学习引导路径”，沿着这个路径，学生可以自行深入了解某一个方面的内容。“学习引导路径”是未来引导学生逐步实现自主学习的重要支撑。

从老师的角度来看，教学的内容是否超出课标、是否有跳跃性，也有了评价标准。在知识图谱中，并不是把老师的教学严格限定在课标范围内，而是让老师更加容易地把握教学的深度，可以清晰地识别学生学习过程中面临的困难是“基础掌握困难”还是“进阶掌握困难”。

5.2　中学教师：辅助因材施教

通过应用大数据技术对海量师生在校数据的分析与预测，还将改变传统的千篇一律的教学与评价模式，实现高质量、个性化的教学。大数据能够全面记录学生学习数据，开展基于学习数据的学习分析，便于教师对学生实施真正的个性化教育。并且，借助大数据技术进行学生成绩的统计与分析，可以大大减轻教师的重复工作量，提高工作效率，促进教学水平的提高。

案例 1——考试大数据改变成绩分析模式[60]

北京市顺义区牛栏山第一中学以往对考试成绩和试卷的分析是年级组长及任课老师通过在 Excel 中导入公式进行的。现在通过在系统中整体导入操作，可以方便老师查看考试结果，快速分析学生的学习成绩，减轻了老师的工作量（见图 5-24）。

---

[60] 北京市中小学数字校园・成绩试卷分析系统[EB/OL]. http://www.bjszxy.cn/eportal/ui?pageId=458835&columnId=458105&articleKey=473336， 2016-01-08.

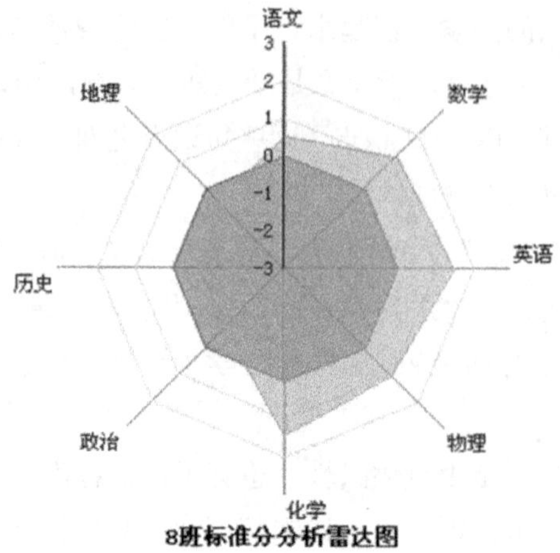

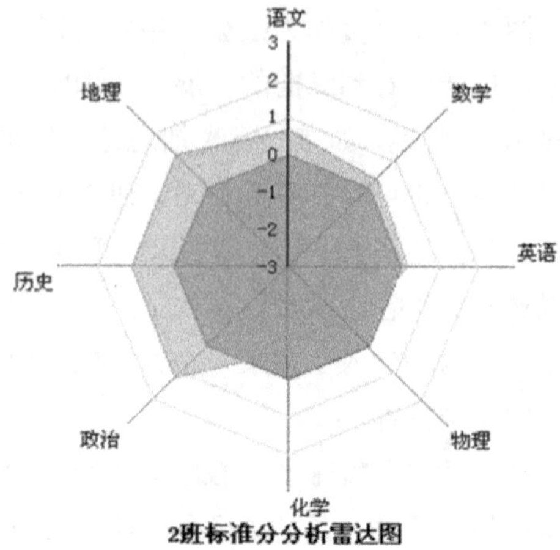

图 5-24 成绩试卷分析系统班级科目均衡性分析图

传统的试卷成绩分析往往是单次考试的数据，通过 Excel 进行手工数据的录入，基于公式的设置等进行数据分析和整合。数据联通性不高，工作效率低，重复工作量大，数据准确率低，数据更新联动效率不高，在分析维度、切入角度等方面相对于新的成绩试卷分析模块均显得狭窄并且缺乏科学依据。该校采用的新型成绩试卷分析系统可以对知识点、认知程度、优秀度、相对层次等诸多方面进行数据挖掘，并以图形化形式呈现，能针对每个学生、教师生成深入的诊断性分析报表，具备较好的智能化因素。同时，一旦考试评卷结束，相关的分析报表会第一时间在系统发布，学生可在网络环境下基于 Web 浏览器查询，及时方便。

案例 2——及时反馈辅助教师课堂教学[61]

平板电脑在基础教育中的应用越来越普及。中小学在课堂上使用平板电脑不仅使教学中的授课内容数字化，还可以通过平板电脑支持的即时反馈，检测学习情况，改善学习效果。

成都市七中育才学校的数学课中，教师在检测环节中设计了让每一位学生自主练习的习题，并在平板电脑上作答提交，学生提交后平台系统会自动统计题目正确率，教师能够及时了解全班对于这个知识点的掌握情况。此外，教师还可以根据每个题目的评价情况，了解学生掌握所学内容的不同程度，进一步针对不同层级的学生推送不同难度水平的习题。

在这样的课堂环境下，如果一名学生长期使用平板电脑学习，且坚持完成基于平板电脑的习题检测和评价活动，后台系统便会记录这位学生每节课的错题及答题情况，从而长

[61] BCBook[EB/OL]. https://itunes.apple.com/cn/app/id1051618483?mt=8&l=cn，2016-01-02.

期积累形成针对性的错题情况和过程性评估数据，让学生了解学习过程中的知识点掌握情况，结合薄弱环节修正，实现基于数据的自我评价与调整，从而实现教学效果的提升。

5.3　小学生：实现健康快乐成长

通过大数据、可视化等信息技术的应用，能够将隐性的学习内容、学习过程、思维过程、学习水平等难以观测的维度显性化，帮助小学生直观地认识学习内容和自我水平，促进知识的内化与构建，有效解决学习中存在的困难，提升学习兴趣。另外，可穿戴设备的应用可以实时记录学生的身体健康状况，保障学生健康茁壮成长。

案例 1——玩中学的数据，让教与学更科学有趣[62]

首都师范大学和北京市朝阳区白家庄小学联合开发了《中秋文化》主题课程，以面授和 iPad 移动学习相结合的混合学习方式进行传统文化的跨学科主题学习（见图 5-25）。其中由首都师范大学研发团队开发的基于 iPad 的《中秋文化》数字教材，以游戏闯关和任务实践为主要思想，让学生在趣味答题和动手制作中感受中秋文化内涵，学习中秋知识，体会中国传统节日文化的魅力。

在数字教材中，系统能够记录学习痕迹，并将学习过程和学习结果可视化。学生可以直观地看到自己的学习时间、答题正确率，以及伙伴的游戏排行、金币数、作品、评论等数据。游戏化和社交化的学习方式，以及图形化的数据展示，激发了学生的学习兴趣，引导学生在玩中学。

对课程前后测的多维数据来源进行分析后发现，学生在智力和非智力因素上均有提升。在认知水平上，实验班学生的得分均显著高于对比班。学生对于中秋文化的背景知识有了更准确、全面的了解；在学习兴趣上，实验班对课程学习兴趣相比对比班有显著优势。学习过程引入数字游戏化主题学习，能够有效提高学习兴趣；在思维变化上，实验班对中秋的思维深度及广度均显著高于对比班（见图 5-26）。

[62] 段琼. 信息技术应用于聋校语文课程的研究[D]. 桂林：广西师范学院，2012.

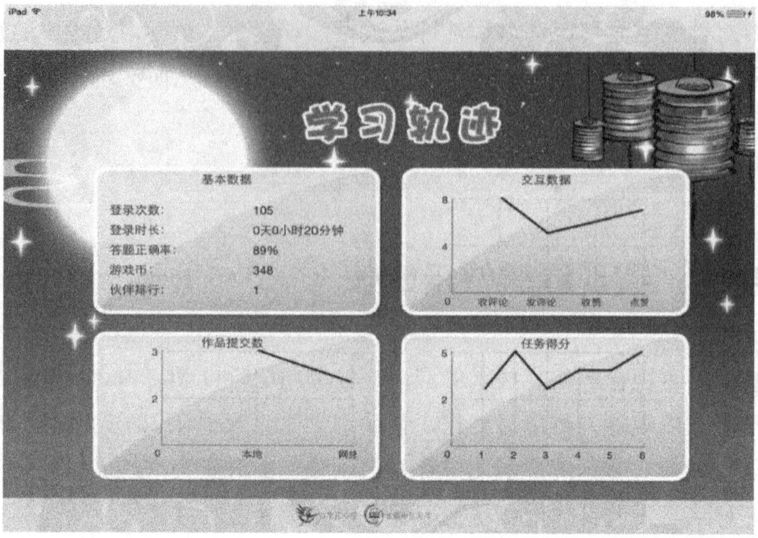

图 5-25 《中秋文化》数字教材学习轨迹

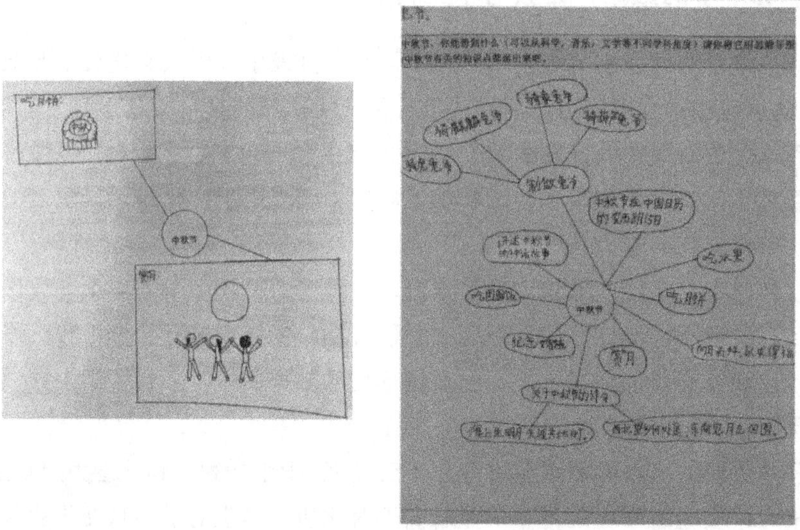

图 5-26 同一学生课程前后测思维变化

同时，通过分析系统所记录的学习数据，还能够对教与学提供科学的指导。分析结果显示：第一，登录时间长的学生，答题正确率高。说明喜欢游戏的学生，愿意花更多时间玩游戏答题，且成功率高。教师应给学生创造更多游戏化数字作品的机会。第二，在多种题型正确率的比较中发现，连线题准确率最低，说明小学生对知识掌握的准确度低，教师要重点教学或特别强调；第三，对于多类型的知识内容，学生回答生活常识类题目准确率最高。说明生活常识类知识掌握得好，无须新学也正确。教师应该教学生不易懂的、没学过的、易出错的、自己学不会的或低效的知识。第四，在题目预设难度与学生正确率检测中发现，两者呈现负相关或无关。说明教师认为是难题，学生答题正确率却不低，反之亦然。这也警示教师应重新诊断学情，开展精准教学。第五，在学生答题表现中发现，传统考试中的高分生与 iPad 答题正确率高的是两个群体。说明在游戏化环境下表现好的学生不一定擅长考试，以此鼓励教师用不同方式评价学生。

案例 2——学习仪表盘：促进学习者自主学习与调控[63]

学习仪表盘又称数字化学习仪表盘（Digital Dashboard for Learning）、学习分析仪盘（Dashboard of Learning Analytics）、仪表盘（Dashboard）等。学习仪表盘对学习者的在线学习行为进行精密追踪，记录并整合大量个体学习信息和学习情境信息，按照使用者的需求进行数据分析，最终以数字和图表等可视化形式呈现出来，从而为在线教育的学习者、教师、研究者及教育管理者提供学习分析，成为大数据时代的新兴学习支持工具。

快乐学是一个面向基础教育学段的学习引擎[64]。通过对学习行为与活动的跟踪、分析及可视化显示，快乐学学习仪表盘将学习过程中的认知与元认知相融合，促进学习者对个人学习的全过程负责并进行管理和调控，如根据自身的个性化需求拟定个性化的学习目标及路径、自主选择个性化的学习材料确定个性化的学习方法与方式、进行个性化的课后练习和阶段性检测等。

相较而言，传统学习系统支持的个性化多是由学习系统根据学习者的学习进度和学习成绩，自动选取学习路径，学习者其实仍然处于被动接受知识的地位，无法与系统形成全方位的交互。而大数据支持的学习仪表盘分析技术，使得学习者能够自行定位价值观与标准，实现自我调控与管理，增加学习的自主性，不断建构和更新自身对学习状态及个人位置的思考模式。

案例 3——运动手环激励小学生爱上体育课[65]

2014 年，上海平南小学学生肥胖率为 9.8%，高于所在区平均水平 1.2 个百分点，二、五年级肥胖率偏高，尤其是男生。该校决定更为科学地监测肥胖情况，提高学生身心健康

[63] 张振虹，刘文，韩智. 学习仪表盘：大数据时代的新型学习支持工具[J]. 现代远程教育研究，2014（3）：100-107.

[64] 快乐学[EB/OL]. http://kuailexue.com/, 2016-01-08.

[65] 东方网. 信息平台消灭“小胖墩”运动手环监督小学生上体育课[EB/OL]. http://sh.eastday.com/m/20151129/u1a9117987.html，2016-02-01.

发展水平。为此，平南小学采取了 4 项举措。第一，开设《健康与幸福》等课程，普及营养知识和膳食管理；第二，向家长发放“正面干预肥胖率”日常反馈表，家校互动促进学生在家养成良好的锻炼习惯；第三，重新设计体育课程，让每个孩子都能够在一节课上达到高密度的科学运动锻炼；第四，启用基于大数据的穿戴式设备进行检验。每个孩子在上体育课时都佩戴一只运动手环。这只手环能及时有效地采集学生的心率、肺活量等数据，并与老师手臂上绑定的平板电脑数据实时传送，老师能及时监控所有学生的个体运动量与身体情况，如果学生超量运动或运动不足，系统会自动向老师发出预警，老师便会及时做出调整。而且该校还对 16 位肥胖儿童进行重点长期体质监测数据跟踪。采取以上措施仅半年，该校在全区 64 所小学的体质健康数据监测中优良率排到第一，合格率达到 100%。

案例 4——“云手表”助学生成“运动达人”[66]

上海卢湾中心小学在“云课堂”体育课堂教学实践中，根据“每天一小时校园体育活动”的要求，教师们采取了“云手表”这一检测工具，通过应用于体育课堂教学、晨练、课外活动等，对学生的体育锻炼情况进行实时监测、真实记录，达到即时反馈、及时矫正，甚至可以对学生提供一对一的个别辅导，开出“个人运动处方”（见图 5-27）。

图 5-27 卢湾一中心小学“云手表”

“云手表”可以智能计算与分析学生体育课的运动量、心脏负荷等情况，通过无线传输对数据进行记录和分析，帮助制定个性化运动方案。“云手表”看上去和一般手表并无两样，唯一不同之处是其表壳中央延伸出一根比普通“创可贴”略长的导线，将其绕手指一周，内置的传感器便通过红外感应，每 0.8 秒将学生的心率和血氧饱和度等指标向后台传输，

[66] 周伟涛. 教学信息化应用的基层样本[N]. 中国教育报，2015-06-11（008）.

学生的心率、血氧饱和度、心率波形显示图、手指血液灌注度不仅实时显示在手表电子屏幕上，还呈现在体育老师的手机或者 iPad 等无线终端上。课后，老师能通过后台数据，对学生的运动情况作进一步分析[67]。

“云手表”激发出了学生们最大的运动兴趣，由于数据采集的便捷性，使得孩子们的运动状态能够立刻呈现“可视化”的状态，学生能够自我监测，互相之间也能进行比较和竞争。

5.4　初中生：制定个性化学习方案

大数据能够全面记录学习者的成长记录并进行科学分析，让学习者更了解自己，同时也能帮助教师为学习者提供科学的学习建议。

案例 1——学习分析为学生定制学习方案[68]

浙江省城关一中的“玉环 e 学堂”自主学习平台，能够显示出学生对不同学科知识点的掌握情况（见图 5-28）。例如，初二学生兰兰原本是一位勤奋好学、成绩中上的同学。进入新学期后，班主任在德育管理平台的数据记录中发现，她在不同学科的课堂上均有迟到、上课注意力不集中等现象，进一步通过学习分析系统发现其学习成绩有明显的退步，知识点雷达图显示其各学科知识点掌握均有明显的偏离状况。

这些变化引起了班主任的重视。通过和兰兰的面对面沟通，了解到她平时作业量很大，功课都要做到晚上 12 点，遇到不懂的题目也无法向人请教，更找不到要加强的知识点。由于不知该从哪里入手，学习盲目性、重复性很大，致使她失去了学习的动力和方向。班主任协同任课教师利用学习分析系统，对该同学的知识体系架构进行了精细化的分析，发掘出她学习的薄弱点，为她制定了一套个性化的自主学习方案，利用自主学习平台，为她推送合适的课前学案、微课、练习自测，课中解惑答疑，课后个性化作业等，进行全方位的学习指导。经过一段时间的线上线下混合型学习后，兰兰同学终于寻找到适合自己的学习方法。

---

[67] 臧莺. 卢湾一中心小学：“云手表”巧助学生成“运动达人”[EB/OL]. http://www.shedunews.com/zhuanti/xinwenzhuanti/2013expo/2013expo_qxld/2013/04/14/507213.html，2015-02-01.

[68] 管红增. 建构大数据实现个性化学习——玉环县城关一中学习分析系统建设案例[J]. 中国教育信息化，2015:（5）: 18-22.

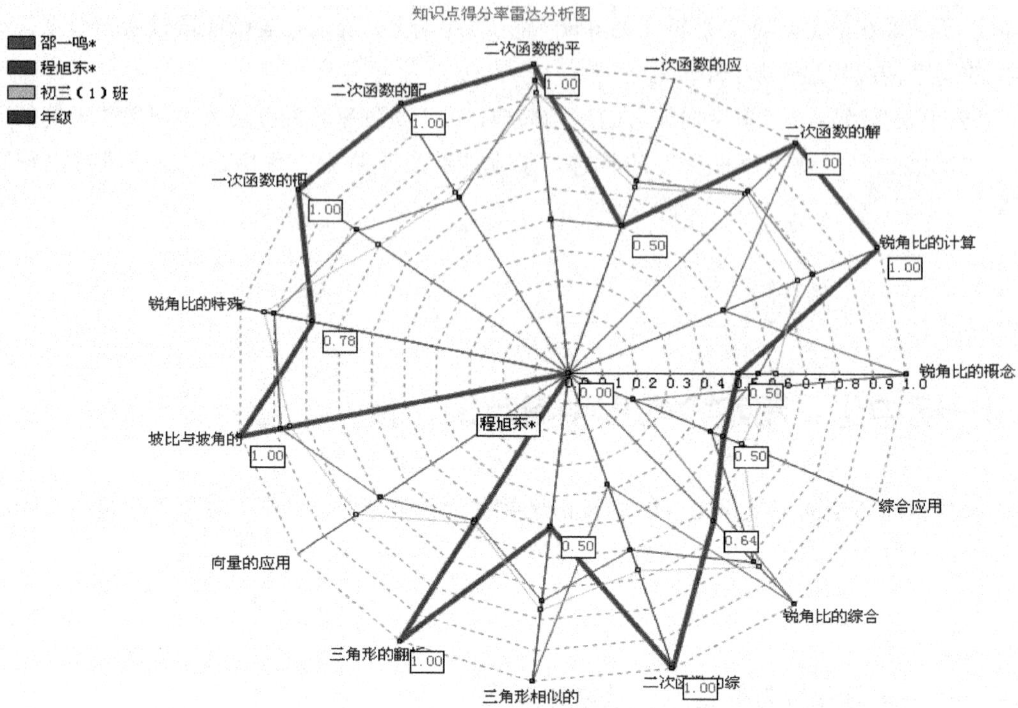

图 5-28 “玉环 e 学堂”知识雷达图

案例 2——大数据分析助力学生个性发展[69]

深圳第二实验学校借助互联网平台，关注到每个学生，用数据记录和反馈帮助教师为学生提供及时反馈、指导和服务。学校开发了在线平台和移动端 APP，平板电脑、智能手机已成为采集数据源的主要渠道。每个学生无论在何时何地通过任何方式所做的任何事情都有记录。这些来源于师生、家长的多源数据，包括了学习、活动、社团、竞赛等记录，反映了学生的知识储备、综合素质、兴趣爱好、情感态度和进步情况等，以生成全面、立体、动态的成长记录。

应用学校出勤、课堂表现、平时作业、考试等过程性评价数据，分析学业成绩和学习行为各要素的相关性，借助雷达图，准确定位学生学业成绩的变化是主动学习意识的欠缺还是知识结构的薄弱。如果是知识结构的薄弱，教师可以通过网络云课堂中学习过程记录

[69] 周伟涛. 教学信息化应用的基层样本[N]. 中国教育报，2015-06-11（008）.

分析发现其薄弱知识点，进行自定义组卷，借助云课堂平台将相关资源推送到学生学习空间中，对学生进行个别化辅导。

学校还可以对电子心理档案、图书借阅、学业报告、选课记录、社团活动记录、社会实践记录、奖励记录等数据进行分析，生成学生成长态势雷达图、学业发展柱状图，了解学生兴趣特长，适时给出诊断性建议，从课程选择、职业体验、兴趣发展等方面指导学生制定生涯规划，扬长补短，发展综合素质，找到合适的成才之路。

案例 3——个性化学习诊断系统[70]

在城北中学的自动网络阅卷系统中，教师和学生可以查阅每个学生个人的诊断分析报告，雷达图的分析报告可以精确到具体知识点（见图 5-29）。其他如学年报告的班级分析比较图、学生个人诊断等，也都能够提供可视化图表，为老师和学生提供不同的教学参考资料。这种个性化学习诊断对于学生查漏补缺，教师了解每个学生的知识掌握情况、进一步改善教学等，具有重要作用。

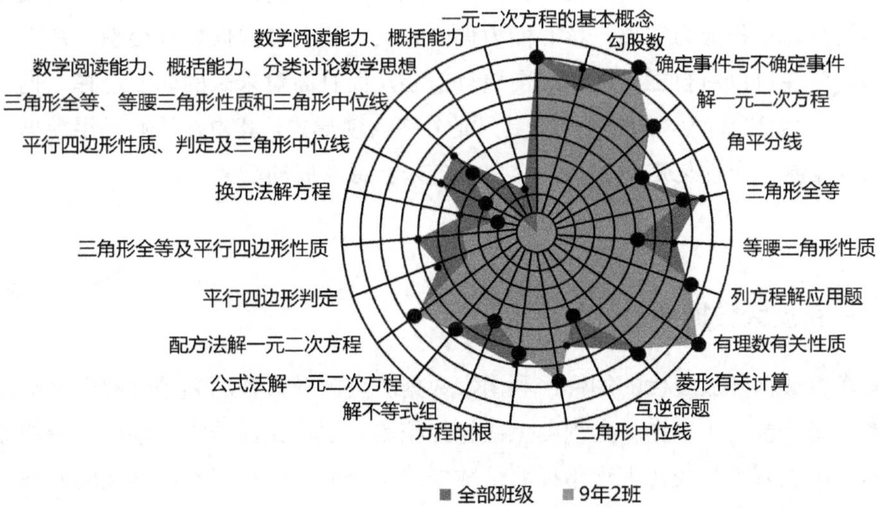

图 5-29　个人知识点检测比较雷达图

[70] 网奕资讯. 个性化学习诊断系统[EB/OL]. http://www.habook.com.tw/eteaching/habook_epaper/2014/20140227_SS/20140227_OSS.htm，2016-02-01.

5.5 高中生：找到适合的成才之路

在新课程改革推动下，学生的全面可持续发展得到关注。大数据技术通过记录学习者的成长记录并进行科学分析，挖掘学生的潜质，为学生提供科学的选科与择校建议，引导学生根据自身的特点成才。

案例 1——“数智空间”解决选科难题[71]

在上海闵行二中，“数智空间”智能评价系统可以帮助高中生选择偏文或偏理的选科倾向。打开学生的个人界面，可以看到 4 张雷达图，其中包括学生的学业表现、信息素养、核心能力、职业倾向。例如，一名学生的雷达图显示其历史、地理、生物 3 科成绩抢眼，信息素养上交流协作能力突出，核心能力偏向人文，职业倾向偏好社会型。那么，根据这些雷达图，学生可以对自己的选科倾向更有信心，而且面对未来的职业选择，也有了一定的发展方向。“数智空间”中的量化工具只是外在表现形式，其内在核心是用数据描述学生特征，着眼于学生个性化定制教育，这也是未来教育发展的趋势。

案例 2——百度大数据辅助智慧择校[72]

随着教育数据开放步伐的加快，利用大数据对全国教育资源等进行整合分析，搭建统一的教育资源平台，可以在一定程度上破解择校难问题。大数据用于辅助择校的原理，就是通过对全国上万个学校几十项指标海量数据的整合分析，呈现不同学校的异同，帮助家长、学生准确找到最适合自己的学校，实现科学择校。

百度利用大数据技术分析工具，对历年高考后大学搜索关键词、大学排名、专业排名等原始数据进行深度挖掘分析，并从报考难度和报考热度两个维度推出了全国多所大学的“大学报考图谱”（见图 5-30）。此外，还根据专业热度和难度两个维度针对不同高校的不同专业推出了“专业报考图谱”，为学生和家长在高考择校方面提供了支持。

---

[71] 中国教育装备采购网. 闵行第二中学构建数字化校园侧记[EB/OL]. http://www.caigou.com.cn/News/Detail/192905.shtml，2016-02-01.

[72] 百度高考预测[EB/OL]. http://trends.baidu.com/ncee/，2016-02-11.

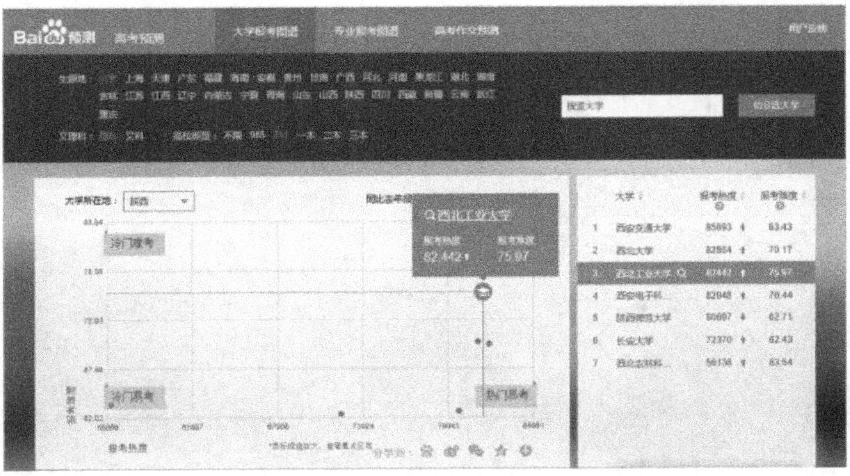

图 5-30　百度大数据呈现大学情况

第 6 章
Chapter 6
教育大数据的管理机制

- 教育数据网络的构建是发展基础教育大数据的基础性工作。国家、区域及学校都应积极参与教育数据网络的建设与应用，但应明确各自的重点和职责。

- 国家教育数据网络的建设，应以两大国家教育云平台为核心，打通各层、各类教育数据系统，实现教育系统的纵向贯通、横向互联，形成全国一体化的教育数据持续、动态、标准化的采集体系与管理机制，重点服务国家教育政策制定与发展规划。

- 区域教育大数据的建设应以构建立体化的区域教育数据网络为核心，覆盖全区各类学校及相关管理机构的各项数据业务，形成全区教育数据动态实时的采集、交换、共享与更新机制，为区域教育现代化事业的发展提供全面可靠的数据支撑服务。中小学校是教育数据网络的"神经末梢"，原则上不建议单独建设校级数据中心，应以教育大数据的应用为主。

- 当前，我国基础教育大数据的管理面临安全管理、隐私保护、融通共享、质量管理及合理运营五大难题。针对每种问题，本书提出了初步的解决思路。最后，重点对区域教育大数据的建设目标、重点任务、实施原则及实施路径进行了规划设计。

01 Section 不同层面教育数据网络的构建

1.1　国家层面的教育数据网络

在探讨国家层面教育数据网络构建之前，先来看看美国是如何构建覆盖全美的立体化教育数据网络的。

1.1.1　美国教育数据网络的建设现状

美国建立了包括国家级、州级、学区级及校级在内的各级各类教育数据系统服务与教育问责体系。这些数据系统之间相互关联、数据互通，形成立体化数据网络，为美国教育大数据的建设提供了基本依托[1]。如图 6-1 所示为美国国家教育数据网络的基本架构。

教育数据快线平台是国家教育大数据综合服务平台，主要汇聚了来自各州的教育管理数据，为美国国家教育统计中心（National Center for Education Statistics，NCES）提供了数据支持。NCES 的主要任务是与教育部内部各机构、各州教育主管部门、各地教育机构合作提供可靠的、全国范围内的中小学生学习绩效与成果数据，分析各州报告的教育数据以整合成为联邦政府的教育数据与事实报告，为国家层面的教育规划、政策制定及教育项目管理提供有力的数据支持。

州级与学区级数据系统主要为区域性教育评价提供数据支撑，其中主要包括本州/学区学生的成长数据，教育工作人员（包括教师与教育管理者）在工作方面的安排与准备等相关数据，以及其他关于学与教条件的关键数据，如教师人数、学生入学率、学生与家长及

[1] 郑燕林，柳海民. 大数据在美国教育评价中的应用路径分析[J]. 中国电化教育，2015（7）：25-31.

学校教职员工对于学校氛围、条件等方面的评价数据等，这些数据直接反映了学校与学区在让学生做好毕业准备方面取得的进展情况。学校层面常常利用 4 种类型数据系统来收集、整合教学过程数据或评价数据，分别是学生信息系统、数据软件坊、教学或课程管理系统及教学评价系统。

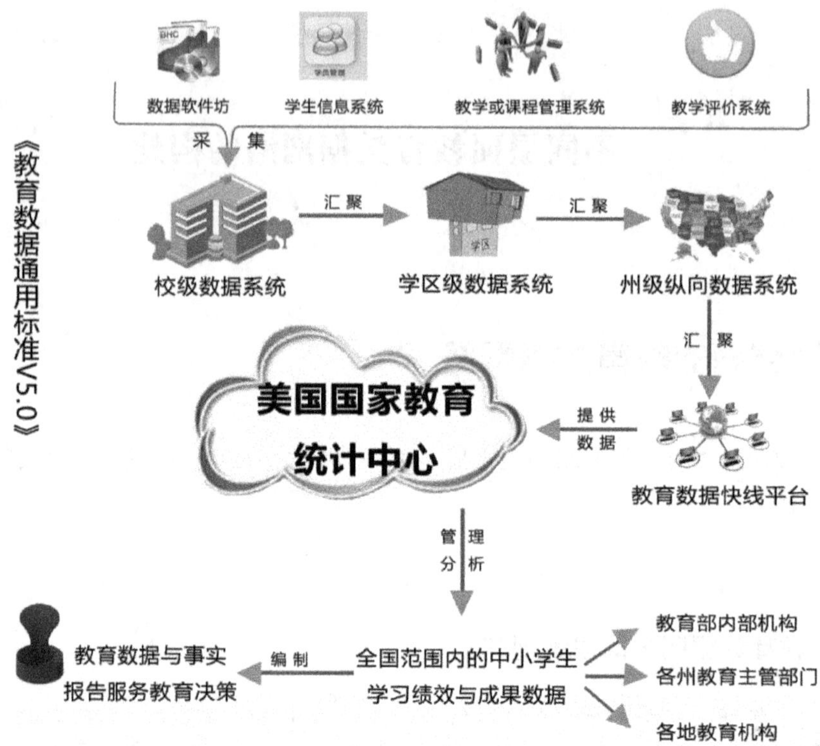

图 6-1 美国国家教育数据网络基本架构

1.1.2 我国教育数据网络的建设现状

“三通”工程是全国“十二五”期间教育信息化工作的核心目标和标志性工程。其中，“两平台”的建设为构建国家层面的教育数据网络提供了重要支撑。国家教育管理公共服务平台由教育部教育管理信息中心统筹建设，致力于建成覆盖全国各级教育行政部门和各级各类学校的管理信息系统及基础数据库。国家教育资源公共服务平台由中央电化教育馆统筹，按照“统一规范、三级建设、信息互通、就近服务、学校应用”的建设原则，努力打造涵盖多种教育资源类型、服务多元化学习主体的全民教育服务体系。

我国国家层面教育数据网络的建设（见图 6-2），以两大国家教育云平台为核心，打通各层、各类教育数据系统，实现教育系统的纵向贯通、横向互联，形成全国一体化的教育数据持续、动态、标准化的采集体系与管理机制，重点服务国家教育政策制定与发展规划。

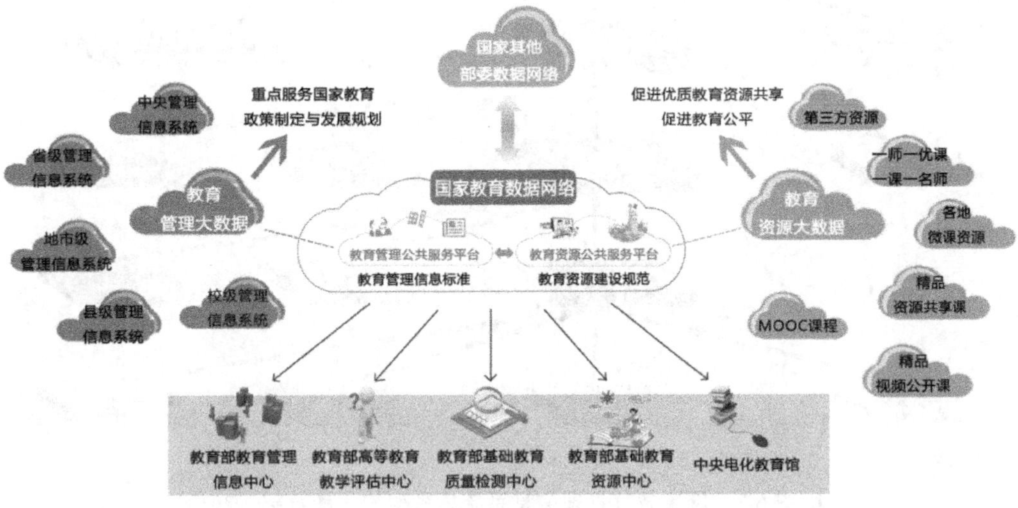

图 6-2　国家层面教育数据网络架构

教育管理大数据建设方面，国家已进行了统一规划，研制了《教育管理信息》系列标准，制定了《国家教育管理信息系统建设总体方案》，规划了 5 大类（学生类、教师类、资产及办学条件类、规划与决策支持类和其他业务系统类）36 个业务系统，为今后全国教育管理基础数据的采集和更新提供了基础保障。目前，正在严格按照“两级建设、五级应用、统一管理”的体系架构（见图 6-3），在全国范围内积极推进教育管理信息化系统的建设、部署与应用。其总体目标是[2]：建设全面覆盖、功能齐全、安全高效的教育管理信息系统、决策支持系统和教育管理服务平台，形成覆盖全国各级各类教育的教育基础数据库，实现系统的全国联网和数据的交换与共享，提升教育监管与服务水平，促进教育管理现代化、决策科学化、服务网络化，全面保障教育的改革和发展。

国家教育管理信息系统的体系架构是与我国行政区划和教育管理体制相适应的网状结构，共分为 5 级，即国家级、省级、地市级、县级和学校级，各级系统之间通过网络进行数据交换和共享。其中高等学校（含教育部直属高等学校）主要与省级教育行政部门进行系统对接和数据交换，学前教育机构、中小学校、中等职业学校和培训机构主要与县级教育行政部门进行系统对接和数据交换。

[2] 教育部. 国家教育管理信息系统建设总体方案[EB/OL]. http://www.ict.edu.cn/uploadfile/2013/0807/20130807034638675.doc，2015-12-02.

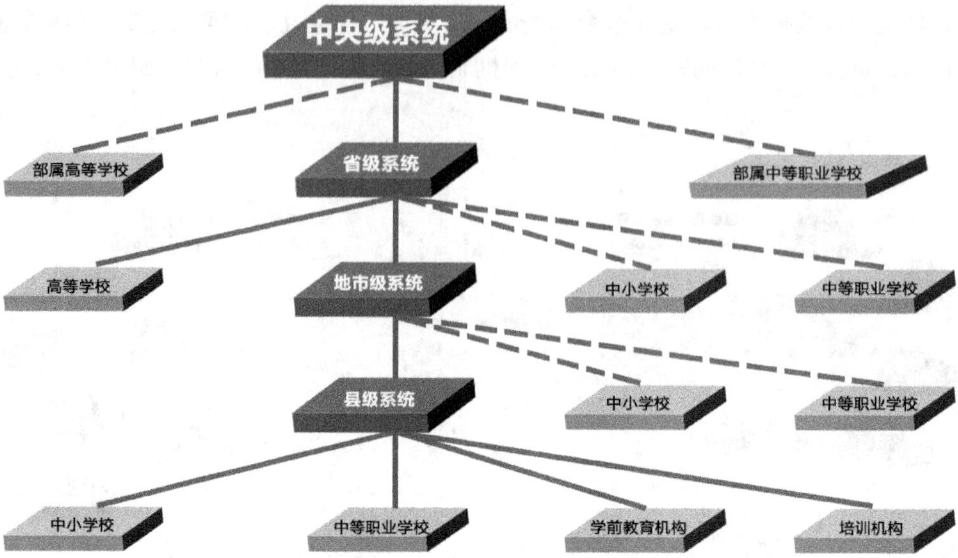

图 6-3　国家教育管理信息系统体系架构（教育部，2013）

教育资源大数据建设方面，国家于2012年年底开通了国家教育资源公共服务平台（见图 6-4），初步构建了“以公共服务平台为引导，以学校应用为主体，以社会各方共建共享为支撑”的教育资源建设与应用新体系，可以将国内教育优势地区的名校、名师资源集中起来，无论城市还是偏远地区的师生都能通过接入云平台享受优质教育资源，让优质资源和创新应用惠及人人，促进优质基础教育资源全国范围内共享。除了提供优质资源汇聚服务外，国家教育资源公共服务平台还为广大中小学校、教师和学生开通了实名制的网络空间，提供了丰富的学科教学工具，以促进信息技术与基础教育教学实践的深度融合。

除基础教育领域外，近年来我国高教领域的课程资源大数据建设也取得了显著成就。2011 年启动了国家精品开放课程建设工程，并于 2015 年 4 月印发了《关于加强高等学校在线开放课程建设应用与管理的意见》（教高〔2015〕3 号），推动了全国高教开放课程资源的快速发展。此外，随着全球 MOOC 的大发展，我国以学堂在线、中国大学慕课网为代表的 MOOC 平台及其运行的课程数量快速增加。当前，高教领域基本形成了以“MOOC 课程+精品资源共享课+精品视频公开课”为核心的优质教育资源服务体系。

当前，我国国家教育数据的管理与应用分析机构主要有教育部教育管理信息中心、中央电化教育馆、教育部基础教育资源中心、教育部基础教育质量监测中心、教育部高等教育教学评估中心等事业单位。各单位的主要职责如下。

（1）教育部教育管理信息中心。主要负责统筹国家教育管理公共服务平台建设，宏观把控国家教育管理的科学决策，制定国家教育信息和数据交换标准，为教育部机关各司局业务管理活动提供计算机网络等现代技术环境和服务，组织、协调和推进国家教育管理信息系统的开发和建设，并承担与国内外相关教育管理信息系统的信息交换和交流合作。

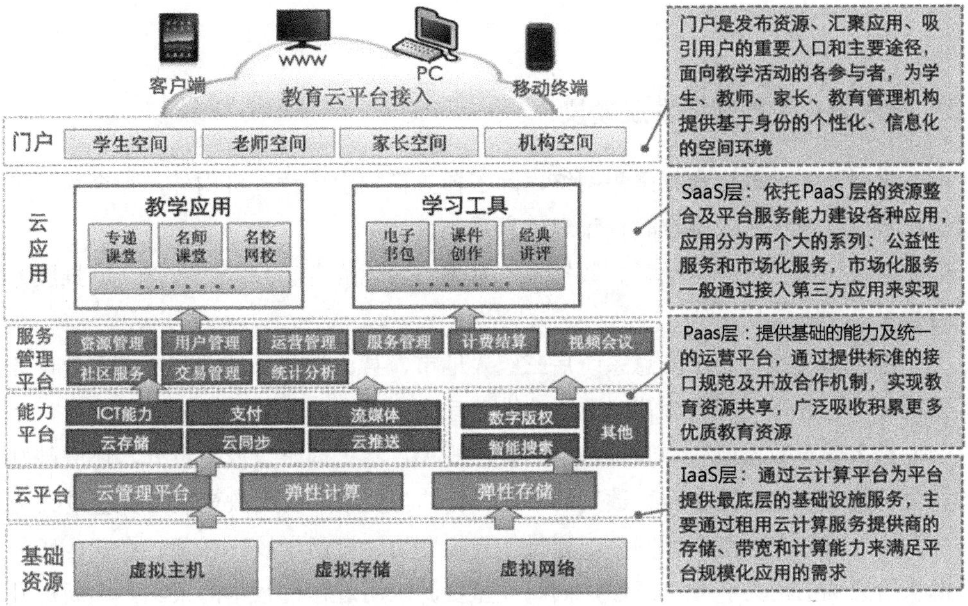

图 6-4 国家教育资源公共服务平台总体架构（中央电教馆，2012）

（2）中央电化教育馆。主要负责统筹国家教育资源公共服务平台建设，开发基础教育和职业教育的多种媒体教材和教育教学资源，开展各种教育技术的培训工作，承担与国际教育技术的学术交流和项目合作。

（3）教育部基础教育资源中心。主要承担基础教育资源建设的规划和协调工作；收集、发布基础教育资源需求信息；组织基础教育资源征集、引进、开发和整合工作；建立基于中国教育卫星宽带多媒体传输网的专项资源管理和服务平台，负责基础教育资源发送、技术支持、用户管理和反馈信息收集；承担国家基础教育资源库及资源服务网站的管理工作；组织基础教育资源的研究、评价、推荐和交流工作。

（4）教育部基础教育质量监测中心。主要负责全国基础教育的质量评价，通过拟定基础教育质量监测标准，研究开发基础教育质量监测工具，组织实施全国基础教育质量监测工作，为各地开展基础教育质量监测工作提供技术支持和业务指导。

（5）教育部高等教育教学评估中心。主要负责根据教育部的方针、政策和评估指标体系，对高等学校教学、办学机构教学和专业教学工作进行评估，开展高等教育教学改革及评估工作的政策、法规和理论研究，并承担有关评估的信息交流和培训工作。

1.1.3 国家教育数据网络发展建议

（1）进一步扩展教育数据采集网络，除了覆盖正规学校教育机构外，社会培训机构的教育管理数据也应该纳入国家教育管理信息系统。

（2）建设国家全民终身学习大数据，汇聚来自各地终身学习网的数据，助推服务学习型社会建设。

（3）重点落实教育管理信息系统后三级（地市、县、学校）的应用，打通教育数据采集的末梢环节，真正实现教育管理数据的纵向互联互通。

（4）扩大教育数据研究与管理机构的队伍规模，除了国家事业单位外，还应鼓励有条件的社会机构积极参与国家教育数据的治理、评估与应用，实现教育数据价值最大化。

（5）进一步完善教育资源网络，通过创新机制设计激活学校、教师、企业、研究机构在资源供给方面的潜力和分享意愿，同时注重资源应用过程性数据的采集，不断提升资源品质与服务质量。

（6）加强与国家其他部委（如人力资源和社会保障部、科技部、交通运输部等）数据网络的适度衔接与互通，促进教育大数据与其他领域大数据的跨界融合，更好地服务教育改革事业发展。

1.2 区域层面的教育数据网络

1.2.1 区县级教育数据网络建设现状

区县级教育信息化离一线中小学校的实际需求更加贴近，在推动基础教育现代化过程中发挥重要的引领和支撑作用，是国家教育信息化体系中的重点建设和发展对象。然而，区域教育信息化发展早期，由于缺乏统筹意识和顶层规划设计，导致大量信息化系统的重复建设，直到现在很多地区的孤岛问题依旧未得到有效解决。此外，由于教育数据意识薄弱，很多宝贵的教育管理与教学数据未得到有效保存，甚至有些学校学生历年的考试成绩数据也残缺不全。在教育数据应用方面，很多区县教育管理者也尚未形成“数据决策意识”，教育数据的应用没有参与政策倡议、决定、执行、评估、复议的过程，没有形成“通过数据来指导行动，用数据高教育决策效率和决策质量”的信息时代新型管理模式。

随着国家教育“三通”工程的大力推进，全国各地的教育信息化服务能力和水平都有了显著提升，包括宽带网络部署、优质资源建设、应用系统部署等。调研发现，北京、上海、深圳等发达地区的教育信息化建设都在走向智慧教育综合服务平台（大平台）模式，即通过搭建一体化的教育云平台，整合各类教育应用系统，促进应用系统贯通与集成，规划建设基于统一数据环境的集成化、智能化的教育信息化综合服务平台，着力解决区域教育信息化存在的条块分隔、系统孤岛、优质资源匮乏、管理效率低下等现实问题，服务区域教育改革与创新发展。大平台建设正在逐渐成为各区信息化系统建设的主导模式和各区大平台建设的通用技术架构（见图 6-5）。

图 6-5　区智慧教育综合服务平台体系架构

区大平台的建设应当充分考虑与上级部门推行的教育信息化工程相衔接，使其具备较强的开放性和可扩展性。优先应用市级平台提供的通用教育业务，着力打造区级教育云服务平台，具有共性的系统，要采用国家、市、区等各级行政部门提供的公共服务平台。区级平台提供的业务要能够涵盖全区核心教育业务，同时与市级相关系统之间要实现教育数据无缝共享。

区教育数据网络的建设与大平台密切相关，数据产生于区、校部署的各应用系统，并在数据中心与各应用系统之间流动。调研发现，当前我国各区县层面教育数据网络常以教育数据中心为核心纽带进行整体架构（见图 6-6）。

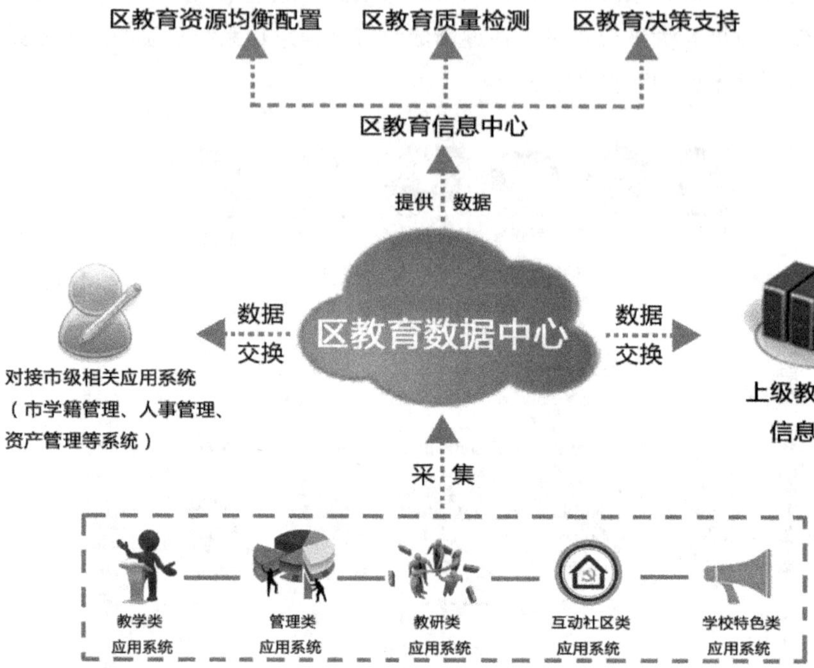

图 6-6 区县层面教育数据网络架构

区教育数据中心是区大平台的核心模块，是大规模数据存储和信息流通的中间节点，为全区提供教育信息共享服务，采集四大类云应用系统产生的基础数据，以及来自各个学校特色化的应用系统产生的数据，在存放大量数据的同时有效地将数据管理起来，并提供数据访问的手段，为系统集成和各个系统之间的数据共享提供平台，保证数据的及时性、完整性和一致性。

在数据互联互通上，一方面，区教育数据中心应与上一级的教育管理信息系统联通，根据数据更新要求适时传递、更新区教育管理信息到上级平台；另一方面，还应与市级其他相关业务系统联通，如与市人事系统、学籍管理系统、设备资产系统等实现相关信息的互换共享。

区教育信息中心是区大平台的主管单位，统筹整个区大平台的建设、管理、应用与维护，负责全区教育数据存储与安全管理，同时辅助教育局相关部门编制区教育事业发展报告，开展区教育信息化、教育现代化发展水平评估。

1.2.2　区县级教育数据网络发展建议

（1）鼓励有条件的区县，优先采用国内云服务厂商提供的技术，搭建区教育数据中心。

（2）区教育数据中心的建设不是“重头再来”，而应有效整合已有硬件、软件资源，保护已有投资。

（3）共性的教育业务系统应统一部署到区大平台上，同时遵循统一的数据及互操作标准，与区教育数据中心之间互联互通。

（4）加强教学大数据的规范采集、存储、管理与分析应用，构建各学科知识模型，对学生的学习过程与结果进行诊断、预测与有效干预，精准提升教学质量。

（5）全面评估教育数据开放的风险与应对措施，将部分教育数据服务委托给有资质的社会机构进行专业化运作，切实提高教育机构的专业服务能力。

1.3　学校层面的教育数据网络

中小学是教育数据网络的“神经末梢”，原则上不建议单独建设校级数据中心。除非一些高带宽要求（如高清视频互动系统）或比较特色化的业务系统，可以部署到学校机房外，其他任何业务系统都应优先使用区综合服务平台统一提供的服务。学校无须购置数量庞大的、昂贵的服务器设备，只要将校内各种计算终端与区教育云连接，通过浏览器、APP 等即可访问各种教育应用系统，使用方便、成本低廉、安全性高。

针对学校层面教育大数据的建设与应用，提出如下建议：

（1）建设高速校园无线网络，支持 BYOD 运动，让教师、学生可以通过多种终端，方便而又安全地获取云教育平台提供的各种服务，持续累积学与教数据。

（2）鼓励教师利用教育数据探索新型教学模式，不断优化教学，归纳提炼有推广价值的数据驱动教学的案例。

（3）加强学生网络与终端使用安全方面的专题培训，从“源头”降低学生隐私数据泄露的风险。

（4）不断提升学校管理者与教师的数据素养，形成一种使用数据进行管理决策与教学决策的氛围。

（5）采购学校信息化相关产品时，应全面了解产品对教育数据的采集范围、存储与应用方式等，将教育数据安全作为重要的考核指标。

02 Section 教育大数据管理难题与解决思路

本书调查结果显示，当前我国基础教育大数据的建设与管理存在的主要现实问题包括：应用推广难（70.94%）；数据融通共享难（63.8%）；安全与隐私保护难（61.56%）；数据质量难以保障（58.52%）；数据人才缺乏（52.84%）；数据化意识薄弱（52.58%）；数据运营模式不清晰（48.75%）。本节重点探讨教育数据本身的管理问题，包括安全、隐私、共享、质量及运营等，并提出相应的解决思路。

2.1 教育大数据的安全管理

随着大数据的快速发展，其安全问题也日益突出，亟须在数据治理中加强对数据安全的重视。在传统应用场景中，数据由学校等部门局部收集，在校内应用，数据所有权的问题并不突出。在大数据时代，数据要更多进行跨界整合、外部应用的商业模式创新，这其中就涉及更多数据所有权的问题。教育大数据治理过程中，需要更加注重数据的安全保护。建议采取如下措施。

2.1.1 建立完备的教育数据安全监管体系

组建由教育主管部门、数据服务提供商、学校和第三方评测机构共同参与的教育大数据安全监管体系，制定数据服务安全标准，定期实施教育大数据安全评估。

依照国标计算机信息系统防护要求，结合大数据治理，国家组织相关业务人员、技术人员和企业根据具体情况汇总并制定符合大数据建设的安全管理目标和范围，制定符合教育系统实际的安全管理策略。

各级教育主管部门按照总体安全策略和业务应用需求，建立教育数据安全管理机构，制定数据安全管理的规程和制度。相关人员必须严格按照此管理制度和安全策略执行。

2.1.2　加强教育数据安全管理队伍建设

在各教学单位设置专职数据安全管理人员，让具有安全管理工作权限和能力的人员担当，坚持“权限分散、不得交叉覆盖”的原则，系统管理员、数据库管理员、网络管理员不得相互兼任。

对参与人员进行背景和资质审查，以及技能考核等审核，并签署保密协议。对离岗人员限制其所有访问权限，收回相关证件、设备及访问控制标记等。定期对各岗位人员进行不同侧重的安全认知和安全技能培训和考核。

通过对管理类体系测评办法的考察，以及参考国内安全标准中关于对管理层面的考核，将安全管理机构、人员岗位设置、岗位职责、系统运营维护、应急事件管理纳入管理类考核指标。

2.1.3　加强系统运维管理和定期安全评估

对各设备的操作应由授权的管理员进行，应按操作规程实现设备的启动/停止、加电/断电等操作，维护设备的运行环境及配置和服务设定，加强日志文件管理和监控管理，加强配置文件管理，定期对系统安全性进行有效性评估和检查，及时发现系统的新增缺陷和漏洞。

对于教育数据的日常运行和管理，各单位应按审查和批准的用户分类清单建立用户和分配权限，说明各用户权限、责任人员和授权记录，定期检查特权用户和重要业务用户的实际分配权限是否与清单相符，对关键业务用户开启审计功能。

在日常运行中，应派专人定期检查安全策略执行情况，并生成相应报告。对各个岗位定期检查操作规程和管理程序的执行情况，确保遵从安全管理小组制定的安全策略。教育数据管理人员应防止违法行为，对设计、操作、使用和管理应规避法律法规禁区，保护组织机构的数据信息和个人信息隐私，制定措施防止对信息处理设备的滥用，避免危害机构和社会利益。

采用多层面、多角度的系统分析方法，由用户和专家对资产、威胁和脆弱性等方面进行综合性评估，提出建议处理和减缓风险的措施，形成风险评估报告。根据风险评估结果，结合有关安全保密防护要求，决定各子系统的安全控制措施，对各控制措施进行综合分析得出紧迫性、优先级、投资比重等评价。

2.1.4 不断升级教育数据安全防护技术

对教育大数据进行分类的数据保护，根据价值范畴的不同将教育大数据划分为不同类型的数据，根据安全等级不同实施不同级别的保护。通过设定数据的安全等级，明确治理目标，分析安全盲点，降低数据泄露风险[3]。对于重要数据的传输和存储应采用严格的加密技术，保证数据安全。

建立基于集中实施的病毒防护体系，实行整体网络统一策略、定期统一升级、统一控制的管理方式，对检测和截获的各种高风险病毒进行技术分析处理，提供相应的报表和总结汇报。按照相关规定对使用的密码算法和密钥进行管理，对信息系统中以密码为基础的安全机制分等级管理，制定定期更换密码策略。

针对教育系统运行特点，各单位应制定相应的备份和恢复策略，形成备份策略文档，明确说明需定期备份的重要业务信息、系统数据及软件等内容和备份周期，确定重要业务信息的保存期及其需要保存的归档副本的保存期。定期检查备份介质，定期测试恢复程序，指定专人负责数据备份和恢复，并采用热备份方式保存数据，定期执行数据增量备份和应用环境的离线备份。对关键区域应建立全冗余硬件部署，包括网络设备、存储设备、服务器设备。

发生入侵、病毒破坏、非法访问等安全事件后，依据事件对本系统的破坏程度、造成的社会影响及涉及的范围确定系统安全事件处置等级，建立数据安全事件分级响应、处置制度。建立切实可行的应急处理流程，指定专人负责应急计划和实施恢复计划管理工作，各级信息安全管理人员应负责具体落实、检查和验证应急计划和灾难恢复计划，保证计划能够有效执行。

2.2 教育大数据的隐私保护

我们的学校正在被数字世界所包围，平板电脑、智能手机、电子书阅读器、学习平台、移动 App 等正在持续“侵入”学生的日常生活和学习。这些数字技术带给学生便利学习的同时，也让学生的隐私暴露的风险大大增加。近年来，网络上已有不少有关公司侵犯学生

[3] 代欣. “大数据”环境下高校信息安全探索[J]. 信息技术与信息化，2015，(3)：12-13.

隐私的报道，引起社会大众的广泛关注。作为家长，或许也曾收到过推销学习产品甚至敲诈勒索的短信或电话，问题就出在孩子的信息已经不知不觉地被不法分子“盗窃”。

可以说，学生数据的隐私保护是教育大数据应用面临的首要挑战。美国的教育大数据服务机构 inBloom 仅仅运行了 15 个月便关闭，主要原因便是教育数据开放过程中泄露了学生隐私，遭到家长强烈反对而被迫关闭。为了加强教育大数据的隐私保护，除了完善教育数据的安全存储技术与管理机制外，建议采取如下措施：

2.2.1　加强教育数据隐私保护方面的立法

客观地说，我国在保护学生隐私方面的法律体系还不完美，与发达国家相比，仍有一定的差距。虽然部分法律（如《中华人民共和国未成年人保护法》）也明文规定“任何组织或者个人不得披露未成年人的个人隐私”，但仍比较模糊，缺乏具体的、可执行的配套法律条款和执行办法。

美国通过联邦和各州的立法严格保护学生隐私方面的做法很值得借鉴[4]。《家庭教育权利与隐私法》《学生权益保护修正案》及《学生在线隐私保护法》由联邦政府颁布，用于保护学生隐私。除此之外，2014 年美国已有 21 个州签署了 30 个法案用于保护本州的学生数据隐私。

我国应加快制定教育数据隐私保护方面的法律法规，明确规定教育数据允许使用的范围，以及教育数据提供者、使用者、运营者、管理者等各自的权责，同时制定清晰明确的、便于执行的惩罚条款。鼓励各地教育主管部门结合自身实际，制定完备的数据管理制度和执行条例，确保数据使用过程中数据的隐私与透明度的合理性。

2.2.2　建立国家教育数据隐私保护技术服务体系

为了应对数据隐私挑战，除立法外还应成立国家教育数据隐私保护技术服务体系。依托国家教育管理信息中心、中央电化教育馆等国家教育信息化管理机构，成立国家教育数据隐私保护中心，各省、市下设相应的数据隐私保护中心，全面支撑各级各类教育机构的数据隐私保护。

教育数据隐私保护中心的主要职责包括：提供一系列技术工具、资源、支持产品与专门服务来帮助保护学生数据系统的隐私性、安全性、机密性内容；为各种教育数据系统提供数据安全、隐私保护方面的咨询与技术支持；协助各地解决学生数据隐私方面的突发性

---

[4] 郑燕林， 柳海民. 大数据在美国教育评价中的应用路径分析[J]. 中国电化教育， 2015，（7）： 25-31.

问题；分享教育数据系统安全隐私保护的有效实践案例；通过举办培训、讲座等多种形式，对社会公众进行教育数据隐私保护方面的基础知识教育。

2.2.3 提升相关人员的数据隐私保护意识和能力

不管政府、教育主管部门、学校，还是家长、学生，在教育数据隐私保护方面的意识和能力都亟待加强。

建议将学校的教育数据隐私防护能力纳入校园安全评价体系，同时将教育数据隐私保护作为重要指标纳入区域教育信息化发展评价体系。在全国各级中小学网管培训、校长信息化领导力培训，以及教师信息技术应用能力培训中，也应加强教育数据隐私保护方面的内容，切实提升广大教育工作者的数据隐私保护意识和能力。教育信息化产品的采购也应将教育数据隐私保护作为重要评判指标，对于数据安全防护不达标的企业产品，严格禁止进入政府采购范围。

学生作为教育数据的重要生产者，应知晓数据泄露的危害，以及常见的隐私数据保护措施。一方面，学校应定期开展有关数据隐私保护的宣传活动，说明教育数据泄露的危害，激起学生和家长的数据隐私保护意识；另一方面，建议在中小学信息技术课程中增加单独的数据隐私保护专题模块，教会学生一些实用的、基本的隐私保护技术，切实提高每位学生的数据隐私保护能力。

2.3 教育大数据的融通共享

我国早期教育信息化的发展属于“无序叠加模式”，即缺乏系统的、强执行力的顶层设计与规划，导致各区域在发展过程中盲目建设了大量应用系统，而多数建成后处于“沉眠”状态。由于缺乏信息化顶层设计和统筹规划，难以形成区域特色的教育信息化发展模式，系统孤岛问题依旧存在。区校各应用系统之间难以实现基础数据交换与共享，校际之间难以实现优质教学资源共建共享。

总体而言，当前的教育管理信息化系统无论在横向（不同类别的系统，如教务、学籍、人事、财务等系统）还是纵向上（不同级别的系统，如学校的学籍系统、区学籍系统、市学籍系统等）都缺少标准化的、统一的建设、部署与管理，严重阻碍区域教育管理信息化的深层次应用推进。

基于云计算技术构建区域综合服务平台（大平台），是区域教育信息化发展的重要趋势。

为了促进全区教育信息的无缝流转与数据共享，需要对区域内现有的应用系统和新开发的应用系统进行底层数据的整合及前端应用服务的统一。底层数据整合是大平台完美集成的关键，可以通过建立数据流通共享的教育数据中心来实现。前端应用服务整合是系统集成的重点，可以通过个性化的门户系统来实现。

2.3.1　底层数据整合

教育数据中心是综合服务平台数据化的核心模块，是大规模数据存储和信息流通的中间节点，为系统集成和各个系统之间的数据共享提供平台，保证数据的及时性、完整性和一致性（见图 6-7）。向下从数据源集成数据并保持更新同步，成为各个应用系统之间的共享数据通道；向上作为智能统计分析服务的数据源，提供从各个应用系统集成过来的共享数据。

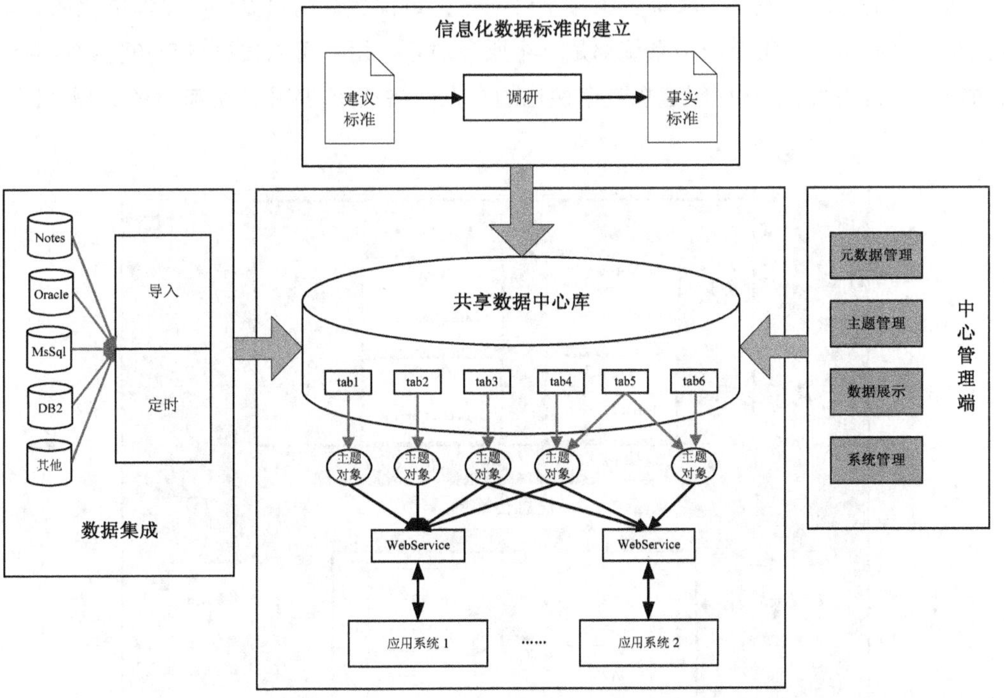

图 6-7　教育数据中心系统架构

不同的教育应用系统间底层数据结构的差异性导致了教育信息在不同应用系统间的流通困难，因此，教育数据中心的核心业务就是要根据需要不断采集各个应用系统的数据信息，将全区教育部门需要共享的数据进行集中存储和集中管理，方便不同业务部门共享教育信息。需要说明的是，原有系统的建设由于没有遵循相关教育信息化标准，因此必须开发独立的代理程序接口，实现与数据中心的标准数据交换；新建系统统一采用 Web Service 技术严格遵循教育信息化标准进行建设，因此，在数据交换方面不需要进行格式转换，直接传递给教育数据中心。

教育数据中心包括若干主题数据库，包括学校信息库、教职工基础信息库、学籍库、教师教学及成长信息库、学生学习与成长信息库、课程库、试题试卷库、成绩库、科研库、资源库、教材库、公文库、设备资产库、财务库等。各主题库中又可以包括若干细分的子主题库，主题库中有若干个数据表存储来自不同应用系统的数据。大数据中心应该具备的基本功能包括元数据管理、主题管理、数据采集、数据抽取与同步、数据交换、数据安全管理、角色与权限管理、日志管理及系统设置。

2.3.2 前端服务整合

从用户的角度出发，区域综合服务平台应该为每位教育用户提供高度集成化的、个性化的个人空间服务。每个应用系统都是一个服务对象，用户可以根据自身角色和权限对服务对象进行自由组合，从而组建极具个性化的个人网络空间。应用服务整合的原理如图 6-8 所示。

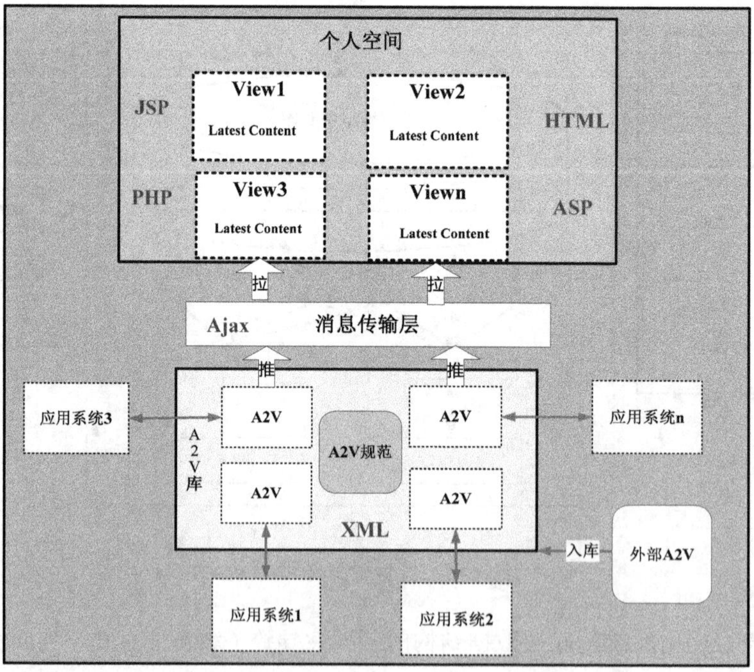

图 6-8 应用服务整合原理

个人空间由 n 个视窗（View）组成，每个视窗对应一个应用程序，负责呈现对应系统的最近更新信息，如 View1 是应用系统 1 的信息呈现窗口，当应用系统 1 发布最新信息时，及时将更新信息“推”出。View1 通过 Ajax 技术及时获取应用系统 1 的最新信息，将更新信息“拉”到前端界面。View 层可以随意拖拽，自由布局，布局的结果自动保存到后台数据库。每个应用系统要想与 View 通信必须按照 A2V（Application to View）规范定制 A2V 组件，所谓 A2V 规范就是一组按照特定格式定义的 XML 文件规范(原理同 RSS 规范类似)。A2V 组件同 RSS 种子类似，是一个符合 A2V 规范的 XML 文件，系统可以自动解析 A2V 并动态呈现对应的应用程序信息。综合服务平台中每个独立的应用系统都对应一个 A2V，外部按照 A2V 规范定义的应用程序（用户开发）也可以导入 A2V 库，并集成到个人空间中，满足用户定制其他个性化服务的需求。

2.4　教育大数据的质量管理

数据质量是数据分析结论有效性和准确性的基础，也是最重要的前提和保障。如果采集的教育数据质量有问题或者根本就是错误的，那么最终得出的任何结论都将“误导”教育实践。

2.4.1　教育数据质量的评判标准

（1）完整性：用于度量哪些教育数据丢失了或者哪些教育数据不可用。

（2）规范性：用于度量哪些教育数据未按统一格式存储。

（3）一致性：用于度量哪些教育数据的值在信息含义上是冲突的。

（4）准确性：用于度量哪些教育数据和信息是不正确的，或者教育数据是超期的。

（5）唯一性：用于度量哪些教育数据是重复教育数据或者教育数据的哪些属性是重复的。

（6）关联性：用于度量哪些关联的教育数据缺失或者未建立索引。

2.4.2　教育数据质量的影响因素

影响教育数据质量的原因有多种，既有技术方面的因素，也有管理方面的因素。一般来说，影响教育信息系统数据质量的因素主要有以下几种[5]：

（1）数据系统缺乏兼容性（System Non-interoperability），致使一个数据系统的数据不能在另一个数据系统中利用，需要经过重新录入、变换数据结构与参数等繁杂、重复的工作，不但浪费资源，而且可能导致数据录入错误。

（2）缺乏标准化的数据定义（Non-standardized Data Definitions），不同的数据提供商利用不同定义与表达方式呈现同一数据元素，使得不同区域、不同学校的数据没有可比性，而且也不能进行有效整合，在很大程度上影响到数据分析结果的准确性。

（3）数据本身的可用性不强（Unavailability of Data），有价值的数据不多或难以获取。

（4）针对同一数据元素，由于不同的数据提供者理解不一样，可能导致提供的数据并不具有一致性（Inconsistent Item Response），不利于同类数据的整合。

（5）数据缺乏时间持续性（Inconsistency over Time），不同的时间段收集的数据不一致。

（6）数据录入存在错误（Data Entry Errors），致使数据本身不准确。

（7）数据更新不及时（Lack of Timeliness），会影响数据的完整性与代表性。

2.4.3 教育数据质量保障措施

1）树立数据质量管理意识

数据是信息时代的宝贵资源，应该把教育数据当做资产一样对待。从传统意义上讲，信息系统的数据质量管理是 IT 系统本身的事情。但实际上，数据质量问题的形成，很多情况下是缺陷的工作流程和执行力不足造成的，如岗位职责不明确、数据源头不清晰等。因此，提高数据质量，不仅要考虑技术层面的问题，也要从管理层面入手。数据质量解决方法应该包括各业务的数据质量管理组织，以及数据质量管理业务流程再造的过程。

2）制定数据质量管理规范

在教育信息化建设中，应有意识地去提高各个层面系统使用者的信息技能和素质，尤其是使用系统的业务管理人员，把提高教育数据质量这项任务分解到每个业务人员身上。针对每个重要的业务系统，制定完善的数据录入维护规范，建立完善的数据负责制度，对数据提供方进行约束，在条件允许的情况下可以成立专门的组织和机构负责数据质量管理工作。一般来说，在重要业务系统的教育管理部门内部，设立专职或兼职数据质量管理岗位是一个较好的解决办法，其工作职责包括定期监控本系统教育数据质量状态，编写现有教育数据质量问题报告，协助 IT 部门完成教育数据标准的整理修正，提出系统数据质量方

[5] 郑燕林，柳海民. 大数据在美国教育评价中的应用路径分析[J]. 中国电化教育， 2015（7）： 25-31.

面的修改建议等，做好教育数据质量的管理工作。

3）运用数据质量检查工具

对于早期开发的教育业务系统，由于对其修改成本较大，从系统层面较难对用户进行约束。对于这种情况，技术人员应开发、运用数据质量检查的自动监控工具，及时发现数据质量问题，确定责任人，并予以纠正。数据质量问题发现越早，纠正的成本就越低。

2.5　教育大数据的运营模式

随着公共数据开放战略的推广和实施，越来越多的公共部门加入到开放数据的大军当中。教育数据作为公共数据的重要组成部分和基础内容，预计其开放的范围和程度将会越来越高。支撑教育大数据的信息化处理、数据储存、后期维护等工作所需的经费投入，也会给教育主管部门、学校、在线教育培育机构等带来较大的经济压力。选择一种合适的教育大数据运营模式就显得极为重要，它是保证教育大数据良性发展的重要前提，也是提升教育数据服务水平的重要保障。

随着教育主体职能的明晰化、教育行业的细分，教育大数据的运营模式将呈现出多元化的态势。一方面，由于教育行业具有特殊性，属于公益性、民生领域的重要行业，且教育数据相对敏感，所以，教育大数据的运营主体应该是教育主管机构，具体运营模式可以采取多种灵活方式，如购买第三方服务，或者委托具有一定资质和保障能力的机构代为运营。另一方面，由于教育数据中的一部分数据在指定的范围内是可以公开的，能被特定用户查询访问，因此，存在较大的商业价值。

如图 6-9 所示为教育大数据的四大运营模式。

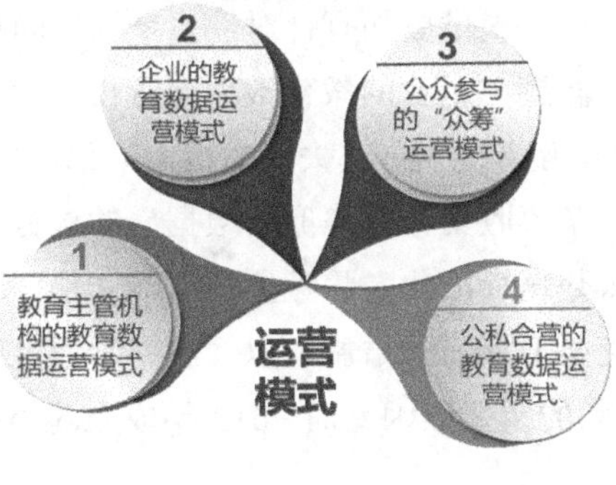

图 6-9　教育大数据的四大运营模式

2.5.1 教育主管机构的教育数据运营模式

（1）非盈利的教育数据。“自由和免费”是公共数据开放的原则，教育数据开放不仅是教育主管机构加快信息公开的有力推手，也是促进教育公共服务发展模式创新和推动教育改革创新的难得机遇。教育主管机构在保证个人隐私和安全的基础上可以适度、适时免费向社会开放部分教育数据。

（2）教育数据的商业再利用。教育主管机构可以对一些价值度较高的教育数据利用商业模式，对开放数据进行再度开发利用，进而为用户提供增值服务。免费开放的教育元数据有时候对于公众而言参考价值不大，若教育主管机构运用其所掌握的技术优势和跨部门资源共享等优势，对教育数据进行二次加工，可以为公众提供更有价值的服务。因此，教育主管机构可发展具有特色的定制服务和产品，通过 B2B 或 B2C 的模式为用户提供增值服务，并收取相关的合理费用。此外，还可创建“数据再利用应用池”机制，汇集社会各界对教育开放数据的开发应用（付费或免费），从而调动公众参与教育的积极性，鼓励产业创新[6]。

2.5.2 企业的教育数据运营模式

国内更多关注的是互联网在线教育行业的运营模式，如 B2C、B2B2C 等多种模式。企业的教育数据运营模式强调的是如何利用教育数据这种新资源去盈利、去提升竞争力和抢占市场。过去几年，在线教育领域发展的一种趋势是行业巨头和投资人持续加大投入，拓展业务；另一种趋势则是众多创业者对在线教育进行细分，努力寻找新的“蓝海”。

两种发展方向催生出两大教育大数据营运模式，一方面是以淘宝、百度等巨头为代表的平台化运营，对平台上的各种教育机构所提供的教育数据进行整合，提供更加体系化、全流程的教育服务；另一方面是以粉笔网为代表的精细化运营，对在线课堂、学生管理、题库等教育数据进行深度挖掘，提供更加有针对性、个性化的教育定制服务。

但是，我们也要清醒地看到，企业的教育数据运营模式存在着较大的政策风险和市场风险。以美国 inBloom 公司的倒闭为例，其失败的很大一部分原因在于其商业模式的失败，它的经营模式简言之就是一条“收集数据—兜售数据”的数据渠道，从不同的学校收集学生数据，经过加工处理使得数据标准化，将数据分享给其他需求者。此外，对数据隐私和数据安全两大“短板”缺乏必要保障的措施，以及忽略了通过提供用户端软件与用户进行“交互”的过程，也是其倒闭的重要原因。而 2012 年成立的小型创业公司 Clever，运用一

[6] 电子信息产业网. 法国探索公共数据开放良性发展新模式[EB/OL]. http://cyyw.cena.com.cn/2014-08/05/content_236397.htm, 2016-02-01.

个独立的 API 与第三方应用链接海量学生信息，它本身并不存储数据，只是让数据更容易被教育软件开发商获取。到目前为止，已有 18000 多所学校与 Clever 签约，而且没有出现公众质疑。

2.5.3 公众参与的“众筹”运营模式

“众筹”是一种新兴的商业运营模式，即大众筹资或群众筹资，以公众参与为核心的运营模式。随着信息时代公众参与社会治理的积极性不断升级，众筹模式已经开始被应用到公共服务和社会治理领域，公共服务模式也从政府主导的“G2C”模式向公众主导的“C2G”模式转变。在教育领域，众筹运营模式的应用前景十分广阔。例如，美国的公立学校一向以教育经费少、师资缺乏、学生素质差著称，DonersChoose.org 对此搭建了一个类似公益网站的平台，允许公立学校的教师们上传改善自己学校条件的项目，用户通过平台自由选择资助对象[7]。

在大数据时代，随着数据“资产观”的广泛认同，以数据为核心的“众筹”将是一种新的渠道和路径。教育作为公共服务的重要组成内容，在教育大数据运营中可以尝试引入以众筹为代表的“众包”服务模式。教育是覆盖全社会不同主体、不同领域、不同行业的公益性活动，需要调动起各类主体参与建设的积极性。教育主管部门、学校及其他教育培训机构等只是教育产业链中的一小部分，随着全民教育、终身教育理念的普及，以家长、学生等普遍公众为主的全民才是教育产业链中的真正主体，更是教育大数据的主要来源。如何发挥普遍公众的“长尾”效应，充分发挥公众在教育大数据中的作用，让公众变为教育大数据的“数据源”，形成数据“众筹”服务模式，是未来教育大数据运营的创新点。

2.5.4 公私合营（PPP）的教育数据运营模式

（1）特许运营。随着教育数据的快速增长，其体量的巨大化、结构的复杂化、处理速度的快速化等专业技术要求越来越高，一般的政府或学校的信息化支撑部门，已经不能完全、高效地满足教育部门对教育数据的应用和管理需求。这时，政府部门就需要借助企业等市场力量，采用第三方委托方式，与更有技术优势、内容优势的企业进行合作，使教育数据运营管理效益最大化。

（2）数据“捐赠”。企业通过参与教育信息化项目建设、运维、教育培训等也会创造和

---

[7] 翟葆光. 用科技撬动臃肿传统的政府职能[EB/OL]. http://www.pingwest.com/crowdfunding-public-projects/, 2016-02-02.

收集一些数据，并对其进行挖掘分析形成新数据，这些数据将会作为企业的重要资产，而政府公共部门可能接触不到相同规模、质量或频度的此类数据。为进一步建立资源共享、互惠共赢的合作关系，政府公共部门会和企业进行合作，企业向政府“捐赠”数据，政府获取这些数据资产的使用权后得以掌握更加全面的数据。在教育领域，随着互联网在线教育规模的扩大和领域的细分，企业掌握的教育数据资源会越来越多，价值会越来越高，特别是在帮助教育主管部门制定教育决策、改善教育环境等方面，企业可以在保障用户隐私的前提下将教育数据“赠予”教育主管部门。这种“捐赠”方式的公私合营运作模式可以有效弥补单纯以营利为目的的企业和非营利的政府部门间的合作空白。

03 Section 区域教育大数据的发展规划

3.1　建设目标

国家教育大数据以管理类教育数据为核心，侧重从宏观层面为教育改革与发展提供更多、更好、更准的数据决策支撑。区域教育大数据的建设除了要服务教育管理与决策外，还应服务教学质量的提升，以及教师的专业发展。因此，从某种程度上来看，较之国家教育大数据，区域教育大数据的建设更加复杂，更加贴近一线学校、师生的实际需求。

区域教育大数据的建设应以构建立体化的区域教育数据网络为核心，覆盖全区各类学校及相关管理机构的各项数据业务，形成全区教育数据动态实时的采集、交换、共享与更新机制，为区域教育现代化事业的发展提供全面、可靠的数据支撑服务。

3.2　重点任务

区域教育大数据的建设应积极纳入各地的教育信息化“十三五”发展规划，作为其中的重点工程进行打造。建设的重点任务包括：①建设统一的区教育数据中心，汇聚每所学校产生的各类基础教育数据；②建立一套服务全区教育数据采集、处理、分析、管理与应用的规范化流程、标准与制度；③建立一支专业素质高、结构合理、分工明确的区域教育大数据管理队伍；④探索多种教育数据的创新应用模式，发挥数据在促进区域教育公平、教育资源均衡配置、个性化教学及教师专业发展方面的重要价值；⑤建立区教育数据的合理开放机制，吸引更多社会机构参与教育数据的治理与相关工具服务的研发；⑥开展数据素养专题培训，提升教育管理者及广大教师的数据意识与伦理道德、数据定位与采集能力、数据分析与解读能力及数据反思与决策能力。

3.3 实施原则

区域教育大数据的建设是一项系统工程，应坚持如下基本原则：

（1）统筹规划，分步实施。区域教育大数据建设应结合不同区域的实际情况，依据教育整体发展战略与需求进行统一规划，“有重点、按计划、分步骤”逐步推进，保证数据采集与管理体系的完整性、灵活性与可扩展性。

（2）需求驱动，融合创新。教育大数据的建设应以教育需求为出发点，采集哪些数据、搭建哪些平台、制定哪些机制，都要围绕教育的现实需求，以及未来发展需求来整体设计，利于推动区域教育信息化向融合创新阶段发展。

（3）安全为基，递进升级。高度重视教育数据的安全与学生隐私保护，任何信息设备与系统的安装、集成与部署，都应进行严格的数据安全等级评估。同时，为满足教育业务发展的需要，应逐步升级完善教育大数据平台技术，以及相应的管理机制。

（4）上下联通，开放扩展。区域教育大数据建设，一方面应考虑与上级教育数据系统的联通，满足上级管理部门对区教育数据采集与更新的需要；另一方面，应保证自身体系具备足够的灵活性和开放性，提供规范的数据开放接口，能够快速集成第三方提供的数据应用。

3.4 实施路径

严格来说，区域教育大数据的发展并没有统一的建设模式和实施路径。然而，我国教育大数据的发展整体处于起步阶段，缺少可供参考的实践案例和经验。为了进一步促进国内区域教育大数据的发展，接下来将对区域教育大数据的实施路径进行概要设计，期望能起到一定的指导作用。

区域教育大数据的发展是一个从低级向高级发展的过程，其建设与应用推进大体可分为 4 个阶段（见图 6-10）。这 4 个阶段发展重点不同，但又不是绝对分开的，发展任务之间存在一定的交叉和重叠。

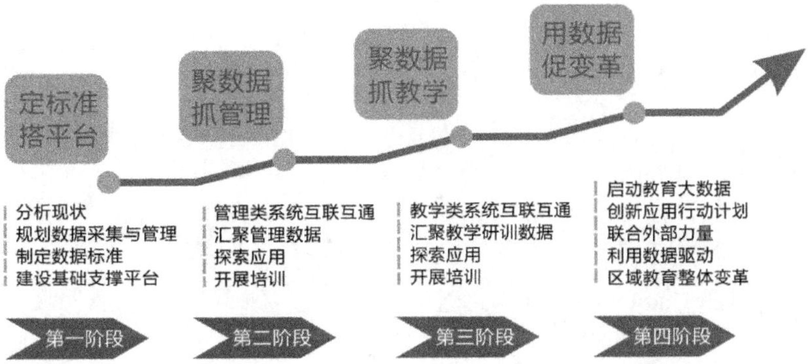

图 6-10 区域教育大数据实施路径

第一阶段：定标准，搭平台。全面梳理分析全区现有各种教育信息化应用系统，结合区域教育发展战略与实际需求，规划教育数据的采集范围、技术与机制。综合全国、省、地市现有教育信息化标准，制定区域教育大数据建设标准。应用云计算技术，建设区域教育数据中心基础支撑平台。

第二阶段：聚数据，抓管理。打通数据中心与各个管理应用系统之间的数据传输渠道，重点实现各类教育管理数据的规范化采集、存储、共享与分析。实现与国家、省等上级管理信息系统的互联互通。积极探索基于数据的教育管理模式变革，研发教育决策支持、教育质量检测、教育发展评估等数据应用系统。开展面向教育管理人员的数据素养提升专题培训。

第三阶段：聚数据，抓教学。打通数据中心与各教学、教研应用系统之间的数据传输渠道，重点汇聚教与学及教研培训过程中的各种有效数据。应用教育数据挖掘、学习分析、可视化等关键技术，研发促进学生个性化学习、教师个性化发展的各种应用系统与智能工具。鼓励教师探索大数据在促进教学方面的创新应用模式，积累优秀案例并分享。开展面向教师、教研员的数据素养提升专题培训。

第四阶段：用数据，促变革。根据前几个阶段汇聚的海量教育数据，以及在管理、教学方面积累的数据应用经验，启动教育大数据创新应用行动计划。引入外部高水平的科研团队和智囊团队，全面探索、推广大数据在促进区域教育发展与变革方面的应用模式与实践案例，形成全区利用数据开展教育管理、决策与教学活动的文化，实现数据驱动下的区域教育的成功变革。

第 7 章
Chapter 7

教育大数据的产业发展

- 我国的教育大数据产业正在兴起。调研发现，教育大数据市场主要有六大类产品，存在七大问题，呈现八大发展趋势。

- 六大类产品分别是教育管理类、高考服务类、家教匹配类、练考测评类、综合服务类及课程教学类。

- 七大问题分别是产品同质化现象严重；数据采集端与应用端的专业服务商偏少；尚未建立公认的相关行业标准与规范；缺少有影响的应用实践案例；构建的数据分析模型的科学性有待提升；教育数据管理运营机制与制度尚未建立；教育大数据专业人才缺乏。

- 八大发展趋势分别是教育数据采集与深度分析成为各应用系统的必备功能；教育大数据产品体系更加丰富、多样化；教育大数据产业链分工更加精细化、服务更加专业化；教育数据安全与隐私成为产品质量评估的核心指标；越来越多的企业寻求与高校、科研机构及中小学校的深度合作；高校纷纷加强教育大数据技术课程体系建设和人才培养；教育数据走向有序开放；出现提供专业教育数据质量与安全评估服务的第三方社会机构。

01 Section 教育大数据的产业基础与生态圈

1.1 教育大数据的产业基础

我国的教育大数据产业正在兴起，具有良好的发展基础：国家提供了良好的政策环境、行业企业已有多年的技术积累、教育管理部门与学校有强烈的需求。

1.1.1 国家提供了良好的政策环境

2015 年 12 月 27 日教育信息化被正式写入《中华人民共和国教育法》，标志着我国教育信息化事业进入新的历史阶段，从此有了国家法律的根本保障。教育大数据建设是教育信息化的重要组成部分，早在 2012 年教育部印发的《教育信息化十年发展规划（2011—2020 年）》中就明确指出“要建立数据采集、交换共享、管理与应用的技术平台与工作机制，建立教育管理信息安全保障体系，衔接各级各类教育管理信息系统与基础数据库，实现系统互联与数据互通，建设纵向贯通、横向关联的教育管理信息化体系”。

2015 年 9 月 2 日，教育部办公厅印发《关于“十三五”期间全面深入推进教育信息化工作的指导意见（征求意见稿）》，提出“要实现学生学习过程、实践经历记录的网络学习空间呈现，依托网络学习空间逐步实现对学生日常学习情况的大数据采集和分析，优化教学模式”。2015 年 9 月 5 日，国务院正式发布《促进大数据发展行动纲要》，提出“推动大数据与云计算、物联网、移动互联网等新一代信息技术融合发展，探索大数据与传统产业协同发展的新业态、新模式”，规划了十大大数据工程，并在“公共服务大数据工程”中明确提出要建设教育文化大数据”。

上述政策文件与规划建议的发布，进一步明确了教育大数据的战略地位，体现了国家意志，为国内教育大数据产业的蓬勃发展创造了有利的政策环境。

1.1.2 行业企业已有多年的技术积累

随着大数据在全球的兴起，各种相关设备与技术厂商纷纷转向大数据市场，推动了全球大数据产业的发展。IDC 预测中国大数据技术与服务市场将会从 2011 年的 7760 万美元快速增长到 2016 年的 6.16 亿美元。

随着国家教育法律文件的修订完善，教育培训市场将逐步放开，在线教育正迎来前所未有的发展机遇。根据艾瑞咨询的分析，2017 年中国在线教育市场规模将达到 1733.9 亿人民币，年均增速约为 20%。

当前，大数据已成为在线教育行业最“时髦”的词汇之一。国内不少在线教育企业凭借多年来在内容、产品、服务等方面的积累，正在积极探索或计划涉足教育大数据相关业务。部分在线学习平台产商已经开始升级相关技术，基于大数据提供个性化的产品服务，如学习预警、学习诊断、资源推荐等。

此外，一批拥有数据存储、挖掘与分析等核心技术的 IT 企业，开始涉足教育大数据，为区域教育数据中心、教育云平台建设提供专业的数据存储与安全服务。一些终端设备与软件服务提供商开始关注高质量学习数据的自然采集，如点阵数码笔、拍照搜题等技术广泛应用。社会上还有一些专门从事数据分析的企业，凭借在数据分析领域的技术积累，开始进军教育数据挖掘与学习分析市场。

总的来说，教育大数据产业不是从零起步，大数据与在线教育行业力量的壮大及多年的技术积累，为教育大数据产业的蓬勃发展提供了基础支撑。

1.1.3 教育管理部门与学校有强烈需求

教育需求是推动教育大数据产业力量聚集与生长的根本动力。当前，我国教育综合改革正在进入深水区，减负、均衡、质量、公平等各种现实问题挑战着每位教育从业者的智慧。

教育管理部门迫切需要全面、动态、实时掌握所属辖区的教育发展状况，继而进行针对性的政策调整和资源调配，采取恰当的干预措施，保证区域教育事业的顺利推进。越来越多的教育管理者意识到发展教育大数据的必要性和迫切性，亟须行业能够提供高质量的专业教育数据管理产品与应用服务。

各级各类学校面临考试招生、教学质量提升、人才培养模式转型等诸多挑战，过去单靠经验的传统校园管理模式已经无法适应信息时代的需求。如何利用大数据驱动学校的组织变革、教师的精准教学以及学生的个性化高效学习，成为每所学校、广大师生亟须解决的现实难题。学校迫切需要企业提供个性化的专业数据分析与应用服务，促进学校教学质量的全面提升与自身的特色化发展。

1.2　教育大数据的产业生态圈

教育大数据产业以教育数据采集为基础，以教育数据挖掘分析为核心，以教育数据应用服务为目的，最终实现教育信息化事业稳步健康发展。教育大数据产业是一个复杂的生态系统，涉及方方面面，由众多相关机构和用户组成。其中，涉及的关键角色包括基础设施提供商、数据采集提供商、数据挖掘与分析提供商、数据应用服务提供商、数据安全提供商、最终用户、教育行政部门及教育大数据标准研制单位（见图 7-1）。在此生态系统中，每种角色承担不同的职责，彼此之间又存在上下游的业务关系。

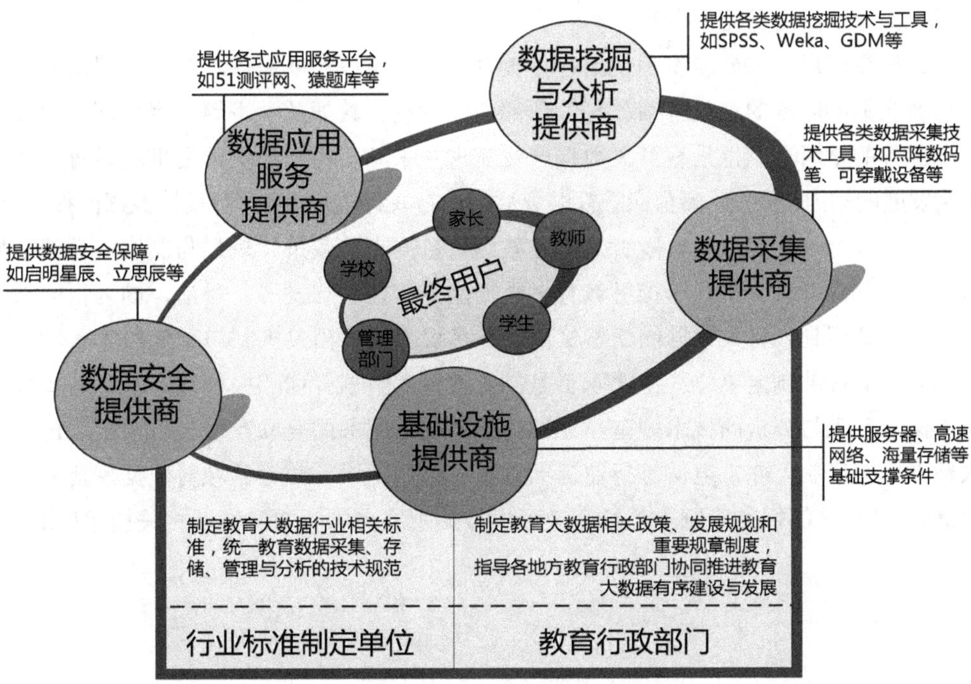

图 7-1　教育大数据产业生态圈

（1）基础设施提供商：主要职责是为教育数据中心，以及各应用平台的建设提供服务器、高速网络、海量存储等基础支撑条件，由传统的电信运营商、IaaS 层云计算产商等提供专业服务。目前，市场主流的开放大数据产品有 Hadoop、MapReduce、Apache Spark 等。

（2）数据采集提供商：主要职责是提供专业的教育数据采集工具与采集方案，实现对教育活动中的各类数据的全面、实时采集。线上数据的采集比较容易实现，线下数据的高速、自然采集是教育大数据产业发展的重点。目前，市场上主流的教育数据采集设备包括试卷扫描仪、点阵数码笔及各类传感器等。

（3）数据挖掘与分析提供商：主要职责是提供专业的教育数据挖掘与分析服务。目前，市场上具备专业教育数据挖掘与分析能力的企业还不多见。当前，国内一些长期从事商业智能分析的企业开始涉足教育大数据挖掘，国内 IT 巨头（如百度、阿里等）也在结合自身在线教育业务开展教育数据挖掘与分析方面的探索。

（4）数据应用服务提供商：主要职责是提供各种前端的数据应用服务，如可视化分析、个性化诊断、学习资源与路径推荐等，目前主要由学习平台、管理平台、资源平台等业务系统提供商提供。整体来看，很多教育平台提供的数据应用，无论从服务数量还是质量上来看，都有较大的提升空间。

（5）数据安全提供商：主要职责是为教育数据的采集、存储、管理与应用提供安全保障技术和服务，主要由传统领域数据安全厂商（如立思辰、启明星辰等）提供专业服务，包括网络安全、数据存储安全等。

（6）最终用户：主要职责是使用各种教育大数据服务，并提供及时的反馈信息。教育大数据产业最终服务的对象包括教育管理部门、学校、教师及学生等。用户既是教育大数据产业服务的享用者，也是教育大数据产业需求的来源。用户的反馈是推动教育大数据产业持续发展的动力，相关厂商都应重视服务质量的自我评价，以及用户反馈数据的搜集分析。

（7）教育行政部门：主要职责是制定教育大数据相关政策、规划与制度，督促指导所辖教育行政部门、教育机构等推进教育大数据的有序建设与发展。目前，国内很多教育管理部门已经意识到教育大数据的战略价值，并在积极推进相关机制与制度的建立。

（8）行业标准制定单位：主要职责是制定教育大数据行业相关标准，统一教育数据采集、存储、管理与分析的技术规范，促进行业产品与服务的互联互通。目前国家已正式启动大数据标准研制工作，电信等行业标准也在积极制定中。教育领域对数据规范的要求更高，需要 CELTS 等标准研制单位结合教育大数据发展需求新增或修订相关技术标准。

02 Section 基础教育大数据产业现状与问题

经过近几年的发酵、酝酿与探索，大数据开始在电信、金融、交通、农业等行业快速发展。随着国家大数据战略的实施与推进，较为“顽固”的教育行业也开始张开双臂拥抱大数据，越来越多的企业加入教育大数据产品与服务的研发中。目前，市场上已经出现了不少教育大数据相关产品（如题库类、适应性学习平台类、学习预警类等），用户规模也在逐步扩大。可以说，当前国内教育大数据行业快速发展的“苗头”已经初显。本书调查结果显示，绝大多数调查对象（97.89%）认为国内基础教育大数据市场发展前景巨大，仅有2.12%用户持悲观态度。

2.1　基础教育大数据产品调查

2.1.1　调研目的

本次调研旨在了解国内基础教育大数据应用产品的发展现状、产品的数量和类型、产品的功能及面向对象等，让研究者、企业行业等相关人员对基础教育大数据市场有整体的认识和了解。

2.1.2 调研方式

此次调研主要采用了如下两种方式进行：

一是利用搜索引擎检索基础教育大数据产品。使用百度检索的关键字涉及“大数据”“教育&大数据”“教学&大数据”“学校&大数据”“学习分析&大数据”“大数据&产品”“大数据&企业”“大数据产业”等。为保证收集更为全面的样本数据，此次调研还对国内教育大数据企业及其相关网站进行归类、梳理，将相关教育大数据企业产品纳入样本范围。为保证检索结果的有效性，4 名具有一定专业基础的研究人员一起对检索结果进行了过滤、筛选与分析，对存在异议的产品进行了协商讨论，保证分析结果的一致性。

二是问卷调查方式，由用户推荐基础教育领域的大数据产品。问卷共包括 4 道题目，分别调查用户职业信息、请用户推荐几款基础教育大数据产品、请用户推荐几个从事基础教育大数据产品研发的公司及对有关基础教育大数据行业发展提出建议。共计回收 48 份问卷，有效样本 47 份。

基础教育大数据产品的评判标准如下：一是产品要服务于教育发展，具有教育价值；二是产品要应用大数据技术，如教育数据挖掘、学习分析等；三是产品要面向基础教育领域；四是产品已经正式上线，有实际应用客户。

依据上述两种数据调研方式对获得的产品数据经评判标准筛选，最终得到有效样本 84 个。

2.1.3 分析框架

在样本处理过程中，本调查将教育大数据企业产品名称及其匹配的基本信息进行了分类整理，并从产品类型、面向对象、发布时间 3 个维度设计了产品分析框架（见图 7-2）。

图 7-2 教育大数据产品分析框架

产品类型：通过对产品的整体把握，充分了解获取样本的功能，研究将产品划分为学生管理、高考服务、家教匹配、练考测评、综合服务和课程教学 6 种类型。

面向对象：在本次调研中，面向对象界定为产品的使用者，涉及管理者、教师、学生和家长。此外，关于某些产品面向多个对象的问题，分析时将进行重复统计。

发布时间：按照产品的上线时间进行标记分析，其中有 4 款产品找不到确切的上线时间。

2.1.4　分析结果

1）产品类型分布

调研获知，目前国内以作业帮和猿题库为代表的“练考测评”类大数据教育应用产品占 47%；通过采集学生在线行为数据服务课程教学、优化教学、实施个性化教学的大数据教育应用产品占 26%；为学生提供考前知识查漏补缺、个性定制及基于智能大数据的高考志愿填报等服务高考学生群体的产品占 10%；涉足其他教育相关领域，如学生管理、家教匹配及服务校园信息化的综合性大数据应用产品共占 17%（见图 7-3）。

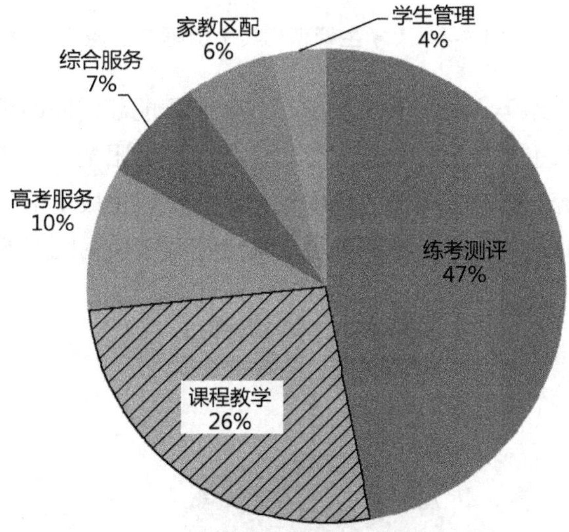

图 7-3　基础教育大数据产品类型分布

（1）“学生管理”类大数据产品。该类产品主要通过视频监控技术和数据分析技术，跟踪学生的学习及生活行为轨迹，采集学生的消费、出勤及学习成绩等数据，通过对数据信息的整合和分析，最终以可视化形式呈现学生的个性化成长轨迹，进行有针对性的学生管理。

①应用数据：“学生管理”类产品不仅具备校园日常的管理功能，同时也辅助教学及学生的日常生活。系统所使用的数据，既包括校园管理系统中学生的基本信息（姓名、班级、获奖、成绩、毕业等），也包括学生在校的日常生活数据（打水次数、出入宿舍时间、进出

图书馆记录数据等）（见图 7-4）。这些数据覆盖学生日常学习和生活的方方面面，为学校更加智能、高效地管理学生提供了支撑。

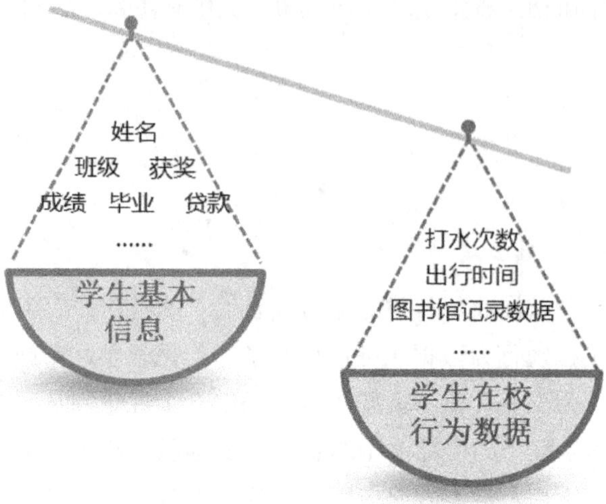

图 7-4 “学生管理”类大数据产品应用数据

②主要功能：“学生管理”类产品主要通过打破各职能部门间的数据信息孤立状态实现数据的分析、整合。其主要功能有识别定位失联学生、贫困学生、作弊学生、抑郁学生；揭示学生不同成长轨迹、提供优秀学生的学习生活规律、生成学情报告；通过学生数据分析预测学生成绩及就业，并对其潜在的挂科危险进行预警（见图 7-5）。

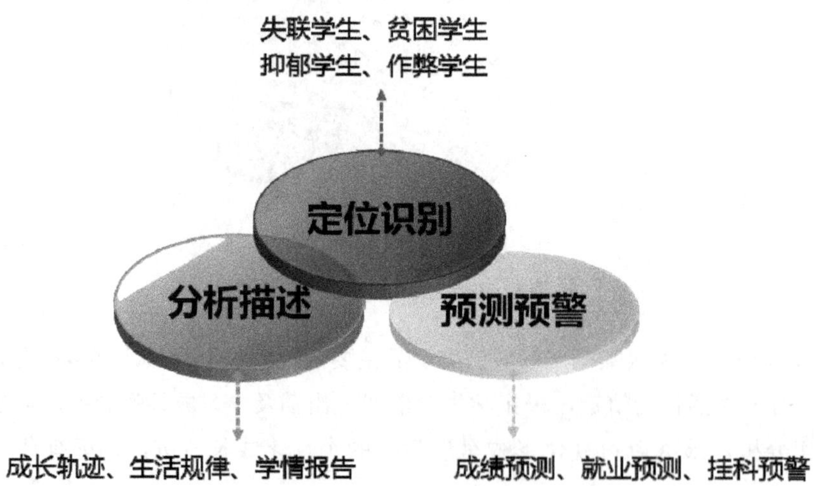

图 7-5 “学生管理”类大数据产品功能

案例 1：学生画像系统

学生画像系统是一套对在校学生成长进行检测和预警的管理系统。该系统通过对学生在日常行为中产生的数据进行深度分析，从而对学生个体或特定群体的基本信息、学习、生活、社交、实践情况进行精准化描述，揭示、比较学生个体或特定群体不同的成长轨迹。学生画像从学生心理健康、学生行为防范、学习状况预测、学生个性化辅导等方向对个体或群体开展精确预测预警，从而帮助相关职能部门了解特定群体的个性特征，引导学生的个性化发展，开展具有针对性的教学及管理，帮助学生更好地规划各自的学业和就业方向。学生画像系统有七大亮点功能：全面认识学生、定位失联学生、定位抑郁易感学生、定位宿舍“过宅族”、助力贫困关怀、成绩预测&挂科预警、毕业去向预测&失业预警。其中比较成功的挂科预警就是通过学生的学习基础及日常行为特征体现出的努力程度，综合分析并提前预测学生挂科可能性，并将挂科可能性较高的群体发送给辅导员，帮助他们提前引导，有效提升学生的学习成绩。目前，“学生画像”系统已覆盖两万余名本科生，极大地释放了高校的数据价值，为相关职能部门开展教学管理提供了定量化决策依据。

（上述内容根据 http://news.huaxi100.com/show-166-670540-1.html 改编）

案例 2：考场违纪智能视频分析系统

考场违纪智能视频分析系统是一个提供远程视频监控、智能分析考生行为和自动抓拍、自动切换屏幕、快速查询监控记录服务的智能监考管理平台。该平台可以实现监控过程的记录和抓拍、考场画面的压缩录制和存储（仅录制异常画面，可大大节省存储空间），对现有监控系统进行智能化改造，提升了整个监控系统的智能化水平。目前，该系统能够识别考生的突然站起、抛掷物体、俯身拾物、离开座位等可疑动作并对收集到的视频数据进行智能分析，保障考试的公平性。此外，考点用户既可以通过本地局域网对考场进行视频监控和分析，也可以通过互联网进行远程监考。招考办用户可以远程监考不同考点的多个考场。可以实时、事后查看全程监控录像、可疑行为记录画面。考场违纪智能视频分析系统的数据存储和传输均采用了加密手段，确保了数据安全，既可以适用于高考等大型考试，也可以适用于校园小规模考试。

（上述内容根据 http://www.seaskylight.com/docc/product-detail-38.html 改编）

（2）“高考服务”类大数据产品。“高考服务”类产品是近年来兴起并迅速发展的一类教育大数据产品，主要面向高考考生，提供了高考题目预测、模拟报考等功能。通过数据处理技术、人工智能技术及自然语言算法，进行数据分析与资源整合；同时根据学生的学习数据分析结果推送相应题目和知识点讲解，制定学习计划、优化学习路径，实现学习过程的自适应测评。此外，该系统还根据考生的个人信息进行个性化匹配，为考生选择合适的报考院校。

①应用数据：目前“高考服务”类产品主要收集国内院校录取分数线、学生考试、平时测试、院校录取信息、用户搜索数据及用户搜题数据等（见图 7-6）。

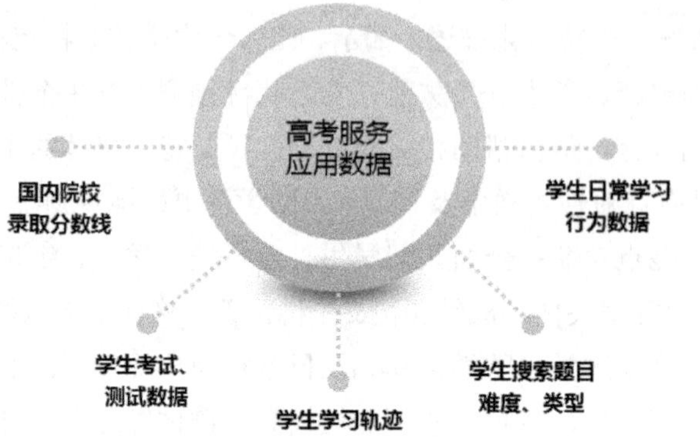

图 7-6 高考服务类大数据产品应用数据

②主要功能：“高考服务”类产品的功能主要涉及罗列知识考点、排查薄弱项、自适应智能学习、优化学习路径、模拟报考、高考估分、专业选择、错题统计、习题推送、志愿模拟填报等（见图 7-7）。

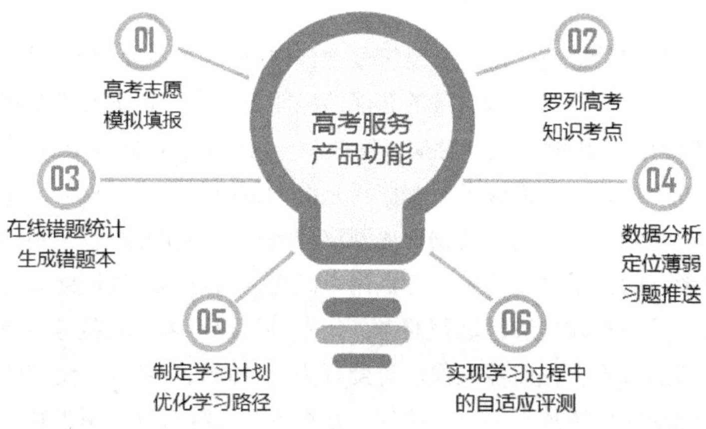

图 7-7 高考服务类大数据产品功能

案例 1：高考院校库

高考院校库是一款为高中生提供高考志愿填报服务的产品。使用百度搜索诸如“浙江大学”“北京大学”等知名院校时，搜索结果页面会出现相应大学的搜索卡片；单击卡片页面，则跳转到该学校的专题页面，包含高校概况、近几年录取分数线、报考专业、各地招生比例等报考信息。高考院校库通过搜索数据分析与资源整合，利用大数据与自然语言算法将搜索数据与个性化需求相匹配，为考生在估分、报考、专业选择上提供帮助。除了基本的报考信息外，院校库的最大亮点在于融合大数据，推出高校热搜榜，每月会根据网友搜索为各大高校进行“热度排名”，同时还可以谱写出该学校的相关数据图谱。例如，搜索“浙江大学”，数据图谱会自动生成“生命科学学院”“宁波理工学院”等搜索热度高的相关词，指导网友在了解学校信息的基础上，进一步对学校相关热点学院、专业及周边相关学校进行深度挖掘。此外，百度院校库将部分高校数据全面展示并且与地图产品对接，大家可以直接在了解院校信息的同时观看到食堂、宿舍、教学楼的外观，让学生对高校有更直观的视觉感受。目前高考院校库包含 1336 所院校信息，首期院校信息已基本覆盖全国 211、985 等重点高校。

（上述内容根据 http://www.chinaz.com/news/2014/0516/351815.shtml 改编）

案例 2：知心高考

知心高考是一款基于自适应测评的智能学习产品。该产品的主要理念是通过接入智能学习引擎，自动辨别弱项短板，对应技能缺陷，生成并推送只针对用户个人的 VIP 专属学习内容。其主要特色有三点：第一，满足简单自主学习需求的基础视频课程模块；第二，个性化智能在线学习产品：“知心”系列模块；第三，满足更为个性化的学习需求的“致赢”系列高端一对一辅导模块。目前产品内容覆盖 17 个考区，31 个省份；按照备考周期，将高考分为备考（7～12 月一轮复习）、冲刺（1～3 月二轮冲刺）、模考（4～6 月真题演练）3 个阶段，通过录播课程+直播课程+刷题+答疑+VIP 辅导，记录并分析学生做的每一道题及学习路径，对学习者的薄弱知识点及学习能力进行精准定位，推送薄弱环节知识点的讲解及练习，强化学习内容，直击考点，帮助其进行补偿式学习。

（上述内容根据 http://www.duozhi.com/company/201507283621.shtml 改编）

（3）“家教匹配”类大数据产品。“家教匹配”类产品是一种教育机构的 O2O 平台，它以社交互动为核心，采用数据挖掘及 UGC、LBS 等技术，主要面向广大师生和家长，利用海量数据进行师生匹配，满足基础教育学子的课外辅导需求，使学生和家长可以根据学习偏好，选择合适的学习资源和辅导教师；同时它根据地理位置和学习阶段，为教师寻找相应的生源。这种个性化的设置较大限度地满足了师生及家长的双向需求，搭建了双向的沟通桥梁，有助于打造更有价值、更高效率的课外辅导生态。

①应用数据：“家教匹配”类产品的数据主要涉及地理位置、用户信息、学生学习情况、性格、兴趣、培训机构、教师信息、执教时间、好评率、带学生数量等（见图 7-8）。

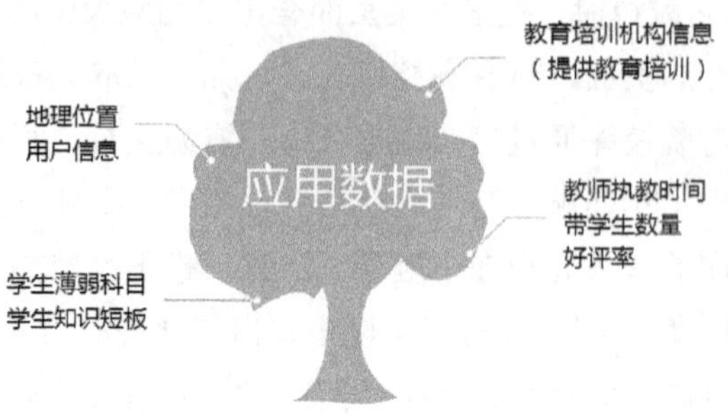

图 7-8 “家教匹配”类大数据产品功能

②主要功能：“家教匹配”类产品的主要功能是追踪学生数据，帮助学生和家长探寻最合适的老师，寻求专业助教，以实现教师和学生的优适匹配，为教师建立品牌，与学生家长建立连接，并根据地理位置推荐最方便学生学习的家教（见图 7-9）。

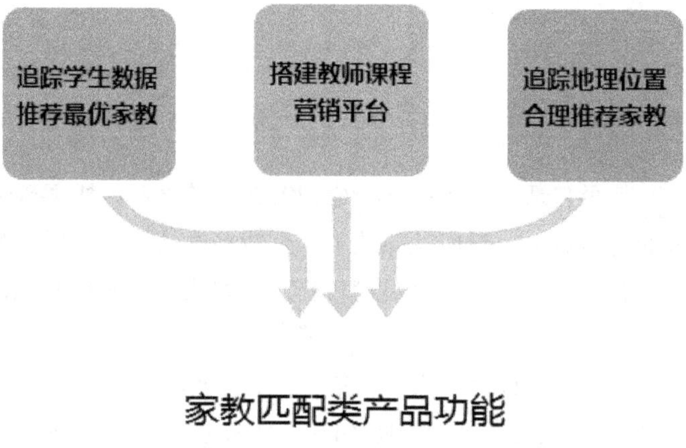

图 7-9 家教匹配类大数据产品功能

案例 1：跟谁学

“跟谁学”的定位是 O2O 找好老师学习服务电商平台，该平台通过跟踪每一位学员的个性化需求及偏好，通过海量数据挖掘实现高效、智能、精准的师生资源匹配，为老师及学生提供多种增值服务和学习工具，是一个专业、简单、智能、安全的高品质学习服务的第三方平台。该平台让学习变得更加平等、便捷和高效，让所有有知识、技能、才华的人都能够在“跟谁学”这个平台上成为老师，让所有学习者都能够在“跟谁学”这个平台上找到学习榜样，形成自己专属的有效的个性化学习解决方案。除此之外，跟谁学也在全力打造更富活力、更加健康的教育生态圈，力求结合自身的数据优势促进 O2O 教学市场的发展。“跟谁学”的强大在于它能够收集、存储、分析、挖掘、建模、使用海量数据，精准匹配老师和学生，精准连接人和服务，跨越了时间、空间、信息的不对称。产品上线一年多，用户达到 3000 万人，入驻老师 40 万人，入驻机构 5 万家，1000 个学习品类共计 100 万种课程，是目前全球最大的找好老师 App，是白领、家长、学生信赖的找好老师神器。

（上述内容根据 http://www.genshuixue.com/guide/about?a=about 改编）

案例 2：六一乐学网

“六一乐学网”是针对少儿学前教育和 K12 基础教育阶段的生活、教育服务平台。其科目类型涵盖婴幼儿早期成长、学前教育、音乐与乐器、体育运动与武术、美术绘画与雕塑、舞蹈与表演、智力科学与棋类、小学中学学科辅导的八大细分领域。在满足广大家长信息搜索和获取信息需求这一点上，可以理解为“六一乐学网”类似少儿教育垂直领域的“58 同城”，用户可以进行分类搜索查询。“六一乐学网”不仅能够满足广大家长学习、交流、预订和购买的需求，还可以帮助家长快速获得正确的少儿培训经验、知识和儿童成长教育路线图，使家长能够更理性地选择优质的适合自己的教育培训资源，也能够在孩子成长周期学习培训过程中，基于知识性、社交性、本地化的结合，帮助广大家长更好地跟踪学习过程，了解学习效果和及时地互动反馈，从而能对孩子的学习培训更放心、更满意。“六一乐学网”构建了一个服务多方机构、教师、家长和学生的互联网 O2O 教育平台，并涵盖学习互动社区和商城，高效、准确地促成教育资源的匹配和学习需求的满足，打造了一个少儿教育完整的产业链条和生态圈。其“分类搜索+社交+电商+UGC+LBS”5D 教育 O2O 创新模式开启了在线教育的模式创新重塑之路，更是对崭新教育互联网形态的重新定义。

（上述内容根据 http://www.ccidnet.com/2015/0508/9976524.shtml 改编）

（4）“练考测评”类大数据产品。“练考测评”类产品包含所有以“在线练习”“在线考试”“在线测试”“在线评价”为主要服务的教育大数据应用产品，主要面向国内基础教育，旨在帮助学生解决重难点题目。目前部分产品还提供了智能推送题目等功能，所用技术包括数据统计分析、图像识别、自然语言处理、光学识别技术、云计算技术等。

①应用数据：“练考测评”类产品数据主要涉及学生搜索题目类型、学生做题数据、学习时长、测试成绩、学生错题记录、学习成绩，学业信息档案、学生在线测试数据、题目难度、学生学习轨迹、学习时段等（见图 7-10）。

图 7-10 “练考测评”类大数据产品应用数据

②主要功能：“练考测评”为学校、教师、学生提供不同的服务。在教师层面，可以利用自身的资源优势，帮助教师生成个性化课件，实现因材施教；在学校层面，通过对教师“教”及学生“学”的数据进行全面分析及精准把握，提升学校教学管理水平，为教务管理提供一定的参考意见。在学生层面，通过收集学生学习方面的整体数据，对其知识薄弱点定位，以加强重难点的训练，为学生提供个性化的学习方案（见图 7-11）。

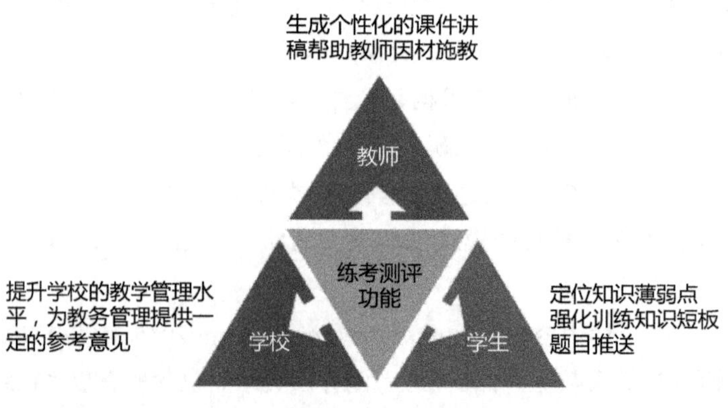

图 7-11 “练考测评”类大数据产品功能

案例 1：作业帮

“作业帮”是一款从拍照搜题出发，链接问、学、练的移动软件。“作业帮”致力于通过大数据，为用户打造一个完整的学习生态圈。这一生态圈以用户在“作业帮”拍题、练习等行为数据为基础，通过同步练习、学习诊断、在线答疑等产品功能，将老师、家长、学生三方串联起来，共同解决学习问题。其中，拍照搜题功能不只是解决用户的一道难题，更作为用户学习行为的数据入口。“作业帮”能根据用户的拍题数据，迅速判断用户的学年、拍题章节和考点。仅需 30 道题目的了解，就能建立起一个基本的用户学习能力模型。此外，“作业帮”可以清楚了解每一个用户的每一个学科、知识点的掌握程度，综合评估用户在学习过程中的各种问题和薄弱点，再因材施教、量体裁衣，让用户更加高效地学习。而大数据让“作业帮”更懂用户的薄弱点，也更懂答疑老师的专长。例如，“作业帮”通过前期数据，得出某个用户三角函数知识点薄弱的结论，同时又通过以往用户在各类题型下给答疑老师打分的情况进行汇总分析，确定某个老师非常擅长讲解三角函数题型。那么，当这名用户需要老师解答三角函数问题时，通过人工智能算法精准匹配，更专业的老师会被首先推送给这名学生。通过大数据，“作业帮”能真正做到“智能答疑”，让老师解答更合适的题，让学生找到更合适的老师。该产品上线两年，总用户量超过 8500 万，已经累计解决问题 61 亿次。

（上述内容根据 http://www.zybang.com/改编）

案例 2：智教慧学

“智教慧学”是基于点阵技术研发的作业纸笔批改系统，截至 2016 年一季度已辐射学生用户 15 万。该产品为普通教辅书（作业本）赋予生命，实现真正的智能教辅，不是扫二维码与视频的机械链接，而是教辅书与背后系统的完美结合。教师只需像平时一样在学生作业本上用点阵数码笔进行作业批改，作业分析报告随即呈现在教师手机端，也可以随时登录系统查阅更详细的分析报告，诊断学生作业中的难点、易错点及错误集中原因。系统同时会把学生典型错题进行归档归类，存储在本地，教师可以随时查阅编辑，迅速寻找学生在学习过程中的薄弱环节，增强工作的有效性。从作业中采集的数据比普通考试数据的非结构性更强，更能实时反映出教学上的不足和学生学习中的知识欠缺。家长端报告可及时反映孩子的学业质量，随时了解孩子的学习情况，让家长更理解孩子，更省心。很多时候，学生一次作业的成绩并不能说明任何问题。但是，如果将一个班级每位学生历次的作业成绩数据，甚至包括作业完成的过程数据全部采集到，便可以客观评估学生的整体学习效果、发现学习盲点、诊断教学难点，进而开展针对个性教学的个别化辅导，这时的作业数据便具有了“大”价值。

（上述内容根据 http://www.tstudy.com.cn/zh/product-details.html?id=221 改编）

（5）“综合服务”类大数据产品。“综合服务”类产品主要是指面向数字校园、智慧校园解决方案的一体化平台，其数据来源包括从学校或机构中获取的学生基本信息，以及学生在数字校园平台中的学习行为数据。产品可通过大数据技术对这些数据进行系统分析，协助教师根据学生个性化特征优化教学。

①应用数据："综合服务"类产品收集的数据主要包括学生学习数据、教师教学数据、学生生活数据、学生成绩考勤数据、"家长+学生+教师"交流数据、在线教育资源、学生成长档案等（见图 7-12）。

图 7-12 "综合服务"类大数据产品应用数据

②主要功能："综合服务"类产品旨在为整个校园提供智能的服务体系，其功能涉及校园管理、教学及学生学习生活的各个方面，如资源共享、校园管理、个性化教学、打造智慧教室、智慧学习、智慧教务、教学信息和教学分析管理、教学评价、资源再生、形成个性化成长档案、行为管理等（见图 7-13）。

图 7-13 综合服务类大数据产品功能

案例 1：全通教育“全课云”

全课云 1.0 智慧教育平台包括智慧教室、智慧学习、智慧社群、智慧校务、智慧安全、智慧云、智慧大数据和智慧家庭 8 个模块，具有智慧教室打造教室生态系统、智慧学习更加便捷、智慧教务节省教师工作每一秒、智慧安全不只关注校内安全、智慧云让教育回归自然、开放性的技术架构等特点。智慧校务内含 URP 数字化校园解决方案和 Roomis 两款产品，包括迎新、排课、活动管理及学生电子档案袋等功能；智慧安全版块包括校付通、动力加校园安全管理平台；智慧大数据提供面向各产品及用户的数据服务，包括智阅卷系统及基于教育大数据的服务平台蜂巢，蜂巢系统意在记录包括学生家庭情况等在内的任何可能影响学生学习情况的数据。开发者可以使用蜂巢中的数据进行多维度的数据分析，对学生的学习情况进行全面体检，并推出相应的解决方案。相较于传统的仅仅分析考卷和作业，蜂巢的多维数据分析将会更为精准地了解到影响学生学习效果的因素。

（上述内容根据 http://finance.qq.com/a/20150907/046188.htm 改编）

案例 2：学信智慧校园应用平台

学信智慧校园应用平台，是一个包含测评、档案、家校互动、社区、协同管理及手机学校网站等功能模块的校园应用平台。该平台利用移动互联网技术，结合智能手机、课堂教学智能终端、高速扫描仪等智能设备，连接教师、学生、家长在教育教学过程的高频应用场景。先从家校沟通和学校手机网站的实施入手，再整合学校办公协同和教育社区平台的管理应用，最后通过学习测评平台，深度切入学校的教学业务。例如，教师可以通过手机版的学信“阅卷神器”，扫一扫试卷，3 秒就能批改一份试卷，自动统计分数并生成各种分析报表。家长可以在学信手机端随时查看孩子的学业成绩、消费情况、考勤记录等教育教学过程数据。学信智慧校园应用平台基于教育大数据的挖掘分析，构建每个学生个性化的成长档案袋，并希望以此促进学校在教学、科研和管理方面的创新与变革。

（上述内容根据 http://www.jiemodui.com/N/14142 改编）

（6）“课程教学”类大数据产品。“课程教学”类产品目前主要应用在 K12 教育市场，以学生作业和练习为切入点，通过作业测试数据定位学生知识薄弱点，并进行个性化推送，面向对象主要是学生。此外，企业推广则更强调通过收集学生日常在线测试及作业数据，应用大数据技术，统计分析学生的知识掌握情况及学习能力，并针对其弱势学科或短板以强化训练的形式查缺补漏，最终帮助教师、家长科学、及时地掌握学生学习状况，实现因材施教。

①应用数据：“课程教学”类产品数据主要包括教师教学轨迹、学生学习轨迹、平台提供资源、学习时间、学习进度、学生线上测试数据、学习活跃度、阅读数据等（见图 7-14）。

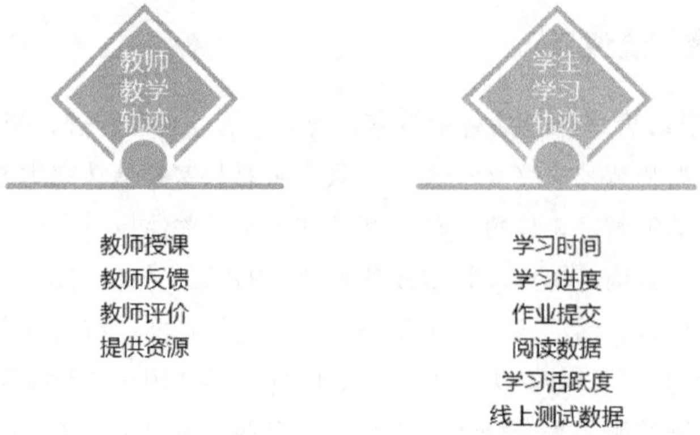

图 7-14 “课程教学”类大数据产品应用数据

②主要功能：“课程教学”类产品提供教学资源、辅助个性化学习、知识点查漏补缺、加强家校互通、提高学习效率、推送相关知识等功能（见图 7-15）。

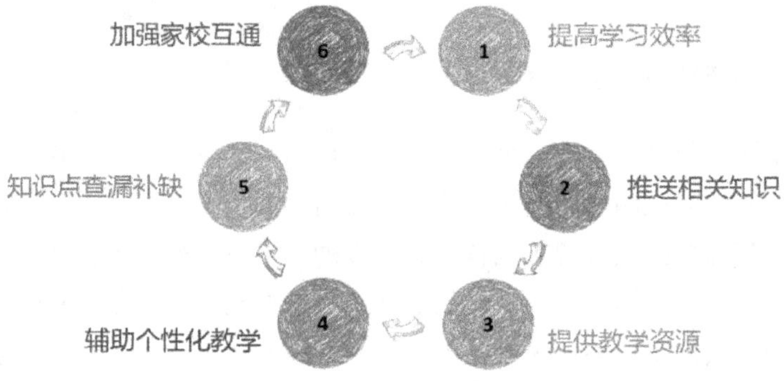

图 7-15 课程教学类大数据产品功能

案例 1：PPclass 纸笔互动教学系统

PPclass 纸笔互动教学系统利用基于纸和笔的数字光学点阵技术，在不改变传统学校课堂教学优势的同时，建立起以学生为中心的新的师生间互动学习模式。将学习的方式及方法重新塑造，不但能刺激学生学习动机与创新探究精神，更让老师丰富教材内容及轻松教学。教师可以通过笔在纸上书写的方式，完成电子课件的制作，摆脱键盘束缚，不再受制于 PPT 的制作功底。可以借助于笔在纸上的板书，将板书过程通过投影仪实时地呈现在投影白板上，进行数字化教学。课堂上，可以任意查看每个学生的书写页面，可以整班浏览，也可对比分析，更可以挑出重点学生书写的内容讲解分析。生生之间、师生之间通过纸上书写即可实现交流互动。可以随时发起问卷调查，获得最真实的授课反馈。当堂测验，当堂出成绩，当堂得道解惑，加速知识点的掌握过程。对老师板书批改和学生书写内容及时保存，便于复习巩固和提高。基于学习过程的严肃数据采集，多次的课堂真实数据，更能反映学生的认知过程和知识体系的构建状况。

（上述内容根据 http://www.tstudy.com.cn/zh/product-details.html?id=43 改编）

案例 2：口语 100 网络学习空间

口语 100 网络学习空间是中小学在虚拟世界中的网络虚拟校园，该空间包括信息化课堂、课后作业、考试和测试、教学活动、学习管理、资源共建、大数据分析、互动学习环境、多终端和泛在学习支持、家校互通、自我展示等多个环节，全面提升外语信息化教学。口语 100 网络学习空间具备完整和不同层次的大数据分析。在区市层次，为教研员提供大数据教研平台，方便进行全区全市的统一测试和试卷自动分析对比。此外，该空间也提供全校级别的学习行为大数据分析报告及每个作业和测试的大数据分析报告，方便老师、学科组长、校长在不同层次上了解校内虚拟校园的师生学习互动情况。

（上述内容根据 http://kouyu100.com/zh/index00.html 改编）

2）面向对象

调查显示，目前教育大数据应用产品的面向对象主要涉及学校、教师、学生和家长。此次调查对调研样本的面向对象进行逐一标记，次数超过一次的面向对象实行双重统计，如“家校通”的面向对象包括家长、学校管理者等，计算时则呈现为“家长+1”“管理者+1”，因此，面向对象统计的总数大于样本总数。如图 7-16 所示，当前教育大数据应用产品的面向对象以教师和学生为主，面向家长和管理者的产品偏少。

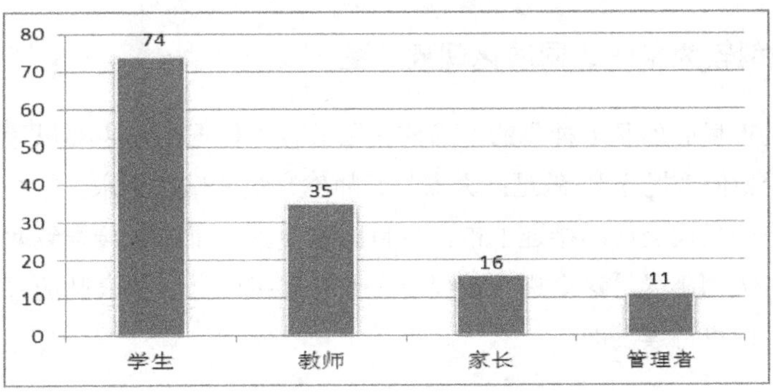

图 7-16　基础教育大数据应用产品面向对象分布

3）发布时间

如图 7-17 所示，2009—2012 年基础教育大数据应用产品极少，主要为简单的数据统计或作业题库的建设；2013—2015 年大数据开始渗入教育行业，两者逐渐融合，相关教育大数据产品数量也急剧上升。可以预见，随着大数据技术的不断发展，教育大数据应用产品将不断涌现，越来越多的产品将关注个性化教育。

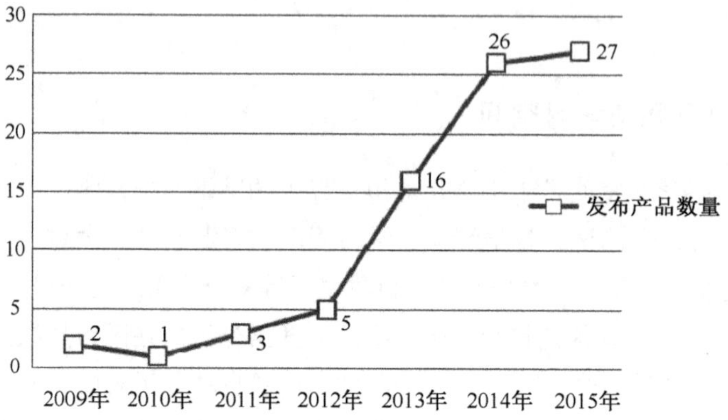

图 7-17　基础教育大数据应用产品发布时间分布

2.2　基础教育大数据行业现存问题

调研发现，我国教育大数据行业正处于起步阶段。虽然政策环境良好、产业界也有一定的技术积累，但仍存在一些突出的问题需要引起关注。

2.2.1　产品类型较为单一，同质化现象严重

一个健康的市场必然是多样化的。当前我国教育大数据市场主要以考练测评类产品为主，重点聚焦于如何“提分”，满足广大家长、师生升学考试的诉求。往往一款产品成功推出后，后续会有一批同类产品接连上市。盲目跟风现象严重，直接导致教育大数据市场提供的功能、服务大同小异。这会进一步促使企业开展拼资金、拼人脉的恶性竞争，不利于教育大数据市场的可持续发展。

2.2.2　数据采集端与应用端的专业服务商偏少，未形成正反馈效应

目前的教育大数据市场中，除了数据存储端较为成熟外，采集端和应用分析端的提供商数量仍比较少，缺少领军型企业，成为制约教育大数据行业整体发展的短板。教育大数据产业的发展离不开完整的产业链，任何一个环节出现问题都会导致市场的失衡。

2.2.3　尚未建立公认的相关行业标准与规范，不利于行业长期发展

一个行业的持续健康有序发展，需要统一的行业标准与规范做保障。目前，大数据产业标准正在积极制定中，而专门针对教育大数据的标准制定工作还未正式启动。标准规范的缺失极有可能导致教育大数据市场重走教育信息化早期发展阶段的“老路”，市场呈盲目发展状态，混乱无序。

2.2.4　缺少有影响的应用实践案例，教育大数据的价值未有效体现

教育大数据产品不断涌现，市场迅速膨胀，但真正融入基础教育教学实践，在学校、区域或更大范围内产生实质性影响的应用实践少之又少。教育大数据在促进基础教育发展与变革上的真正价值还未体现出来，未能给广大教育工作者及行业从业人员提供有说服力的证据。

2.2.5　教育业务认识不清晰，构建的数据分析模型的科学性有待提升

教育系统、教育业务具有异常的复杂性和独特性，很多企业在研发教育大数据产品过程中，仅仅凭借 IT 思路来构建数据分析模型，难以真正有效地描述教育业务，解决教育问题。在数据源的选择、指标权重设计等方面往往不符合并且脱离教育规律，构建出的模型准确性和有效性都亟待提升。

2.2.6　教育数据管理运营机制与制度尚未建立，制约行业的快速发展

当前，我国尚未建立明确的教育数据管理运营的机制与制度，数据的归属权、开放范

围、开放方式、隐私保护等还没有清晰的界定。企业在提供教育数据产品与服务时，往往存在极大的政策风险，尤其是涉及大规模师生隐私的数据，一定程度上制约了教育大数据行业力量的壮大和快速发展。

2.2.7 教育大数据专业人才缺乏，未形成清晰的人才培养模式

教育大数据行业具有很大的特殊性，对专门的人才依赖程度高，需要既了解教育业务又掌握大数据技术与管理的综合型人才。虽然，目前国内已有部分高校设立了大数据专业，但在配套的课程体系建设、人才培养模式等方面仍处于摸索阶段，短期内难以培养大批合格的教育大数据从业者。

03 Section 基础教育大数据产业发展趋势

随着国家基础教育信息化的纵深发展，中小学校基础设施逐步完善，数字化教学资源日益丰富，各种信息化应用系统开始融入学校教育管理与教学业务，并将大力推动教育大数据产业的发展。“十三五”期间，国内基础教育大数据产业将迎来发展良机，整体呈现如下发展趋势：

3.1 教育数据采集与深度分析成为各应用系统的必备功能

教育信息化市场产品类型丰富，涵盖教学、管理、教研、培训等多种业务。随着教育大数据战略与应用价值的逐步凸显，越来越多的信息化应用系统将加强数据采集与深度分析方面的功能，以采集更丰富的教育数据，提升信息系统的智能性和产品竞争力。此外，为了辅助用户解读和理解数据分析结果，可视化技术也越来越流行，成为各应用系统的基础性技术。

3.2 教育大数据产品体系更加丰富、多样化

随着国家考试招生制度的改革及其他一系列教育改革的推进，应试教育将逐步转向真正的素质教育。提分将不再是广大师生和家长的唯一需求，教育的需求会变得越来越多样化和个性化。为了满足用户的多元化需求，教育大数据市场将出现越来越多提供特色服务

的产品。

蓝皮书调查结果显示，我国基础教育领域大数据产品需求排在前 4 位的分别是学习分析、预警类产品（71.73%），辅助教育管理、决策类产品（56.94%），教育教学评价类产品（56.8%）和个性化服务类产品（52.44%）。建议企业重点关注上述 4 类产品的研发和应用推广。

3.3 教育大数据产业链分工更加精细化、服务更加专业化

追求极致是互联网思维的要点之一。为了持续提升教育服务的质量和专业度，教育大数据产业将进一步细化分工，产业链条之间的协同和运作将更加高效、专业。每个环节都将由专门的提供商提供最专业、最优质的服务。基础教育大数据市场有望出现一批专门从事教育数据采集、数据安全或教育数据挖掘的优秀本土企业。

3.4 教育数据安全与隐私受到广泛关注，成为产品质量评估的核心指标

随着社会公众数据安全与隐私保护意识的不断增强，教育大数据产品需要进一步提升数据安全性能。政府及教育机构在采购教育信息化产品时，数据安全将成为重要的考量点和评估指标。教育信息化相关标准制定单位，也会将数据安全与隐私保护作为核心内容纳入标准体系。达不到数据安全标准的企业产品，将面临巨大的被市场淘汰的风险。

3.5 越来越多的企业寻求与高校、科研机构及中小学校的深度合作

教育大数据产品的成功研发与应用推广，单靠企业的力量难以完成。企业一方面需要准确把握中小学的实际教育需求，另一方面又要与高校、科研机构协同攻克关键技术难题，

设计有效的产品应用模式与策略。因此，教育大数据市场将呈现企、校、研广泛合作的态势，三方优势互补、有效协同，涌现一批优秀的、接地气的教育大数据产品。

3.6　高校纷纷加强教育大数据技术课程体系建设和人才培养

数据人才匮乏是影响我国教育大数据产业发展的重要因素。高校承担着教育大数据专门人才培养的重任，未来将有更多的高校开设教育大数据课程或者设立相关专业方向。企业也将逐步介入教育大数据专门人才培养过程，与高校协同建设更实用、更专业的教育大数据课程资源，联合培养高素质数据人才。

3.7　教育数据走向有序开放，允许企业合理合规运营，提供增值服务

公共数据开放运动正在全球范围内掀起一股热潮。教育数据作为公共数据的重要组成部分和基础内容，其开放的范围和程度将会越来越高。部分教育数据将允许具有一定资质的企业合理合规运营，提供一系列教育数据增值服务。一方面，将减轻当前教育管理部门的数据管理与运营压力，另一方面也有助于激活更多的教育创新因子，多方协同挖掘数据价值，提升教育质量和服务水平。

3.8　出现提供专业教育数据质量与安全评估服务的第三方社会机构

教育大数据发展过程中的数据质量与安全问题将越来越突出，成为制约教育大数据产业发展的突出障碍。随着国家教育系统管办评分离政策的落实与实施，将有可能出现专门提供教育数据质量与安全评估服务的第三方社会机构。该机构具有较强的独立性，不以营利为目的，也不属于政府机构，以保证教育数据质量与安全评估的专业性和公信力。

第 8 章
Chapter 8
结论、建议与趋势

01 Section 结　论

（1）2015 年是中国的教育大数据元年，我国教育大数据研究与实践整体还处于起步探索阶段。

（2）教育大数据是整个教育活动过程中所产生的，以及根据教育需要采集到的，一切用于教育发展并可创造巨大潜在价值的数据集合。与其他领域大数据相比，教育大数据的独特性主要体现在 3 个方面：采集过程更加复杂、应用模式更具挑战性、更加注重因果关系。

（3）教育大数据能够破解传统教育面临的六大难题（发展不均衡难题、方式单调化难题、信息隐形化难题、决策粗放化难题、择校感性化难题、就业盲目化难题），是重要的国家战略资产、教育领域综合改革的科学力量及发展智慧教育的基石。

（4）中国基础教育领域都存在真正的大数据，一年产生的数据量已达到 EB 级别。正规学校教育过程中将有越来越多的数据被采集、分析、共享和应用。

（5）教育大数据产生于各种教育实践活动，核心数据源头是“人”和“物”，由内到外包括 4 层数据：基础层数据、状态层数据、资源层数据和行为层数据。每个教育利益相关者既是教育数据的生产者也是教育数据的消费者。

（6）教育大数据的采集包括 4 大类、13 种常用数据采集技术，分别是物联感知类技术、视频录制类技术、图像识别类技术及平台采集类技术。未来将有更多新技术（如眼动追踪技术、语音交互技术、体感技术等）用于教育大数据采集。

（7）教育领域的大数据不存在清晰的、固定的分析流程和分析方法，既要综合运用传统的数据分析方法与工具，又要合理采用专门针对大数据处理的新方法与新工具。常用的七大教育数据分析模型包括决策支持模型、校情监测模型、适应性学习模型、学业评价模型、学习预警模型、深度学习行为诊断模型及学生画像模型。

（8）基础教育领域出现一些大数据创新应用案例，可归纳为五大应用模式：驱动教育政策科学化、驱动教育评价体系重构、推动区域教育均衡发展、助推学校教育质量提升及促进师生个性化发展。教育大数据整体应用层次偏浅，真正具有示范意义的案例不多，教育数据的活力需要进一步激发，创新应用的广度和深度有待进一步拓展。

（9）教育数据网络的构建是发展基础教育大数据的基础性工作，国家、区域、学校教育数据网络的构建方法不同，发展重点不同。教育大数据的管理面临教育数据质量管理、安全管理、隐私保护、融通共享、有序运营等诸多难题。对于一个区县而言，可以按照“四步走”策略建设区域教育大数据：定标准，搭平台；聚数据，抓管理；聚数据，抓教学；用数据，促变革。

（10）我国教育大数据产业有良好的发展基础，市场正在快速兴起，出现了一批面向基础教育领域的初级大数据产品。虽然面临行业标准与规范缺失、教育业务认识不清、教育数据管理与运营机制尚未建立、专业人才匮乏等诸多现实难题，但整体发展前景较好。

02 Section 建　议

2.1　对教育决策者的建议

（1）进一步完善教育法律法规，将科学的数据支撑作为国家教育政策制定的必要条件。各级教育行政部门要加强“数据治理”理念，尽快出台基础教育大数据治理相关办法，指导基础教育数据的获取、归档、保存、互换及重复利用，不断提升教育数据质量，保护教育数据隐私安全，保障教育数据合理应用，促进教育数据合法共享。

（2）将发展基础教育大数据列入国家与地方“十三五”教育信息化发展规划，积极制定促进教育大数据快速健康发展的相关政策，同时加大宣传力度，提高社会公众对教育大数据的整体认知。

（3）成立基础教育大数据相关研究机构，汇聚教育学、管理学、计算机科学、统计学等多学科的研究力量，破解基础教育大数据发展过程中存在的热点、难点问题，同时结合基础教育事业发展的战略需求，开展前瞻性研究。

（4）出台促进教育大数据行业发展的相关政策，加强教育大数据产业基地扶持力度。参考通信领域颁发运营商牌照的方式制定教育数据运营商准入标准，颁发教育大数据运营牌照，吸引更多企业、教育机构等参与教育数据运营管理，激发教育数据活力，助推教育大数据行业发展。

（5）按照教育部“管办评分离”的制度设计，成立提供专业教育数据质量与安全评估服务的第三方社会机构，为教育大数据行业提供客观准确、高质量的评估服务。

2.2 对教育管理者的建议

（1）提升自身数据素养，深刻理解数据在提升教育管理水平上的重要性，掌握必要的数据处理工具，具备较强的解读和分析教育数据的能力，积极利用教育数据实现标准化、精细化、智能化的教育管理。

（2）进一步完善各级教育数据网络建设及教育数据的采集与更新机制，采用行政收集、网络获取、传感采集等多种方式，建立动态更新、横纵联通的教育主题数据库，并向社会适度开放。

（3）制定基础教育数据采集和质量管理标准，形成清晰的数据采集流程与质量管理办法，明确教育数据集的归档和长期保存的机制与方法。制定基础教育大数据应用指南，提出清晰的大数据应用思路，建立长效的大数据应用推进机制，不断激发管理人员和教师创新应用教育数据的动力和智慧。

（4）加强各级教育行政机构及各类教育机构的教育大数据人才队伍建设，开展专题培训，有针对性地提升管理人员及一线教师的大数据意识和能力。采用跨校合作、校企联合等方式，培养教育大数据技术和应用创新型人才。

2.3 对教师、学生的建议

对于教师而言，建议如下：

（1）培养一种使用数据改善教学决策的习惯，知道从哪里可以获取学生数据、哪些数据对改善教学有帮助及如何利用数据辅助教学决策。能够正确解读教与学相关的各种数据报告，开展及时、精准、个性化的评价反馈和教学干预。

（2）充分意识到数据分析绝不仅仅关注学生的分数及考试通过率，而应重点关注学生的综合素质发展及个性化成长。能够与家长就学生的各项学习数据进行沟通交流，帮助家长理解数据的来源与用途，家校合作促进孩子健康成长。

（3）积极利用大数据技术优化课程教学，与研究人员一起探索大数据与学科教学深度融合的模式、方法与策略，在提升教学质量的同时注重学生数据隐私保护。

（4）注重培养学生的数据素养，将数据科学的基本理念、技术与方法渗透到学科教学中。

对于学生而言，建议如下：

（1）具备数据安全与隐私保护意识，知道在应用学习平台与工具过程中会产生哪些数据，了解不同数据的用途。

（2）掌握常用数据分析工具的基本操作，并能正确解读分析报告，能够对自己的学习过程与结果进行基于数据的客观分析与评价，准确识别自己的优势与薄弱点。

（3）养成积累学习成果数据的良好习惯，不断丰富成长档案袋，为考评、升学、就业等提供数字证据。

2.4　对行业从业者的建议

（1）加快教育数据挖掘、学习分析等关键技术研发，形成具有自主知识产权的教育大数据技术、标准和规范。

（2）积极寻求与高校、中小学校、科研机构的深度合作，全面理解、深度挖掘基础教育业务需求，增强教育数据分析模型的科学性，提升教育大数据产品质量。

（3）围绕基础教育综合改革中的热点和难点，提供专业的大数据解决方案。同时，超越“测评练考”，着眼未来教育发展需求，提供多样化的、真正满足学生个性发展需求的教育大数据产品。

（4）重点关注 4 类大数据产品，分别是学习分析预警类产品、教育管理决策类产品、教育教学评价类产品和个性化服务类产品。

（5）避免盲目跟风，发挥企业在技术积累、市场开拓、用户资源等方面的各自优势和已有积累，运用互联网思维打造极致化体验的教育大数据产品和服务。

（6）组建基础教育大数据产业联盟，制定行业发展规划、会员准入与定期评估制度，促进企业间的协同创新和产业的有序发展。

03 Section 趋 势

2015 年国家大数据战略与“互联网+”行动计划的推出，为大数据理念与技术在教育领域的快速渗透和应用推广提供了强有力的保障。“十三五”期间，大数据与教育核心业务的融合，将成为驱动新一轮基础教育改革与发展的创新动力，基础教育大数据将呈现如下发展趋势：

3.1 基础教育数据开放程度不断提升

大数据时代，政务公共数据作为社会大众共享的无形财富，其开放已成为数据整合和共享应用的前提条件。目前，已有 40 多个国家开始推动本国公共数据的开放建设，并在全球范围内掀起了一股公共数据开放的热潮。教育数据作为公共数据的重要组成部分和基础内容，预计其开放的范围将越来越大，开放的程度将越来越高。在这一背景下，我国的教育政策有必要逐步走向开放，允许更多的企业和社会力量共同参与教育决策与治理；而教育数据的适度开放和合理运营，将有助于减轻我国政府和教育机构的经济压力，同时激活更多的教育创新因子，多方协同，提升教育的质量和服务水平。当然，随之而来的教育数据隐私与安全问题也将更加突出，这就需要我国通过技术、制度、培训等多种措施来保障教育大数据的安全。

3.2　基础教育数据资产规模逐渐壮大

“十三五”期间，学习大数据与管理大数据的建设将被写入各地教育信息化发展规划，教育大数据作为重要战略资产的意识将逐步加强。随着“三通”（宽带网络校校通、优质资源班班通、网络学习空间人人通）工程的进一步开展，以及全国各地数字校园、智慧校园、智慧城市建设步伐的不断推进，越来越多的教育数据能够被采集和分析，教育数据将会以几何级的规模递增。“两平台”（国家教育管理公共服务平台和国家教育资源公共服务平台）将成为国家教育数据网络的中心节点，带动全国教育数据资产的快速累积。点阵数码笔、拍照搜题、物联感知、情境识别等便捷的教育数据采集设备和技术，将逐步融入教育的核心业务之中，让每位教育利益相关者都成为教育大数据网络中的“神经元”，成为教育数据资产的创造体。

3.3　基础教育数据创新应用效应逐步扩大

当前，国内已有一些学校和科研机构开展了教育大数据的应用研究与实践探索，在提高教育决策水平、助力教育资源均衡配置、优化教学效果等方面取得了初步的成效和社会影响。然而，从整体来看，我国基础教育领域的大数据应用仍然比较零散，缺乏成熟的应用推广模式。如何进一步扩大教育大数据的应用范围和价值，是“十三五”期间基础教育大数据发展的重点任务。随着全国各地教育大数据研究机构、教育大数据行业企业及学校力量的加入，教育数据创新应用的广度和深度都将大为拓展。教育大数据在促进教育公平、提升教育质量、减轻学业负担、改革考试招生制度等方面，将发挥越来越重要的作用。

3.4　基础教育大数据行业生态逐步完善

有报告预测[1]，2016 年中国教育大数据市场规模约为 4.49 亿元，环比增长率为 61.88%。

[1] 贵阳大数据交易所. 2015 年中国大数据交易白皮书[EB/OL]. http://vdisk.weibo.com/s/qor9v_C_6_oZP/1432655114，2016-01-11.

国内教育大数据行业快速发展的“苗头”已经初显，如市场上已经出现了不少教育大数据的相关产品（包括题库类产品、适应性学习平台类产品、学习预警类产品等），用户规模也在逐步扩大。虽然教育大数据产业存在专业人才缺乏、产品同质现象严重、行业标准与规范缺失等诸多问题，但随着我国教育信息化政策环境的逐步完善及行业结构的逐步优化，“十三五”期间有望形成和谐健康的教育大数据行业生态。基础设施提供商、数据采集提供商、数据挖掘与分析提供商、数据应用服务提供商、数据安全提供商、终端用户、教育行政部门及教育大数据标准研制单位等诸多角色通过合理分工、有效协同，将推进教育大数据行业的持续有序发展。

3.5 教育大数据专门人才培养备受重视

专业人才缺乏是制约我国教育大数据发展的重要因素。为此，国内部分高校纷纷开设大数据相关专业及课程，以培养高质量的大数据专门人才。较之其他行业，教育行业具有很强的独特性和复杂性，需要一批既懂教育又掌握大数据核心技术的高端人才。基于此，国内高校有可能在“十三五”期间依托教育技术专业或增设新的专业，或与企业、行业联合开设教育大数据系列课程，以培养高端教育大数据专门人才。

附录 A　中国教育大数据重要事件（2015）

1．2015 年 2 月 12 日，教育部办公厅印发《2015 年教育信息化工作要点》，提出要“全方位推进‘国家教育科学决策服务系统’建设，完善工作机制，更新基础数据信息，实现与有关业务系统的有效衔接，完成教育现代化的监测与评价等系列重大专题分析研究成果的植入；推进大数据应用，发挥监测、评价、预测及预警功能，为科学决策、宏观管理提供依据；研究制定教育数据管理与使用办法，规范数据的规划、采集、共享和使用”。

2．2015 年 3 月 19 日，江苏省发布《省政府办公厅关于推进智慧教育的实施意见》，在实施的“智慧教育资源共享工程”中提出要“建成省级教育数据中心。利用云计算技术组织实施省级教育数据中心建设，加快构建信息系统应用体系、技术服务体系及省级信息安全体系，实现与国家教育数据中心的无缝对接及全省各级各类教育机构的综合管理应用”；在实施的“智慧教育应用融合工程”中提出要“基于教育大数据，积极开展数据挖掘与学习分析，进一步优化教学策略、教学方式、教学过程和教学评价”。

3．2015 年 3 月 25 日，“2015 文化大数据与教育创新研讨会”在北京召开，会议通过对“数字化教育与教育改革”“文化资源数字化建设顶层设计”及“文化大数据与教育服务”三大议题进行理论探索和经验总结，剖析技术发展对教育创新带来的转变。来自全国教育、文化、出版等领域的知名专家学者对大数据时代中国教育改革与创新问题进行了深入探讨。

4．2015 年 5 月 23～25 日，以“信息技术与未来教育变革”为主题的联合国教科文组织国际教育信息化大会在中国青岛召开。会议指出互联网、大数据、云计算已经并正在迅速推动全球范围内教育理念和教育方法、学习环境和学习模式的深刻变革，并共同探索教育与信息技术深度融合的有效途径，旨在促进信息技术在教育领域更加广泛与深入的应用。

5．2015 年 7 月 7 日，首届基础教育大数据采集与应用研讨会在无锡举行，与会专家就大数据与基础教育、信息化和教育融合等议题进行了讨论，会上还展示了由无锡本土团队研发的“极课”大数据系统。该系统以常态化学业信息采集存储和集中式动态学业档案管理为基础，通过图像模式识别、云计算技术、大数据分析，结合先进的教学模型来提升学校管理质量。

6. 2015 年 8 月 11 日，《中国大数据论坛》第八期•教育大数据成都专场沙龙在成都博康智慧城市信息技术有限公司召开。此次沙龙以“当前智慧教育及教育大数据应用的成功实践及前沿技术趋势”为核心议题，与会专家分别就大数据推动教育转型变革、大数据在学校管理中的应用等热点问题进行了探讨。
7. 2015 年 8 月 31 日，国务院印发《促进大数据发展行动纲要》，在公共服务大数据工程中明确提出要建设教育文化大数据，“完善教育管理公共服务平台，推动教育基础数据的伴随式收集和全国互通共享。建立各阶段适龄入学人口基础数据库、学生基础数据库和终身电子学籍档案，实现学生学籍档案在不同教育阶段的纵向贯通”。
8. 2015 年 9 月 2 日，教育部办公厅印发《关于“十三五”期间全面深入推进教育信息化工作的指导意见（征求意见稿）》，提出要加快制定教育基础数据管理办法，推动数据的开放、共享，保证数据的安全、准确；进一步充分整合中央、省级教育数据中心资源；依托网络学习空间逐步实现对学生日常学习情况的大数据采集和分析，优化教学模式；全面实施信息系统安全等级保护制度，加强教育行业数据安全管理和开放共享。
9. 2015 年 9 月 19 日，由曲阜师范大学和中国统计信息服务中心共建的中国教育大数据研究院在曲阜师范大学揭牌成立，这是国内首次将大数据研究应用于专业领域的创新探索，标志着中国教育大数据平台诞生。
10. 2015 年 10 月 18 日，由上海市社会科学界联合会、华东师范大学联合主办的“大数据与教育研究”论坛在华东师范大学举行。与会专家聚焦“大数据背景下教育研究变革”，对“教育政策支撑经济转型升级研究的主要措施”“解读大数据的文化属性”等话题进行了深入探讨并与听众互动交流。
11. 2015 年 11 月 5～6 日，以“大数据助推教育变革”为主题的 2015 教育信息化国际会议在杭州召开，会上英特尔和中央电化教育馆联合启动了“教育大数据分析研究”项目，旨在利用数据挖掘和学习分析工具，构建统一的教学行为和数据仓库，为学生学习行为和教师教学方式创建了全新的评价体系，有效地改善教与学的体验。
12. 2015 年 11 月 19 日，国家教育体制改革领导小组召开了第二次全国教育信息化工作电视电话会议，刘延东副总理出席会议并发表了题为《巩固成果 开拓创新 以教育信息化全面推动教育现代化》的重要讲话，指出“十三五”期间要“完善教育管理公共服务平台建设，加强基础数据的管理与应用，实现多方共享和有效对接。要加强资源平台、管理平台的整合集成，形成覆盖全国、协同服务、互联互通的教育云服务体系，支撑教育教学和教育管理”。
13. 2015 年 11 月 20 日，伟东云教育与安徽省淮南市政府签署战略合作协议，双方将共同推进淮南市教育大数据建设与应用。通过教育大数据的技术手段支撑淮南市学校教学和教育部门对学校的信息化管理，帮助师生家长实现智慧教学、个性化教学及家校联动，并面向公众提供教育信息服务。
14. 2015 年 11 月 26 日，新浪教育频道联合新浪大数据中心及百度应用市场发布《在线教育用户行为调查报告》及《2015 年在线教育产品测评报告》，通过大数据及产品测评深描我国在线教育发展现状，探索其在洗牌年里的蜕变与转型。

15. 2015 年 12 月 21 日，“移动学习”教育部——中移动联合实验室、中国教育技术协会、江苏省教育信息化工程技术研究中心及北京拓思德科技有限公司联合启动《中国基础教育大数据发展蓝皮书》编制项目，该项目旨在汇聚全国知名教育专家和大数据专家智慧，打造首份权威的面向中国基础教育领域的大数据发展报告。

附录B　中国教育大数据相关研究机构

1. 中国人民大学中国调查与数据中心：2009 年 3 月成立，是中国人民大学直属的跨学科、跨院系的综合性科研机构。中心的宗旨为科学、系统、全面地采集、整理、存储与开发中国经济与社会调查数据，进行调查方法与相关技术的研究开发，实施具有重大科学与现实意义的大型科研项目，为科学研究和政府决策提供数据支持。机构官网：http://nsrc.ruc.edu.cn/aboutus
2. 大数据处理与行业应用研究中心：2013 年在湖南大学成立，研究中心依托湖南大学信息科学与工程学院厚实、宽广的学科基础和国家超级计算（长沙）中心强大的计算分析与存储能力，在大数据分析、处理、隐私保护、信息与网络安全、医疗信息化、教育智能化、军工信息化、金融信息化等方面开展了研究。拟与国际国内知名高校、研究机构、行业龙头企业协同创新，建设一个国际性的大数据协同创新平台。现已建成云计算和大数据分析平台，具有较好的实验与研发环境。机构官网：http://bigdata.hnu.edu.cn/
3. 中国大数据和智慧城市研究院：2013 年 3 月 22 日成立，隶属于工业和信息化部中国电子商务协会，主要以大数据中国化、全民化、平民化推广为主，核心内容聚焦于大数据应用研发及智慧城市顶层设计等领域，目前是我国第一个跨学科、跨领域、跨机构合作与强强联合集政、产、学、研、用为一体的，也是具有多个高校与省部级研究院所平台共建的国家级智库型科研机构。机构官网：http://www.ibdsc.org.cn/
4. 深圳大学大数据技术与应用研究所：2013 年 6 月由 深圳大学成立，是“粤港现代信息服务协同创新中心”的核心支撑单元。研究所坚持高起点、高层次的建设理念，围绕大数据领域学科建设、人才培养、科学研究、产业应用 4 个核心方向开展创新工作，致力成为“粤港地区大数据领域科技创新、人才培养和产业服务的发展高地”。机构官网：http://bigdata.szu.edu.cn/
5. 国家信息中心深圳大数据研究院：2014 年 4 月由国家信息中心和深圳大学联合创立，致力于发挥双方优势，打造大数据领域新型创新载体，推动我国大数据技术、人才与产业化发展和政府数据开放与共享，为我国发展互联网+、物联网、智慧城市等新兴产业提供助力。机构官网：http://www.szbigdata.com.cn/
6. 厦门大学云计算与大数据研究中心：2013 年 7 月 6 日在厦门大学成立，研究中心致力于实现学校相关学科（如化学学科、材料科学、生命科学、计算物理、海洋与环境、计算机科学、软件科学等）的发展与学科间的交叉融合。同时还将强化对区域经济建设的支持与服务，提升厦门地区的科技创新能力，凝聚高端人才，对发挥厦门在海西经济区建设中的龙头作用具有重要意义。机构官网：暂无。

7. 华东师大数据科学与工程研究院：2013 年 9 月 26 日在华东师范大学成立，该研究院主要通过开展大数据相关的基础和应用研究，开发具有中国特色的大数据技术和应用系统。该院还兼具研究基地和服务平台功能，通过与其他优势学科的合作交流与交叉，为学校优势学科建设基于大数据管理和分析的专门研究中心。此外，大数据研究院也将为这些专门研究中心的数据采集、整理、存储、维护、分析、服务等提供全方位的支持，包括公共技术平台、大数据应用部署咨询服务等。机构官网：http://dase.ecnu.edu.cn/
8. 大数据与语言教育研究所：2014 年将北京语言大学的汉语国际教育技术研发中心更名为大数据与语言教育研究所。主要研究内容为利用大数据和云计算，研究和开发各类语言研究、教学和语言应用所需的关键技术。经过多年发展，在自然语言处理和语言教育技术等多个方面，发表了高水平论文，开发一系列研究和教学所需的软件和学习系统。目前，研究所开发了 BCC 语料库、卡片汉语、术语信息网等软件和学习系统。机构官网：http://nlp.blcu.edu.cn/
9. 电子科技大学教育大数据研究所：2014 年 5 月 13 日在成都电子科技大学成立。研究所致力于大数据时代背景下的个性化教育研究，是国内首个教育大数据领域的产学研一体化创新平台。以“思想引导、学业引导、服务引导”为目标，运用大数据、云计算等信息技术，结合特定的机器学习、数据挖掘算法，着力开展校园网络文化建设、个性化教育引导、学生学习成绩预测、教学方式方法改善、重大教育决策制定、教务教学管理优化等教育大数据相关基础理论及应用推广研究。目前，研究所开发了学生画像系统、数据一体化平台等应用系统。机构官网：http://www.bigdata-research.org/research/education/
10. 广西大学复杂性科学与大数据技术研究所：2014 年 6 月 12 日在广西大学成立，该研究所主要致力于抓取与政治、经济、食品安全、环境等有关的资料数据，然后用复杂性科学的方法做定量分析。从横向和纵向两个维度对大数据进行研究，纵向上在复杂性科学与大数据技术的方法和理论研究上继续拓展和深化，主抓政治（及外交、军事、新闻等）、经济（及金融）、环境保护、食品安全、生物医学等领域等相关数据，用复杂性科学的方法做定量分析。横向上联合校内外学科力量，充分展现创新、交叉、融合的学术特色。机构官网：http://bigdata.gxu.edu.cn/index.htm
11. 江苏省高校教育大数据科学与工程重点实验室：2014 年 7 月 28 日在江苏师范大学成立。主要研究方向为大数据科学与工程，开发大数据相关的产品。促进学科建设和提升科技创新能力，为区域经济社会发展和创新体系建设提供有力的人才支撑和技术支持。机构官网：暂无。
12. 中科院深圳先进院健康大数据研究中心：2014 年 11 月 29 日由中国科学院、深圳市政府、香港中文大学共同建立，研究中心致力于个性化医疗健康应用，从医疗健康数据的存储、分析、建模、使用等角度研究数字化生命的关键技术。其中包括临床数据与生物研究数据的整合、面向个性化医疗的知识表达和管理、大规模病人群体生理与生物信息组合分析、为基础医学与药物发现服务的临床数据自动分析工作流四大核心技术，以提高基于大数据驱动的健康医疗研究能力，构建面向个性化医疗的健康大数据研究中心。机构官网：http://szs.siat.ac.cn/content/viewContent.action?id=418

13．贵阳大数据交易所：2014 年 12 月 31 日成立，该机构基于底层数据，通过数据的清洗、分析、建模、可视化的结果，彻底解决数据保护隐私及数据所有权的问题。连通大数据的供需双方，让数据互相碰撞，产生聚变结果，让数据变成政府决策、企业经营的第一决策要素。大数据交易所经营范围包括大数据资产交易、大数据金融衍生数据的设计及相关服务、大数据清洗及建模等技术开发、大数据相关的金融杠杆数据设计及服务、经大数据交易相关的监督管理机构及有关部门批准的其他业务等。机构官网：http://www.gbdex.com/

14．四川省大数据与智慧信息系统协同创新中心行业大数据研究所：2015 年 1 月 8 日由电子科技大学成都研究院建设。该研究院重点聚焦于大数据、智慧信息系统、云计算、网络空间安全、移动互联网、互联网金融六大领域，以市场为导向，整合电子科技大学技术和人才资源、政府区域政策资源和企业产业资源，为学校提供技术成果转化支持、为企业提供技术工程支持，承担政府、企业科研项目，促进产业化技术创新，致力于打造成为围绕“互联网+”的重要协同创新载体。目前，成都研究院现已搭建了成都讯息科技成果转化投资有限公司、电子科技大学科技创业天使投资基金、电子科技大学创业种子孵化基金等投资平台。机构官网：http://www.cdyjy.uestc.edu.cn/yanjiuyuan/cdyjy/Index.php

15．中南大学信息安全与大数据研究院：2015 年 3 月在中南大学成立，是中南大学主动应对大数据时代要求而成立的集教学、科学研究和技术开发一体的综合性研究机构。研究院依托中南大学在计算机科学与技术、软件工程、信息与通信工程、网络空间安全、数学等学科基础，以社会需求为导向，开展网络空间安全、大数据科学与技术方向的研究。机构官网：http://bigdata.csu.edu.cn/index.htm

16．清华——青岛大数据工程研究中心: 2015 年 4 月 8 日青岛高新区与清华大数据产业联合会共同承办的“清华——青岛大数据工程研究中心启动仪式暨大数据产业发展高峰会”在青岛市市级机关会议中心举行。该中心将围绕青岛市在大数据、云计算、物联网、移动互联网、互联网金融、海洋科技、现代制造等重要领域的科技需求，开展前沿技术创新、系统集成创新、工程化研发和科技成果转移转化，统筹推进青岛互联网大数据产业集群式发展。研究机构：暂无。

17．暨南大学大数据决策研究所：2015 年 5 月在暨南大学成立，主要从事精准医疗和金融量化投资等，对于机器学习和数据挖掘有深入研究。研究所整合暨大金融学国家级重点学科、临床医学和药理学等居全球 ESI 前 1%，医学院、生命科院、药学院和 20 多所附属医院的学科资源，并与美国堪萨斯大学、中山大学等机构建立战略合作展开研究。机构官网：暂无。

18. 海峡云计算与大数据应用研究中心：2015 年 5 月 19 日由厦门大学和国福瑞数据系统有限公司联合创建，研究中心秉承“务实科研、服务产业”理念，积极开展云计算与大数据应用研究，促进云计算与大数据技术的产业化应用，切实有效解决产业实际问题，促进产业优化提升与转型升级，助力福建经济更好更快发展。机构官网：http://www.straitbigdata.org.cn/

19. 大江大数据研究中心：2015 年 6 月 25 日由江西日报社与国际商业机器 IBM（中国）有限公司联合发起，该中心致力于为企业提供数据库平台和分析服务。根据数据制定决策，为企业处理所有数据和分析类型的任务；为企业了解消费者需求、市场美誉度、消费者评价等提供多方位信息服务；优化企业内部运营模式，针对需求，增加数据收集、管理和分析环节，实现数据技术、资源和平台互补。另外，通过对网络舆情进行引导，提高企业应对公关危机事件处理能力。机构官网：http://bigdata.jxnews.com.cn/

20. 重庆教育大数据研究院：2015 年 7 月 22 日成立于重庆教育大数据研究院有限公司。研究院专注于 K12 基础教育领域，以大数据研究与应用为内核，深度融合“互联网+”，构建“协同教育生态”，致力于打造“中国基础教育 O2O 第一平台”。研究方向为在线教育平台与内容研发、线下教育专属渠道与运营、教育大数据研究与应用。机构官网：http://www.cqebd.cn/

21. 北京大数据研究院：2015 年 8 月 27 日由中关村管委会、海淀区政府、北京大学、北京工业大学四方共同筹建。该研究院主要围绕金融、交通、医疗、移动互联网等各行业大数据应用需求，与各企业共同开展大数据共性关键技术研发、行业大数据分析和成果转化。另外，还将建立纯市场化的大数据创业企业孵化机制和载体，与大数据领军企业、知名创业投资机构合作，培育一批大数据领域技术创新型企业。机构官网：http://www.bibdr.org/

22. 中国教育大数据研究院：2015 年 9 月 19 日在曲阜师范大学成立，主要研究方向是利用大数据技术平台，对教育改革中的各类问题开展针对性研究；建立教育大数据人才培养和协同创新中心，加强与相关高校院所的合作；构建教育大数据研究成果的转化和应用中心，推动成果的转化和应用；建设国际智库资源平台，提高在世界教育领域的话语权。目前，研究院发布了 2015 学年教育热点研究报告、中国大学声誉研究报告、考试招生制度改革研究报告。机构官网：http://bigdata.qfnu.edu.cn/

23. 复旦大学大数据学院和大数据研究院：2015 年 10 月 8 日成立，学院立足基础学科交叉融合，强调应用，面向产业前沿需求，致力于产学研融合的创新研发。开展科学与研究和人才培育，有效推动大数据学科和相关学科的发展，直接面向产业需求建立跨学科、跨领域的研发团队，集聚产业创新人才，着力创造具有重大市场应用价值的科技成果和应用基础研究成果。机构官网：http://www.sds.fudan.edu.cn/wp/

24. 中国管理科学研究院所际智库联盟国家经济大数据联合实验室：2015 年 10 月 18 日由中国管理科学研究院联合多家有限公司联合建立，是国内首家大型中和性大数据研发运营平台。实验室以新常态下中国经济转型升级与大众创业、万众创新为服务目标，以聚合社会各种大数据技术能量为基础，依托中国管理科学研究院所际智库专家力量，全力打造大数据应用创新产品，服务于国家、服务于社会、服务于企业。机构官网：http://www.cnjks.cn/html/news/2015-10-20/116.html
25. 清华大学遥感大数据研究中心：2015 年 10 月 23 日在清华大学成立，瞄准国内国际重大对地观测计划，以数据整合共享为基础，以研发应用为核心，建成国内领先，世界一流的清华遥感大数据研究中心，服务现代水文水利、海洋、国土、农业、气象、城市、环境、交通、防灾减灾、规划等，促进产学研协同创新，提升国内国际影响力，全方面引领学科创新发展、不断带动学科进步，为我国遥感大数据的研究和应用做出贡献。机构官网：http://www.ids.tsinghua.edu.cn/index.php
26. 浙江省电子商务大数据研究所：2015 年 10 月 23 日由浙江省商务厅研究院成立，该研究所立足网络经济及大数据研究，在全省的网络经济工作中取得了“重大关键技术”突破，首次成功解决了全国电子商务政府工作中存在多年的数据壁垒高、数据统计困难的问题，今后将会在全省乃至全国层面开展电商大数据及分析采集工作。机构官网：暂无。
27. 重庆大数据关键共性技术研究机构：2015 年 11 月由重庆市科学技术研究院（简称重科院）联合重庆大数据研究院有限公司（简称大数据研究院）成立，旨在开展大数据领域关键、共性技术研发，形成一批在国内、市内有代表性的具有自主知识产权的大数据产品，着力推动大数据对重庆市支柱产业、城市管理和政府服务等领域创新发展的支撑作用。机构官网：暂无。
28. 健康大数据科学研究中心：2015 年 12 月 21 日由电子科技大学与贵阳朗玛信息技术股份有限公司共同发起，主要用于在医疗健康大数据领域的产学研创新。该平台围绕健康大数据的采集、处理、存储、分析、呈现及应用服务全过程，着力开展医疗数据异常检测、健康舆情分析与监控、移动健康管理与智能服务等健康大数据相关基础理论研究、关键技术攻关及应用推广工作。机构官网：http://www.hbigdata.org/index.php
29. 云南大学大数据研究院：2016 年 2 月 27 日在云南大学成立，该研究院致力于开展与大数据有关的基础科学问题和关键技术问题的特色研究和人才培养，打造高水平多学科交叉融合的国内外学术交流平台，建成集大数据学术研究、技术研发、人才培育和应用服务为一体的产学融合的创新研发平台、产业智库。研究院将主要开展数理统计、金融统计、大数据挖掘和推理、海量数据分析与信息服务、计算智能与知识发现、政府统计与信息咨询等领域的研发工作。机构官网：暂无。
30. 生物医药开放链接大数据联合研究中心：2016 年 3 月 14 日由华东理工大学信息学院携手上海梅斯医学联合建立，旨在充分发挥双方优势，提供开放的中文基础生物医药数据，关联国内外已有的生物医药开放链接数据，搭建生物医疗大数据研究公共服务平台，为生物医药大数据挖掘工作提供更多的支撑和服务。研究中心将从开放链接大数据和专注多元化开发模式等方面为进一步推动生物医药大数据的发展开展相关研究。机构官网：暂无。

31. 青岛大数据统计研究中心：2016 年 3 月 29 日，青岛市统计局与青岛大学联合成立“青岛大数据统计研究中心”。该中心将主要围绕经济金融大数据的采集、处理、存储、分析、呈现及应用服务，开展数据的异常检测、数据分析和监控，力争打造成国内一流的集数据开发利用、统计研究和统计教学培训为一体的综合研发基地。机构官网：暂无。

附录C　教育大数据专家观点

1. 世界正进入大数据时代：大数据的出现与应用正影响着自然科学、工程学、医学、金融学等领域。在教育领域，大数据在学习过程分析、知识表征与利用等方面大有可为。然而如何理解大数据，如何用大数据的方式来解决问题仍然有待进一步探索和论证。
   ——祝智庭，摘自《解读大数据的文化属性》，http://www.sssa.org.cn/sksd/677579.htm
2. 大数据的价值不是被设计的，而是被挖掘发现的。
   ——祝智庭，摘自《上海市社会科学界学术年会高端论坛"大数据与教育研究"会议综述》，http://www.sssa.org.cn/sksd/677579.htm
3. 虽然教育大数据能够记录学习者的学习过程，但它不能解释这一过程为什么是这样的，而且学习过程还存在数据无法表征的因素，例如，学习动机和情感因素等问题。
   ——祝智庭 沈德梅，摘自《基于大数据的教育技术研究新范式》，电化教育研究, 2013年第10期
4. 大数据技术的发展为教育评价从"经验主义"走向"数据主义"提供了技术条件。
   ——余胜泉，摘自《突破与转型:数字校园及其智慧化发展趋势》，中小学管理，2015年第5期
5. 无论从研究还是从实践的领域来看，基于数据的科学决策在教育改革和发展过程中，将会起到基础性的支撑作用。进入到数据时代，尤其是对大数据处于初步收集、分析、利用的阶段，有大量的问题极具研究价值。
   ——余胜泉，摘自《〈中国基础教育大数据发展蓝皮书〉首次研讨会在京召开》，http://news.163.com/15/1228/11/BBTU11BO00014AEE.html
6. 大数据的采集、挖掘将导致科学研究方法的重大转变，从追求单向因果转向追求复杂的多元相关性，并用直观的图形等表达方式整体、系统、清晰、简洁地展现在研究者和公众面前。
   ——桑新民 谢阳斌 杨满福，摘自《"慕课"潮流对大学影响的深层解读与未来展望》，中国高等教育, 2014年Z1期
7. 大数据分析的核心问题是要在关联背后找到因果，"如果放弃了对因果的追求，就是放弃了人凌驾计算机之上的智力优势，是人类自身的放纵和堕落。"
   ——周涛，摘自《周涛：大数据的社会学运用可以帮助反腐》，http://tech.qq.com/a/20140815/

073996.htm

8. 在大数据时代，数据就像是一个神奇的钻石矿，在其首要价值被发掘之后，仍然能不断产生价值，实现数据创新。在数据创新的发展过程中，大数据必然影响教育创新，为信息化教学创造无限可能性。

——金陵，摘自《大数据与信息化教学变革》，中国电化教育，2013 年第 10 期

9. 教育大数据汇聚存储了教育领域的信息资产，是发展“智慧教育”最重要的基础，而数据挖掘和学习分析技术是连接教育大数据与智慧教育的桥梁。

——柯清超，摘自《大数据下的智慧教育发展路径》，中国远程教育, 2014 年第 6 期

10. “大数据”时代的教育“数据”与“数字”差一字谬千里。信息化革新教育模式，教育数据更易获得和整合。大数据是教育未来的根基。没有数据的留存和深度挖掘，教育信息化只能流于形式，从孔子的竹签流传到蔡伦的造纸术再到活字印刷术，每一次技术的革命都革新了教育的一个时代，同样，今天计算机和信息技术的发展，大数据的发展使得教育面临新的一场革命，谁能更好把握大数据，谁将在未来的竞争中获得更多主动权。

——魏忠，摘自《魏忠：“大数据”时代的教育》，http://www.cnein.ac.cn/html/special/2013/0423/101.html?pc_hash=0xvnuG

11. 数据悖论实际上是大数据时代中教育工作者面临的最大问题。教育信息化中的数据悖论实际上是指数据规模之大和数据利用率之低之间的不对等。换句话说，尽管我们拥有大量数据，但更多时间用于数据的收集和整理，花在数据分析利用上的时间非常有限。要想混合式学习的发展更加成熟，重构数据分析模型必不可少。

——蒋鸣和，摘自《英特尔和中央电化教育馆启动“教育大数据分析研究”项目》，http://www.edu.cn/info/qiyejiaidu/201511/t20151106_1335408.shtml

12. 与传统教育数据相比，教育大数据的采集具有更强的实时性、连贯性、全面性和自然性，分析处理更加复杂多样，应用更加多元深入。与电子商务、交通、医疗、金融保险等领域的大数据相比，教育大数据的独特性表现为三个方面：第一，教育大数据的采集呈现高度的复杂性；第二，教育大数据的应用需要高度的创造性；第三，不仅注重相关关系，更要强调因果关系。

——杨现民 唐斯斯 李冀红，摘自《发展教育大数据:内涵、价值和挑战》，现代远程教育研究，2016 年第 1 期

13. 科学的发展需要有科学的路径指引，制定区域教育均衡发展的决策需要有全面客观的数据做支撑。对教育大数据的深入分析和挖掘，将会从教育环境均衡、教育资源均衡、教育机会均等和教育质量均衡四个方面促进区域教育的均衡发展。

——刘雍潜 杨现民，摘自《大数据时代区域教育均衡发展新思路》，电化教育研究, 2014 年第 5 期

14. 物联网和大数据技术是智慧教育系统建设的“智慧支柱”。物联网技术能够提升教育环境与教学活动的感知性，大数据技术能够提高教育管理、决策与评价的智慧性。
——杨现民 刘雍潜 钟晓流 宋述强，摘自《我国智慧教育发展战略与路径选择》，现代教育技术，2014 年第 1 期
15. 基于数据对人的成长的认识，个性分析是非常有意义的。教育正在走向大数据时代，谁能够发现数据，谁就能够赢得未来的生存；谁能够挖掘数据，谁就能够赢得未来的发展；谁能够利用数据，并利用数据提供个性化的服务，谁就能够赢得未来的竞争。三个层次是递进的关系，即发现数据，挖掘数据，利用数据。
——王晓芜，摘自《大数据促进教育变革与创新——专访中央电化教育馆王晓芜副馆长》，中小学信息技术教育，2013 年第 10 期
16. 教育大数据区分为广狭二义，广义的教育大数据泛指来源于日常教育活动中人类的行为数据；狭义的教育大数据指的是学习者的行为数据。通过教育数据挖掘和学习分析所做出的预测和推荐，将会大大增加学生活动的透明性，这也将带来一系列的社会伦理道德问题。
——徐鹏 王以宁 刘艳华 张海，摘自《大数据视角分析学习变革——美国〈通过教育数据挖掘和学习分析促进教与学〉报告解读及启示》，远程教育杂志，2013 年第 6 期
17. 教育大数据的重点并不在于其存储、生成和计算上的“大”，更重要的是，它体现了一种方法论和技术论上的变革，一种对于教育和学习问题研究的新思路。
——张洪孟 胡凡刚，摘自《教育虚拟社区：教育大数据的必然回归》，开放教育研究，2015 年第 1 期
18. 教育大数据指的是与教育教学要素相关的以及教育教学过程中产生的全量超大规模、多源异构、实时变化的数据。
——魏顺平，摘自《基于大数据的教育决策支持案例分享》，http://learning.sohu.com/20160114/n434551706.shtml
19. 对于高校信息化来说，数据挖掘有三个层次：一是为了信息化部门的 IT 运维和服务；二是学校各业务部门的管理决策；三是全校的综合数据挖掘与分析。
——宓詠，摘自《大数据时代一切都让沉睡的数据说话》，http://www.cnein.ac.cn/html/special/2013/0423/105.html?pc_hash=0xvnuG
20. 大数据为学习带来了三大改变：我们能够收集对过去而言，既不现实也不可能集聚起来的反馈数据；我们可以实现迎合学生个体需求的，而不是为一组类似的学生定制的个性化学习；我们可以通过概率预测优化学习内容、学习时间和学习方式。利用大数据，我们可以使决策者得以在全面而坚实的经验基础上改善其决策的质量，从而使教育决策从意识形态的偏见中脱离出来。
——维克托·迈尔·舍恩伯格，摘自《与大数据同行——学习和教育的未来》，华东师范大学出版社，2015 年

21. 在大数据时代，数据的价值是其所有可能用途的总和。

——维克托・迈尔・舍恩伯格 肯尼思·库克耶，摘自《大数据时代》，浙江人民出版社，2013 年

22. 利用数据分析的教育大数据能够提高学生的学习成绩，拯救美国的公立学校系统。在过去十几年里教育领域的技术发展陷入了停滞，研发投入远远不够，教育技术未来发展的关键在于数据。

——比尔·盖茨，摘自《大数据时代》，http://wenku.baidu.com/view/ ec29606d76c66137ef061939.html

23. 在线教育产业链上企业或机构间的利益博弈阻碍了教育大数据的联通。学校、教育培训机构等拥有教育大数据却没有处理数据的能力，企业拥有处理、分析教育大数据的能力，却得不到教育大数据。当前制约教育大数据研究和应用发展的关键因素并非技术，而是人才——教育大数据分析师。

——张洪孟，摘自《教育虚拟社区：教育大数据的必然回归》，开放教育研究，2015 年第 1 期

24. 对教育大数据进行挖掘和分析，可以为探索教学方法、教学环境、教学评价、学习内容、学习时间和学习方法等变量与学习者学习效果的相关关系，对于解密“教学黑箱”，明晰教学过程，提高教学的有效性具有重要作用。

——胡弼成，摘自《“大数据”对教育的作用、挑战及教育变革趋势——大数据时代教育变革的最新研究进展综述》，现代大学教育，2015 年第 4 期

25. 教育大数据分为两类：一类是有关学生基本信息的数据（例如，身份识别数据）；另一类是基于学生学习活动用以提升学习效果的数据，包括学习交互数据、推断的内容数据、系统范围数据、推断的学生数据。

——Ferreira，摘自《Big data in education: the 5 types that matter》，https://www.knewton.com/resources/blog/ceo-jose-ferreira/big-data-in-education/

26. 大数据本质上是一种动态的、海量的数据分析和数据预测，是数据对象、技术与应用三者的统一。从对象角度看，大数据是大小超出典型数据库软件采集、储存、管理和分析等能力的数据集合。从技术角度看，大数据技术是从各种各样类型的大数据中，快速获得有价值信息的技术及其集成。从应用角度看，大数据是对特定的大数据集合、集成应用大数据技术、获得有价值信息的行为。

——赵姗，摘自《大数据时代来临，中国准备好了吗？》，http://www.cctime.com/html/2013-7-1/201371121493403.htm

27. 大数据是智慧校园的根本，大数据在校园的应用模式可以帮同学们发现自己、发现社会、发现天地。

——蔡立军，摘自《云计算、大数据、移动互联网——拉动智慧校园的三驾马车》，中国教育信息化，2013 年第 20 期

28. 在大数据支持下，各级决策者可汲取“以证据为本”的理念和对大数据对政策决策影响的思考，从传统的政策调研和观点式决策向以多元丰富政策证据为支撑、大数据为助力的现代教育治理模式转变。

——陈霜叶 孟浏今 张海燕， 摘自《大数据时代的教育政策证据：以证据为本理念对中国教育治理现代化与决策科学化的启示》，全球教育展望，2014 年第 2 期

29. 教育决策是一个庞大的复杂系统工程，对于复杂教育问题的研究和政策建议，也必须依赖于翔实可靠的数据，依赖于对这些反映客观教育现实的数据的自动化处理和分析。大数据时代，为教育决策的科学化现代化提供了保障和可能。

——范国睿，摘自《努力构建科学民主的教育决策理论与实践模式》，中国社会科学报，2014 年第 3 期

30. 依靠信息技术自动、持续采集的大数据显然比传统的现场询问和记录式的数据采集更客观、中立。大数据将改变传统学术研究的工作流程。基于大数据的研究突破了以样本推断总体的传统测量统计方法，直接对总体进行分析，并更注重结论的相关性和实时性。

——郭文革，摘自《中国网络教育政策变迁》，北京大学出版社，2014 年

31. 大数据对课堂教学带来的主要影响是使教师从依赖以往的教学经验教学转向依赖海量数据教学分析进行教学，使学习者对自我发展的认识从依赖教师有限理性判断转向对个体学习过程的数据分析，从而使传统的集体教育转向对学习者的个性化教育。

——梁文鑫，摘自《大数据时代——课堂教学将迎来真正的变革》，北京教育学院学报（自然科学版），2013 年第 1 期

32. 大数据时代学生将从以往的“模糊”学习向“以学生心中有数”的学习发展，真正实现终身制学习。云计算和大数据使教师与学生不仅能够共享存储在云服务端的教育资源，还能通过对各种非结构化数据进行分析，以挖掘隐藏的信息价值，并为师生提供最合理的教与学的资源。

——刘中宇 刘海良，摘自《大数据时代高校云资源应用》，现代教育技，2013 年第 7 期

33. 总体来讲，可以分三个维度看大数据对既有教育的影响：维度之一是改善教育决策；维度之二是变革教育模式；维度之三是丰富评估体系。

——文军，摘自《大数据背景下教育研究变革》，http://www.sssa.org.cn/sksd/677579.htm

34. 大数据教育应用将重构教学评价方式。大数据在教学中的使用，能够有效改善传统评价方式中“证据片面性”与“反馈信息抽象致使操作难”这类积累已深却又无从着手的难题。

——吴晓威 陈旭远，摘自《“大数据”理念的教育应用与中国教育改革——从数据分类到证据转化的机遇识别》，内蒙古社会科学(汉文版)， 2014 年第 6 期

35. 大数据对海量数据的高速实时处理技术可以为在线教育平台实时洞察学习者的变化、把握学习者的需求、提高学习效果提供支持，还可以对学习过程中产生的不相关信息进行深度分析，以预测和把握学习者的需求变化。

——邢丘丹 焦晶 杜占河，摘自《云计算和大数据环境下的在线教育交互研究》，信息资源管理学报，2013 年第 3 期

36. 大数据将重构教育评价，由原来的经验式评价转变为基于数据的过程性评价，通过大数据的支持来分析教学规律。大数据时代的到来，可以通过技术层面来评价、分析并进而提升教学活动。首先，教学评价的方式不再是经验式的，而是可以通过大量数据的“归纳”，找出教学活动的规律；其次，可以对学生进行多元评价，而不仅仅是知识掌握的单一维度；最后，教学评价跳出了结果评价的圈子，实现过程性评价。

——喻长志，摘自《大数据时代教育的可能转向》，江淮论坛，2013 年第 4 期

37. 在大数据的背景下，大学管理变成一种数据支撑的行为科学，大学的决策模式也将由传统的英雄顶层决策模式和群众创新决策模式转变为以数据为基础的决策模式。

——张俊超，摘自《院校研究如何通过数据分析为大学管理决策服务——“院校研究数据分析的对象、内容和方法”研讨会暨 2013 年中国院校研究会年会综述》，高等教育研究，2013 年第 8 期

38. 大数据时代的思维方式为教育评价的开展提供了崭新的思路：其一，形成发展性教育评价观，强调以教育评价对象的主体性发展为目的，从学生的需要出发，重视学习过程、学习体验和师生交流；其二，扩大教育评价范围，强调教育评价对象不仅限于学生，还应涵盖诸如课程、教师、学校等对教育活动有重大影响的内容；其三，反思对成绩的片面追求，强调测试分数绝不等同于物理测量单位的直观含义，在教育评价中不能仅凭简单的数字加以解读。

——张燕南 赵中建，摘自《大数据时代思维方式对教育的启示》，教育发展研究，2013 年第 21 期

39. 大数据具有预警性、预测性、差异性、共享性、动态性等特性。大数据时代的教育管理在履行教育管理职能的过程中将更加凸显管理的及时性、前瞻性、区分性、整合性、权变性等特点。

——周湘林，摘自《大数据时代的教育管理变革》，中国教育学刊，2014 年第 10 期

40. 大数据教育应用面临着一些挑战。其一，大数据意识、观念淡薄，数据公开与共享缺乏政策引导和制度、法律保障；其二，数据的可信性；其三，数据的长久甚至永久保存可能造成过去决定未来。

——胡弼成，摘自《“大数据”对教育的作用、挑战及教育变革趋势——大数据时代教育变革的最新研究进展综述》，现代大学教育，2015 年第 4 期

41. 大数据教育应用的技术挑战主要有以下三个方面：其一，大数据的应用基础是对海量数据的拥有，这就涉及数据存储技术的挑战，以及用于数据处理和分析的技术挑战，包括计算机硬件的数据处理能力、超级计算机算法技术等；其二，大数据的教育应用中，数据采集和问题解决分析是核心环节，应用开发者要面对的就是数据采集技术和问题解决分析技术的挑战；其三，数据兼容性挑战，不同数据存储系统中的数据编码和格式的

不统一，造成不同系统间的数据共享困难。

——美国教育部， 摘自《通过教育数据挖掘和学习分析促进教与学》报告， 2012 年

42. 基于大数据的媒体和网络过滤机制一定程度上阻碍了学习者信息视野的拓展。

—— Pariser，摘自 *Beware online "filter bubbles"*，http://www.ted.com/talks/eli_pariser_beware_online_filter_bubbles

43. 从大数据中获取价值至少需要三类关键人才队伍：一是进行大数据分析的资深分析型人才；二是精通如何申请、使用大数据分析的管理者和分析家；三是实现大数据的技术支持人才。

——陶雪娇 胡晓峰 刘洋，摘自《大数据研究综述》，系统仿真学，2013 年 S1 期

44. 目前，大数据技术的运用仍存在一些困难与挑战，主要体现在大数据挖掘的四个环节中，即数据收集、数据存储、数据处理和结果的可视化呈现，使结果更直观以便于洞察。

——邬贺铨，摘自《大数据时代的机遇与挑战》，求是，2013 年第 4 期

45. 基于教育大数据的课程推荐一定程度限窄了学生的选课范围，挫伤了学生向困难挑战的积极性，使学生转而选学容易通过的课程。

——Viktor Mayer-Schnberger, Kenneth Cukier， 摘自 *How big data will haunt you forever: your high school transcript,* http://qz.com/185252/how-big-data-will-haunt-you-forever-your-high-school-transcript/

46. 大数据时代面临的一大挑战是如何整合信息，这要求我们必须设计一个利于搜索的工具平台以保证学生有效获取知识，实现自主式学习。

——谢维和，摘自《专家认为教育改革正在进入大数据时代》，http://www.bj.xinhuanet.com/bjyw/2015-03/26/c_1114777177.htm

47. 在大数据时代，人人都被抛掷到信息的海洋里。我们一方面在享受大数据时代给我们带来的便利，另一方面也在不知不觉中为此付出代价。在海量的大数据中，会有一部分属于我们自己的信息隐私，这些信息被无声无息地收集，成为他人偷窥的目标或沦为别人渔利的工具。

——张涛甫，摘自《大数据时代来临，你准备好了吗》，http://paper.jyb.cn/zgjyb/html/2013-04/26/content_93541.htm

48. 个人隐私保护是实现数据采集和分析的重要前提条件。一旦在个人隐私保护方面出现问题，数据挖掘和学习分析则面临巨大的法律和道德压力。通过教育数据挖掘和学习分析所做出的预测和推荐，将会大大增加学生活动的透明性，这也将带来一系列的社会伦理道德问题。

——张羽 李越， 摘自《基于 MOOCs 大数据的学习分析和教育测量介绍》， 清华大学教育研究， 2013 年第 4 期

49. 我国数据存储、处理技术基础薄弱。大数据的技术，是建立在云计算的基础上的。云计算，在我国还是新兴产物，认识到研究再到推广还有很长的路要走。在大数据软件平

台方面，我国落后世界先进国家很多年，需要走追赶型的道路。就技术方面而言，大数据教育应用面临着数据收集、存储、分析处理、结果可视化呈现、兼容性及基础薄弱等挑战。

——周洪宇 鲍成中， 摘自《大时代：震撼世界的第三次工业革命》，人民出版社，2013 年

50. 与其他行业的大数据相比，教育行业大数据目前数据量比较小，教育数据噪声也比较高。目前在线教育不像电商，用户数量庞大，数据可以累积到海量。而且教育垂直属性特别明显，大量数据会分别流向不同垂直领域。

——杜昶旭， 摘自《教育大数据，想说爱你不容易》，http://edu.people.com.cn/n/2014/1229/c1053-26290289.html

51. 大数据为人们认识世界提供了“分析全样本、接收非精确、发现相关性”等新思路，一种新的科学研究范式——数据密集型科学——正在酝酿中。

——贺威 刘伟榕， 摘自《大数据时代的科研革新》， 未来与发展，2014 年第 2 期

附录 D　教育大数据专业工具

1. Hadoop 是由 Apache 基金会开发的分布式系统基础架构，通过 HDFS 文件系统 MapReduce 算法进行资源存储、内存和程序计算的有效管理和利用。Hadoop 对数据实行按位存储，在可用的计算机集簇间分配数据并完成计算任务。此外，Hadoop 还能够在节点之间动态地移动数据，并保证各个节点的动态平衡，从而为海量数据提供了可靠、高效、可伸缩的方式进行分布式处理。（详细信息参考 http://hadoop.apache.org/docs/r1.0.4/cn/quickstart.html）
2. Spark 是由 UC Berkeley AMP lab 开发的类 Hadoop MapReduce 的通用并行框架，它是基于内存计算的开源的集群计算系统，可在内存集群计算中将数据集缓存在内存中，以缩短访问延迟。Spark 除了能够提供交互式查询，还支持分布式数据集上的迭代作业，优化那些在并行操作之间重用工作数据集的工作负载。（详细信息参 http://spark. apache.org/）
3. QUEST 是由 IBM 公司 Almaden 研究中心开发的一个多任务数据挖掘系统，目的是为新一代决策支持系统的应用开发提供高效的数据开采基本构件。系统提供了专用于大型数据库上的各种开采的功能，并且各种开采算法具有近似线性计算复杂度，可适用于任意大小的数据库。该算法能将所有满足指定类型的模式全部寻找出来并能为各种发现功能设计相应的并行算法。（详细信息参考 http://tech.uc.cn/?p=2116）
4. MineSet 是由 SGI 公司和美国 Standford 大学联合开发的多任务数据挖掘系统，它集成多种数据挖掘算法和可视化工具，提供多种数据挖掘模式，支持多种关系数据库，对于数据进行统计、集合与分组，实现多种数据的转换。MineSet 将相同的挖掘结果以不同的可视化形式呈现，能够帮助用户直观地、实时地发掘、理解大量数据背后的知识。（详细信息参考 https://www.mineset.com/intro/）
5. DBMiner 是由加拿大 Simon Fraser 大学开发的一个多任务数据挖掘系统，该系统设计的目的是把关系数据库和数据开采集成在一起。它综合了多种数据开采技术，提出了交互式的数据开采查询语言 DMQL，并且能与数据库平滑集成，以面向属性的多级概念为基础发现各种知识。（详细信息参考 http://www.sfu.ca/io/technologies/dbminer.html）
6. Intelligent Miner 是由 IBM 公司开发的一种分别面向数据库和文本信息进行数据挖掘的软件，该软件提供了最广泛的资料探勘技术及算法，可容纳相当大的资料量的能力且有强大的计算能力，在资料探勘领域具有重要的影响。（详细信息参考 http://www.ibm.com/

developerworks/cn/data/library/techarticles/dm-0506nicolussi/）

7. WEKA 是由 New Zealand 的 the University of Waikato 开发的基于 Java 环境下开源的机器学习（Machine Learning）及数据挖掘（Data Mining）软件。WEKA 作为一个公开的数据挖掘工作平台，支持多种标准数据挖掘任务，包括对数据进行预处理、分类、回归、聚类、关联规则及在新的交互式界面上的可视化。（详细信息参考 http://weka.wikispaces.com/）

8. RapidMiner 是由德国多特蒙德工业大学开发的集预测性分析和数据挖掘于一体的软件工具。该工具基于 Java 语言进行编写，拖拽操作，无须编程，运算速度快。除了数据挖掘，RapidMiner 还提供如数据预处理和可视化、预测分析和统计建模、评估和部署等功能。除此之外它还提供来自 WEKA（一种智能分析环境）和 R 脚本的学习方案、模型和算法。（详细信息参考 https://www.rapidminerchina.com/zh/）

9. SAS Enterprise Miner 是一个集成的数据挖掘系统，该支持关联、聚类、决策树、神经元网络和经典的统计回归技术，同时还集成了复杂的数据库管理软件。作为资料探勘工具市场的杰出工具，它支持 SAS 统计模块，还通过取样、探测、修改、模式、评价（SEMMA）方法等算法增强了 SAS 模块。该系统为用户提供了友好、直观、灵活、方便的体验，即使对统计学无经验的用户也可以理解和使用。（详细信息参考 http://support.sas.com/documentation/onlinedoc/miner/）

10. Clementine 是 SPSS 发行的一个开放式数据挖掘工具，它不但支持数据获取、转化、建模、评估到最终部署的全部过程，还支持数据挖掘的行业标准——CRISP-DM。Clementine 提供了多种图形化技术，通过可视化程序环境来执行分析功能，理清数据间的关键性联系，指导用户以最便捷的途径找到问题的最终解决办法。（详细信息参考 http://spss-clementine.software.informer.com/）

11. Cognos 软件是以服务为导向进行架构的一种数据模型，该软件可以提供无缝密合的报表、分析、记分卡、仪表盘等解决方案。Cognos 展现的报表基于统一的元数据模型，为应用提供了统一的视图。Cognos 业务智能解决方案可以整合到现有的多系统和数据源架构中，从而获得对数据的更深入了解，有效地将各种相关的信息关联起来，使用户在分析汇总数据的同时能够深入到自己感兴趣的细节数据中，以便更全面地了解情况，做出正确决策。（详细信息参考 http://www-01.ibm.com/software/analytics/cognos/）

12. UCINET 网络分析集成软件是由加州大学欧文（Irvine）分校编写的用于处理社会网络数据和其他相似性数据的综合性分析程序。UCINET 能够处理的原始数据为矩阵格式，并且提供了大量数据管理和转化工具，并对数据进行中心性分析、聚类分析、核心与边缘分析、位置与角色分析等，数据和处理结果输出至 NetDraw、Pajek、Mage 和 KrackPlot 等软件实现图形绘制，通过节点与节点之间的可视化图形展示社会网络的复杂关系。（详细信息参考 http://www.analytictech.com/ucinet/description.htm）

13. Pajek 是一个特别为处理大数据集而设计的网络分析和可视化程序。Pajek 提供了纵向网络分析的工具，根据行动者在某一观察时刻的网络位置的时间标志，可以生成一系列交叉网络，从中分析并考察这些网络的演化。由于大型网络难于在一个视图中显示，Pajek 会区分不同的网络亚结构分别予以可视化，每种数据类型在 Pajek 中都会呈现特有的描述方法。（详细信息参考 http://vlado.fmf.uni-lj.si/pub/networks/pajek/）
14. NetMiner 是集合社会网络分析和可视化探索技术于一体的软件工具。它允许使用者以可视化和交互的方式探查网络数据，以找出网络潜在的模式和结构。NetMiner 采用一种优化的结合了网络分析和可视化的网络数据类型，包括 3 种类型的变量：邻接矩阵（称作层）、联系变量和行动者属性数据。NetMiner 也具有高级的图形特性，几乎所有的结果都是以文本和图形两种方式呈递的。（详细信息参考 http://www.netminer.com/main/main-read.do）
15. MultiNet 是一个适于分析大型和稀疏网络数据的程序，包含 4 种统计技术：交叉表和卡方检验、ANOVA、相关和 p*指数随机图模型。由于 MultiNet 是为大型网络的分析而专门设计的，因此，数据输入采用节点和联系列表而非邻接矩阵，对于分析程序产生的几乎所有输出结果都可以以图形可视化化方式展现。（详细信息参考 http://www.multi.net.pk/）
16. StOCNET 统计分析是一个 Windows 环境下的开放软件系统，适用于社会网络的高级统计分析。该系统提供了一个使用多种统计方法的平台，其中每种统计方法都可以以单独模块的形式便利地嵌入其中。StOCNET 执行不同的统计方法，进行数据间的选择和转换，对于网络数据进行纵向分析，确定随机图统计量的分布概率，构造和拟合基于偏代数结构的结构模型。（详细信息参考 http://www.gmw.rug.nl/~stocnet/StOCNET.htm）
17. Visone 是一款社会网络可视化分析软件，该软件支持交互式图形用户界面，社会网络数据的标准格式的导入 / 导出；主要被应用于教学和研究的社会网络分析软件，而且简单易用、准确性高。（详细信息参考 http://www.visone.info/）
18. NetDraw 是由美国肯塔基州立大学开发的非常具有代表性的一款社会网络分析软件，NetDraw 主要是按照研究者预先对网络节点信息的描述，绘制出一张能够详细反映出网络节点之间关系的网络关系图。NetDraw 以其形象直观的图形化显示功能、简单易学的操作性、优秀的开放兼容性给我们的社会网络分析注入了新的活力，目前已被广泛应用于社会网络分析研究。（详细信息参考 https://sites.google.com/site/ netdrawsoftware/）
19. Gephi 是一款开源的交互式的复杂网络分析平台，支持 Windows，Mac OS X 以及 Linux 等环境。主要功能包括：网络布局（提供了超过 10 种不同的布局算法）、网络社区分析和分类、网络属性计算、动态网络分析，可以被用于互联网、生物医学、交通网络分析等多个领域。（详细信息参考 https://gephi.org/）
20. KNIME （Konstanz Information Miner） 是一个集合丰富的开源的数据集成、数据处理、数据分析和数据勘探一体化平台。它以可视化的方式创建数据流或数据通道，可选择性地运行一些或全部分析步骤，并将研究结果以可交互的视图呈现出来，以便对数据节点进行处理。同时还通过其模块化数据的流水型概念，集成了各种机器学习的组件和数据挖掘。（详细信息参考 http://www.knime.org/）

21. Darwin 是由 Thinking Machines 公司开发的数据挖掘工具，它集合了神经元网络、决策树、K 近邻三个数据挖掘工具，从而解决使用类别和连续变量的分类问题并能预测和预报问题。同时它还支持数据访问、操纵和预处理，对分散数据进行合并，从数据集中删除变量、定义变量类型、把序列数据集转变为并行数据集，以及进行数据的取样和分割。（详细信息参考 http://www.oracle.com/technetwork/cn/database/darwin-097216.html）
22. Decision Series 是由 NeoVista 开发的高效能资料探勘解决方案，它提供了整合可描述及高效预测分析算法的数据挖掘环境，以资料存取及资料转换引擎完全的整合多种算法，具有强大的分析能力。同时资料探勘引擎建立在资料存取及资料转换层的顶端，可以实现范围调整，吸收平行硬件架构的优点，它在确定的问题类别时，在范围能力、预测精确及处理时间上执行非常高效，整体而言，Decision Series 定位于大范围分析的执行。（详细信息参考 http://www.neovistarh.com.br/）
23. Cytoscape 是由 Leroy Hood、Trey Ideker、Bruce Conklin 等几个研究单位共同合作开发的的一个复杂网络的可视化工具，Cytoscape 是一款图形化显示网络并进行分析和编辑的软件。它支持多种网络描述格式，能够为网络添加丰富的注释信息，针对网络问题进行深入分析，适用于生物信息学、社会网络分析、语义网络等问题领域。（详细信息参考 http://www.cytoscape.org/）
24. Knowledge SEEKER（KS）是由 Angoss Software 开发的一套决策树资料探勘工具，它使用 CART 及 CHAID 为决策树的算法用以找出资料组中预测因素和相依变量间的关系。就其本身而言，KS 的主要功能在于资源探测能力，同时其使用者具有较为广泛的权限，包含修改算法或限制树的成长等。（详细信息参考 http://www.angoss.com/predictive-analytics-software/software/knowledgeseeker/）
25. InfoSphere BigInsights 是由 IBM 公司开发的综合性信息集成平台，旨在帮助公司从大量不同范围的数据中挖掘商机并进行分析。BigInsights 提供了内置分析技术和无分享硬件集群，以便对大量丰富的数据进行筛选，对集群中的文件数据进行透明地分配存储。BigInsights 能够对大规模的静态数据进行分析，它提供多节点的分布式计算，可以随时增加节点，提升数据处理能力。（详细信息参考 http://www.ibm.com/developerworks/data/library/techarticle/dm-1110biginsightsintro/index.html）
26. Oracle Big Data Appliance 是由 Oracle 公司自主开发的一个硬、软件集成系统，旨在简化大数据项目的实施与管理。该系统针对获取、组织，以及将非结构化数据加载到 Oracle 数据库之中的整个流程进行优化。Oracle 大数据机集合了 CDH 平台和 Cloudera Manage 软件，实现端到端的管理。（详细信息参考 https://www.oracle.com/engineered-

systems/big-data-appliance/index.html）

27. BigQuery 是由 Google 开发的云数据分析引擎，旨在对 TB 级别的大数据进行实时的分析处理。开发者可以通过 Google 的架构来运行 SQL 语句对超级大的数据库进行操作，直接进行交互式分析，并且能快速得出分析结果，因此，可以在无须承担硬件设备投资的情况下开展大数据业务。（详细信息参考 bigquery.cloud.google.com）
28. Kinesis 是由 Amazon 开发的一种在 AWS 上流式处理数据的平台，该平台能够让用户轻松加载和分析流数据，并且根据需求构建自定义流数据应用程序。Kinesis 能对 Web 应用程序、移动设备、可穿戴设备、行业传感器和许多软件应用程序和服务产生的大量流数据进行连续地收集、存储和处理，真正做到实时数据处理应用提供高性能和低管理开销。（详细信息参考 http://aws.amazon.com/cn/kinesis/）
29. Vertica 是由惠普开发的一种全新架构的实时分析平台，该平台基于列存储，具备高效的数据查询和压缩能力，基于 Shared nothing 架构，具有高度灵活的扩展能力，采用分布式集群，可以实现大规模并行处理。每个节点完全独立运作，完全无共享架构，降低对共享资源的系统竞争。当一个节点出现故障时，其他节点会完成故障节点的任务。（详细信息参考 https://my.vertica.com/docs/7.1.x/HTML/index.htm）
30. HANA 是由 SAP 开发的一款基于内存计算技术的高性能实时数据计算平台，是一个软、硬件结合的高性能分析设备。HANA 不仅将数据保存在内存中，也会不停写到硬盘中，提供高性能、高速度的数据查询和分析。同时可以进行压缩传输，最大限度地减少传输的数据量。在数据处理上把大数据量和计算量分散到不同处理器，实现并行处理，单一服务器出现问题将不会影响正常计算。（详细信息参考 https://hana.sap.com/abouthana.html）
31. Aster Data 是由 Teradata 开发的大数据综合分析平台，该平台将 SQL 和 MapReduce 结合，采用 SQL-MapReduce 专利技术，旨在满足对各种多结构、多元化数据的处理和分析需求。Teradata Aster 技术正在积极帮助用户在数字营销优化、社交网络和关系分析，以及数据科学等领域发挥着关键作用。（详细信息参考 http://cn.teradata.com/Teradata-Aster/overview/?LangType=2052&LangSelect=true）
32. 采云间（Data Process Center，DPC）是由阿里云自主研发的基于开放数据处理服务（ODPS）的 DW/BI 的工具解决方案。DPC 集合数据集成、处理、分析、展现等功能于一体，提供了全链路大数据工具解决方案，可以大大降低用户在数据仓库和商业智能上的实施成本。DPC 支持多种数据源之间的相互同步，实现云端数据的无缝流通，通过拖拽和可视化的方式分析大数据，将分析结果清晰明了地呈现。（详细信息参考 https://www.aliyun.com/product/dpc/#Ability）
33. EMC 的 Greenplum 数据引擎是为了支持新一代数据仓库和分析处理大规模数据而建立的软件解决方案。Greenplum 采用 MPP 架构，每个 SMP 节点也可以运行自己的操作系统、数据库等，能对海量数据进行管理。同时将 SQL 和 Map Reduce 的功能整合到统一的数据处理框架中，支持 SQL 和 MapReduce 的并行处理功能，并能以较低的成本进行管理。（详细信息参考 http://www.emc.com/campaign/global/greenplumdca/ index.htm）

34. FusionInsight 是华为开发的基于 Apache 开源社区软件的大数据存储、查询和分析的统一平台。该平台以海量数据处理引擎和实时数据处理引擎为核心，对各类海量数据信息进行实时和非实时的分析和挖掘，及时洞察和决策新的机会与风险。FusionInsight 以开放的架构，支持批处理、微批处理、实时处理等业务需求，拥有超百万维度的建模框架，能够精准洞察用户的行为与特征。按照金融和运营商等数据密集型行业进行设计与开发，具有高度的可靠性、稳定性和安全性。（详细信息参考 http://e.huawei.com/cn/products/cloud-computing-dc/cloud-computing/bigdata/fusioninsight）

35. 用友 UAP（Unified Application Platform）是其公司自主研发的面向大、中型企业与公共组织的统一应用平台，它是用友公司从多年应用软件研制过程中提炼出来的模型、模板、开发工具、应用框架、中间件、基础技术类库及研发模式等成果，采用可视化开发模式集成在一起，提供完整的覆盖软件全生命周期的开发、集成、运行、管理等功能于一体的统一应用平台。（详细信息参考 http://www.yyuap.com/）

36. XData 大数据处理机是曙光公司开发的通用海量数据处理平台，它实现了无共享（Shared-Noting）结构下的单一数据处理系统映像，并对结构化和非结构化数据提供统一、高速的访问。同时 XData 能对互联网/移动互联网的日志和用户行为分析，进行物联网/传感器网络的数据监控和追踪分析，以及金融交易数据的离线统计和挖掘等众多行业的“大数据运营战略”提供“落地”工具。（详细信息参考 http://www.gkzhan.com/news/Detail/72180.html）

37. KBI（Kingdee Business Intelligence）是由金蝶公司自主研发的商业智能解决方案，它可以实现多组织跨平台数据整合，跨数据库、跨账套、跨地域的数据查询分析，充分挖掘潜在价值。为用户的管理决策分析提供路径，生成智能化分析模型，对企业关键指标进行实时的数据监控和预警，及时掌控业务运营的异常，提前做好处理对策及时化解经营风险。（详细信息参考 http://2014.kingdee.com/products/kbi/features.html）

38. 东软经营分析系统是东软公司蜘蛛研发的营销综合分析系统和辅助决策解决方案，依托网、省两级公司数据中心，在其中心范围内构建营销决策分析数据仓库。系统整体设计采用面向服务的 SOA 架构，采用标准的 Web Service 接口服务，能够实现以服务的方式与其他统进行数据交换和共享。利用积累的数据、模型、方法和知识，实现人机交互式的智能决策支持功能。通过一体化平台的数据交换平台，实现了省与网公司的营销数据纵向贯通。（详细信息参考 http://www.neusoft.com/cn/solutions/0448/1987185651.html）

39. 九次方金融公司自主研发的九次方大数据分析平台以金融大数据为核心，是金融交易、社交平台及决策工作的企业大数据平台。通过建立统一的数据指标和数据格式，把企业的经营数据、产业链分析数据、所处细分市场相关数据一网打尽。通过与政府合作获得数据授权，实行对数据的智能检索、数据分析、动态监测跟踪 智能征信分析等，从而为企业服务提供适当的决策。（详细信息参考 http://www.jusfoun.com/#homePage）

40. Yonghong Data Mart 是基于自有技术研发的一款数据存储、数据处理的软件。对于大数据的分析处理，目前多采用分布式存储技术及分布式计算技术，解决了节点间的快速通信问题，数据分析引擎将会加快数据处理和及时响应，保证了海量数据处理的高效性。针对客户需要处理需求数据的量级不同、IT 系统架构的不同和存储系统的不同，提供了两种解决方案供客户选择：一种是 Data Accelerator 模式，另一种是 Data Grid 模式。（详细信息参考 http://www.yonghongtech.com/bigdata.html）
41. Gridsum Web Dissector 是由国双科技开发的在线营销效果优化和用户行为分析系统，该系统通过收集访问者访问行为和系统信息数据，经过专业处理向客户提供数据查询和商业支持。同时 Gridsum Web Dissector 将专业的 OLAP 数据挖掘技术应用于在线营销效果的度量、分析及点击欺诈监测，使其可以精确地监测页面每一个像素的流量、转化和销售效果等指标。（详细信息参考 http://www.gridsum.com/products/Webdissector/Features/）
42. 百分点发布的新一代大数据平台产品“数据管家”，支持 PB 级海量数据的采集、存储、整合和挖掘，掌握数据资产，进行智能化决策，从而满足中国企业对多源异构的全业务链数据进行统合管理、深度挖掘、实时计算的需求，帮助中国企业构架大数据时代的核心能力，实时帮助企业提高运营效率、进行科学决策及数据增值变现。（详细信息参考 http://www.baifendian.com/）
43. 百度统计是由百度自主研发的一款免费的网站分析工具，以其强大的数据收集和分析能力著称，主要有来源分析、页面分析、访客分析、定制分析、优化分析等模块，全程跟踪每一个用户在企业网站上的行为路径，帮助企业获取网民的多数信息，生成各类统计分析表格，使企业快速发现网站优劣势，改善网站建设，进而达到优化用户体验，提高商品转化率速度的目的，即典型的将信息流转化为客流的互联网营销方法。（详细信息参考 http://tongji.baidu.com/web/welcome/login）
44. FineBI 是由中国的帆软软件有限公司推出的一款商业智能产品，针对企业信息化遇到的困难，为企业提供专业的商业智能解决方案。FineBI 的商业智能分析模块可以根据业务和文本等原始数据的加载和转换，预测模拟企业将来的发展，协助企业根据数据分析结果及时调整策略，做出更好的决策，增强企业在大数据时代的可持续竞争性。（详细信息参考 http://www.finebi.com/product/）
45. HParser 是由 Informatica 公司开发的在 Hadoop 环境下的数据编译转换解决方案，它可以运行在几乎所有的 Apache Hadoop 分布式环境中，与 MapReduce 架构平行，能高效率地把无结构的复杂数据——诸如网络记录、社交媒体数据、通话详细记录及其他数据格式——转换为 Hadoop 中结构或半结构格式。当把数据转换为更具结构性的格式后，便可以得到更快速的使用和生效，从而驱动业务发展、提高运营效率。（详细信息参考 https://www.informatica.com/products/big-data/big-data-parser.html#fbid=oIi22TyHJFd）

46. 微软发布的 SQL Server R2 Parallel Data Warehouse（PDW，并行数据仓库）新增了大数据处理能力，PDW 使用了大规模并行处理来支持高扩展性，采用了 xVelocity 列存储技术，查询速度提升近 10~50 倍，满足实时数据仓库的需求，它可以帮助客户扩展部署数百 TB 级别数据的分析解决方案。（详细信息参考 http://www.microsoft.com/en-us/server- cloud/products/analytics-platform-system/）

参考文献

[1] AWS 与云计算[EB/OL]. http://aws.amazon.com/, 2015-12-28.

[2] Arizona State University. How does eAdvisor? benefit me? [EB/OL]. https://eadvisor.asu.edu/, 2015-09-05.

[3] BCBook[EB/OL]. https://itunes.apple.com/cn/app/id1051618483?mt=8&l=cn, 2016-01-02.

[4] Bienkowski,M..Feng,M.&Means,B. Enhancing Teaching and Learning Through Educational Data Mining and Learning Analytics[DB/OL]. http://www.educause.edu/library/resources/enhancing-teaching-and-learning-through-educational-data-mining-and-learning-analytics, 2015-12-26.

[5] Essa, A. &Ayad, H. Improving Student Success Using Predictive Models and Data Visualisations[J]. Research in Learning Technology, 2012, (20):58-70.

[6] For kids' sake, connecting parents to Dutch schools with open data[EB/OL]. http://www.epsiplatform.eu/content/kids%E2%80%99-sake-connecting-parents-dutch-schools-open-data-0#sthash.7McGcjFw.dpuf, 2015-10-11.

[7] GLOBAL EDUCATION DIGEST[EB/OL]. http://www.uis.unesco.org/Education/Pages/global-education-digest.aspx, 2015-10-07.

[8] Gross, A. ClassDojo's Sam Chaudhary Talks Changes, Criticism, and Communication [EB/OL]. http://www.educationdive.com/news/classdojos-sam-chaudhary-talks- changes-criticism-and-communication/360771/, 2016-01-27.

[9] He B, Macdonald C, Ounis I. Ranking opinionated blog posts using OpinionFinder[C]. Proceedings of the 31st annual international ACM SIGIR conference on Research and development in information retrieval. ACM, 2008: 727-728.

[10] J?nicke H, Wiebel A, Scheuermann G, et al. Multifield Visualization Using Local Statistical Complexity[J]. IEEE Transactions on Visualization & Computer Graphics, 2007, 13(6): 1384-1391.

[11] Knewton's technical white paper [EB/OL]. https://www.knewton.com/wp-content/uploads/knewton-technical-white-paper-201501.pdf/, 2016-01-18.

[12] L·约翰逊，S·亚当斯贝克尔，V·埃斯特拉达，A·弗里曼(作者)；张铁道，白晓晶，李国云，吴莎莎，殷蕾(译者). 新媒体联盟地平线报告：2014 基础教育版[R]. 奥斯汀：新媒体联盟，2014.

[13] Light D, Wexler D, Heinze J.How practitioners interpret and link data to instruction:

Research findings on New York City Schools' implementation of the Grow Network [EB/OL]. http://www.cct.edc.org/sites/cct.edc.org/files/publications/Grow_AERA04_fin.pdf, 2016-01-18.

[14] Macfadyen L P, Dawson S. Mining LMS data to develop an "early warning system" for educators: A proof of concept[J]. Computers & Education, 2010, 54(2): 588-599.

[15] Opportunities lost: The impact of grade repetition and early school[EB/OL]. http://www.uis.unesco.org/Education/GED%20Documents%20C/GED-2012-Complete-Web3.pdf, 2015-10-07.

[16] Purdue Informztion Technology. Course Signals[EB/OL]. http://www.itap.purdue.edu/learning/tools/signals/, 2015-04-12.

[17] Rvan Shaun Joazeiro De Baker, Tiffany Barner, Joseph E Beck (Eds.).The 1st International Conference On Educational Data Mining Proceedings[DB/OL]. http://www. educationaldatamining.org/EDM2008/index. php?page=proceedigs, 2015-12-20.

[18] Shum S B. Learning analytics[DB/OL]. http://www.iite.unesco.org/publications/3214711/, 2016-04-08.

[19] Siemens G, Gasevic D, Haythornthwaite C. Open Learning Analytics: an integrated & modularized platform[DB/OL]. https://sites.ewu.edu/instructionaltech/2012/06/22/open-learning-analytics-an-integrated-modularized-platform/, 2016-04-10.

[20] Starfish Supports University of Nebraska-Lincoln's Efforts to Improve Campus Coordination, Early Identification of At-Risk Students, and Enhanced Student Planning [EB/OL]. http://www.prweb.com/releases/2014/05/prweb11873587.htm, 2015-11-05.

[21] The Use of Student Assessment for Policy and Learning Improvement[DB/OL]. http://www.unescobkk.org/fileadmin/user_upload/epr/PDF/AssesmentSurveyReport131111.pdf, 2015-10-07.

[22] Tom Vander Ark. DreamBox Learning [EB/OL]. http://www.huffingtonpost.com/tom-vander-ark/dreambox-learning-adaptiv_b_1588581.html, 2016-01-18.

[23] WIKIPEDIA. Smart Sparrow [EB/OL]. https://en.wikipedia.org/wiki/Smart_Sparrow, 2016-01-18.

[24] 360 个人图书馆. 特殊教育学校建筑设计规范[EB/OL]. http://www.360doc.com/content/12/0210/09/4095351_185461577.shtml, 2015-12-17.

[25] 阿里云官网. 阿里云[EB/OL]. http://www.aliyun.com/, 2015-12-28.

[26] 安脉科技. 学校信息管理平台[EB/OL]. http://www.anmai.net/yjdt/ yjdt20160108103915.htm, 2016-01-18.

[27] 百度百科. Hadoop[EB/OL]. http://baike.baidu.com/link?url=RtZ2Lv21vWsmuyfzGnmk7h3DS4hGqOTOuDooabxE6u1HYPD6uq2RHTqKlQyQnR6BoEKGUDKwHC_doh0cj2WwKq, 2015-12-28.

[28] 百度百科. Spark[EB/OL]. http://baike.baidu.com/link?url=LirTAKCol3sRtLQa29Un3NKIpFN1MPXY0MLMBu4-EgzAWoxZQdyY_A1W4tt0Ex_clEMcU9JxUAO

GGCCcnBRFWYx4fuqeoQ8XnElA85VPQOu, 2015-12-18.

[29] 百度百科. 存储单位[EB/OL]. http://baike.baidu.com/view/1703914.htm, 2015-12-17.

[30] 百度百科. 点阵数码笔[EB/OL]. http://baike.baidu.com/link?url=bIdBW1z8_KToANSdDNAsxXY1AXuG07zYP5oFpV7unVKw4dlkXr1ZUhzI0CzK-ItHLv3tNUhqFlozazjdRGJ5zq, 2015-12-27.

[31] 百度百科. 可穿戴技术[EB/OL]. http://baike.baidu.com/link?url= 6yKxZKRB1QYY_PYRoTfLrbOJFgYwfW11hFGPYudHJucGzKh4nlsYvKpVh_0wP6DIRSz-np9FKFUnwLDnKY_uHq, 2015-12-28.

[32] 百度百科. 物联网[EB/OL]. http://baike.baidu.com/view/1136308.htm, 2015-12-26.

[33] 百度百科.大数据分析[EB/OL]. http://baike.baidu.com/link?url= tDvJWODVU2tv2_FEU7TQSKBca7z7hryG3xpAb0V9Im5LQMFtOGbTYn5yEeQf1s3VBZk_SPmPYHqHqW77pp-Rjq, 2016-04-02.

[34] 北京市中小学数字校园. 成绩试卷分析系统[EB/OL]. http://www.bjszxy.cn/eportal/ui?pageId=458835&columnId=458105&articleKey=473336, 2016-01-08.

[35] 北京市中小学数字校园. 综合校情展示及辅助决策支持平台[EB/OL]. http://www.bjszxy.cn/eportal/ui?pageId=458835&columnId=458105&articleKey=474317, 2016-01-29.

[36] 北京语言智能协同研究院."批改网"百万同题英语写作数据报告（2015 中学版）[EB/OL]. http://www.docin.com/p-1320773110.html , 2016-01-12.

[37] 贝尔信. 学校综合视频监控解决方案[EB/OL]. http://project.21csp.com.cn/C181/201312/6092.html，2015-12-28.

[38] 畅言教育评价系统简介[EB/OL]. http://www.iflytek.com/content/details_205_1813.html，2016-01-17.

[39] 陈品德. 基于 Web 的适应性学习支持系统研究[D]. 广州: 华南师范大学，2003.

[40] 陈圣日. 基于多远评价理念的数字化校园应用体系的研究[EB/OL]. http://www.doc88.com/p-2146744089880.html, 2016-01-08.

[41] 陈圣日. 运用数据挖掘技术构建中学生数字化多元评价体系[D]. 上海: 复旦大学，2011.

[42] 大公教育.《中国农村教育发展报告 2015》在京发布: 农村教育面临严峻挑战[EB/OL]. http://edu.takungpao.com/360/q/2015/1221/3256852.html，2015-12-21.

[43] 代欣."大数据"环境下高校信息安全探索[J]. 信息技术与信息化，2015，(3): 12-13.

[44] 电子信息产业网. 法国探索公共数据开放良性发展新模式[EB/OL]. http://cyyw.cena.com.cn/2014-08/05/content_236397.htm，2016-02-01.

[45] 东方网. 信息平台消灭"小胖墩"运动手环监督小学生上体育课[EB/OL]. http://sh.eastday.com/m/20151129/u1a9117987.html，2016-02-01.

[46] 豆丁网. 北京市初中学生英语写作诊断数据分析报告[EB/OL]. http://www.docin.com/p-1509210094.html，2016-04-10.

[47] 段琼. 信息技术应用于聋校语文课程的研究[D]. 桂林：广西师范学院，2012.
[48] 多知网. 一起作业网[EB/OL]. http://www.duozhi.com/company/201508193720.shtml, 2016-01-18.
[49] 多知网. 猿题库[EB/OL]. http://www.duozhi.com/company/201503303035.shtml, 2016-01-18.
[50] 多知网. 作业帮[EB/OL]. http://www.duozhi.com/company/201508183716.shtml, 2016-01-18.
[51] 凤凰网资讯. 上海闵行中小学教育质量综合评价系统获国家鉴定[EB/OL]. http://news.ifeng.com/a/20151125/46386334_0.shtml，2016-01-17.
[52] 甘肃省教育网. 甘肃：依据“大数据”精准开展招生扶贫[EB/OL]. http://www.gsedu.cn/xinwzx/zonghxw/2015/06/11/1433987085922.html, 2016-01-30.
[53] 高凌飚，钟媚. 过程性评价：概念，范围与实施[J]. 上海教育科研，2006，(9): 12-14.
[54] 高凌飚. 关于“过程性评价”的思考[J]. 课程・教材・教法. 2006 (10): 15-19.
[55] 葛道凯，张少刚，魏顺平. 教育数据挖掘：方法与应用[M]. 北京：教育科学出版社，2012.
[56] 耿直. 大数据时代统计学面临的机遇与挑战[J]. 统计研究，2014 (1): 5-9.
[57] 顾建军. 浅析教育的双主体性特征[J]. 教育科学, 2000, (1): 1-5.
[58] 顾明远. 教育领域综合改革的宏观视野[J]. 教育研究, 2014, (6): 4-9.
[59] 顾小清，张进良，蔡慧英. 学习分析: 正在浮现中的数据技术[J]. 远程教育杂志，2012（1）：18-25.
[60] 管红增. 建构大数据实现个性化学习——玉环县城关一中学习分析系统建设案例[J]. 中国教育信息化，2015（5）：18-22.
[61] 贵阳大数据交易所. 2015 年中国大数据交易白皮书[EB/OL]. http://vdisk.weibo.com/s/qor9v_C_6_oZP/1432655114, 2016-01-11.
[62] 郭平，王可，罗阿理等. 大数据分析中的计算智能研究现状与展望[J]. 软件学报，2015（11）: 3010-3025.
[63] 国务院. 国务院关于印发促进大数据发展行动纲要的通知[EB/OL]. http://www.gov.cn/zhengce/content/2015-09/05/content_10137.htm，2015-12-18.
[64] 何玲，黎加厚. 促进学生深度学习[J]. 现代教学，2005（5）：29-30.
[65] 何燕，穗志方，段慧明等. 一种结合术语部件库的术语提取方法[J]. 计算机工程与应用，2006（33）：4-7.
[66] 虹口政协. “大数据”呈现上海小学教育“零起点”政策实效[EB/OL]. http://www.hkqzx.gov.cn/StaticArticle/150304/134848974.shtml，2015-12-26.
[67] 胡进. 我国义务教育阶段学校班额现状的研究[J]. 教学与管理，2014（12）: 56-59.

[68] 华西都市报. 电子科大研发“学生画像”谁会成“学霸学渣”可预测[EB/OL]. http://wccdaily.scol.com.cn/shtml/hxdsb/20150827/300210.shtml，2016-01-20.

[69] 记录成长呵护健康——“中国幼儿园在线？成长故事”功能简介[J]. 幼儿教育，2014（25）：50-51.

[70] 姜强，赵蔚，王朋娇，等 基于大数据的个性化自适应在线学习分析模型及实现[J]. 中国电化教育，2015（1）：85-92.

[71] 姜强，赵蔚，王朋娇. 基于 GALSRM 模型的自适应学习系统体系结构研究[J]. 现代远距离教育，2013（1）：71-77.

[72] 姜强，赵蔚. 面向“服务”视角下的自适应学习系统设计与实现[J]. 中国电化教育，2011（2）：119-124.

[73] 姜强. 自适应学习系统支持模型与实现机制研究[D]. 长春：东北师范大学，2012.

[74] 教育部. 成都青羊区探路义务教育质量评价改革——用大数据开学业诊断书[EB/OL].http://www.moe.gov.cn/jyb_xwfb/s5147/201505/t20150521_188355.html, 2016-01-21.

[75] 教育部. 大数据结合人工智能帮助学生学外语[EB/OL]. http://www.moe.gov.cn/jyb_xwfb/s5147/201406/t20140603_169691.html, 2016-01-12.

[76] 教育部. 大数据时代——海量考试信息如何为高招服务[EB/OL]. http://www.moe.gov.cn/jyb_xwfb/s5148/201403/t20140326_166228.html, 2016-01-30

[77] 教育部网站. 全国中小学生获得正式电子学籍号[EB/OL]. http://emic.moe.edu.cn/edoas2/emic/messageView.jsp?id=1423027791959257&searchValue= 学 籍 ，2015-12-25.

[78] 教育大数据研究所. 中小学应用——安全教育[EB/OL]. http://www.ebigdata.org/index.php?s=/Show/index/cid/18/id/4.html, 2016-01-01.

[79] 教育管理信息化建设与应用案例选登. 中国教育报[N]，2016-01-30.

[80] 教育中国. 成都师范附属小学：大数据背景下的教育管理样本[EB/OL]. http://edu.china.com.cn/live/2015-03/10/content_31732255.htm，2016-01-27.

[81] 金娣，王刚. 教育测量与评价[M]. 北京：教育科学出版社，2002.

[82] 句酷批改网：用机器批改作文的创业故事[EB/OL]. http://www.duozhi.com/company/20141124/2412.shtml，2016-01-12.

[83] 柯清超. 大数据与智慧教育[J]. 中国教育信息化，2013，(24): 8-10.

[84] 快乐学[EB/OL]. http://kuailexue.com/, 2016-01-08.

[85] 乐思软件. 乐思网络舆情监测系统[EB/OL]. http://www.knowlesys.cn/product_webmonitor_index.html, 2016-1-18.

[86] 李广文. 基于 Socket. IO 的互动教学即时反馈系统的设计与实现[J]. 中国现代教育装备，2012（18）：10-12.

[87] 李静．数据仓库中的数据粒度确定原则[J]．计算机与现代化，2007（2）：57-58+61．

[88] 李克强．播洒爱心放飞希望努力促进教育公平提升教育质量[J]．中国农村教育，2015（9）：1-1．

[89] 李明．面向招考信息的网络舆情系统设计与实现[D]．济南：山东师范大学，2015．

[90] 李学龙，龚海刚．大数据系统综述[J]．中国科学：信息科学，2015（1）：1-44．

[91] 梁伟潮．浅淡中学课堂反馈系统的推广与应用[J]．中小学电教：上，2012（7）：141-143．

[92] 刘博智，宋伟涛．大数据“导航”学生成长——上海闵行区的教育管理信息化变革[EB/OL]. http://www.jyb.cn/basc/sd/201403/t20140326_575420.html, 2015-12-26.

[93] 刘雍潜，杨现民．大数据时代区域教育均衡发展新思路[J]．电化教育研究，2014，(5)：11-14．

[94] 吕海燕，车晓伟．数据仓库中数据粒度的划分[J]．计算机工程与设计，2009(9)：2323-2325+2328．

[95] 孟薇薇．信息爆炸时代的新概念——大数据[J]．商品与质量，2012（9）: 9．

[96] 闵行区颛桥中心小学 MOODLE 平台[EB/OL]. http://moodle.zqxx.mhedu.sh.cn/moodle/，2015-12-28．

[97] 内蒙古师范大学教师教育研究中心．中心智能录播系统[EB/OL]. http://edu.imnu.edu.cn/n54c36.jsp, 2015-12-28.

[98] 区域教育质量检测支持平台[EB/OL]. http://www.eabnu.com/login, 2016-01-26.

[99] 人民网．教育部：目前我国教育规模位居世界首位 2.6 亿学生在校[EB/OL]. http://politics.people.com.cn/n/2013/1015/c1001-23206346.html, 2015-12-20.

[100] 日志易．日志易产品概述[EB/OL]. https://www.rizhiyi.com/products, 2015-12-28.

[101] 阮士桂，郑燕林．课堂数据可视化的价值与教学应用[J]．现代远程教育研究，2016（1）: 104-112．

[102] 上海市教育委员会．市教委关于 2013 年下半年区县教育工作补充意见[EB/OL]. http://www.shanghai.gov.cn/shanghai/node2314/node2319/node12344/u26ai36810.html, 2016-01-01.

[103] 上海市徐汇区科技幼儿园．科技幼儿园科探室：APP 解读幼儿科学探索行为[EB/OL]. http://www.kjyjjt.com/xiaoyuandongtai/tupianxinwen/2015-07-29/151.html, 2016-01-26.

[104] 史望颖，叶赛君．浙江宁波：用新兴信息技术打造智慧教育升级版[EB/OL]. http://www.jyb.cn/china/gnxw/201410/t20141029_602591.html, 2016-01-29.

[105] 数据挖掘算法[EB/OL]. https://msdn.microsoft.com/zh-cn/library/ms175595%28SQL.90%29.aspx，2016-03-01．

[106] 搜狐教育．大数据评估促进教育决策科学化[EB/OL]. http://learning.sohu.com/

20150805/n418249708.shtml，2016-01-18.

[107] 苏州新闻网. 苏城新生“大数据”从幼儿园到高中入学人数都在“涨”[EB/OL]. http://news.subaonet.com/2015/0430/1489561.shtml，2016-01-30.

[108] 孙立伟，何国辉，吴礼发. 网络爬虫技术的研究[J]. 电脑知识与技术，2010（15）：4112-4115.

[109] 唐斯斯，杨现民，单志广，等. 智慧教育与大数据[M]. 北京：科学出版社，2015.

[110] 万作芳，方晓东. 我国基础教育阶段班额现状及建议——基于 2001、2006、2010 年数据的分析[J]. 教学与管理，2014（30）：24-27.

[111] 王慧. 上海嘉定实小：数字化的十年故事[EB/OL]. http://www.aiweibang.com/yuedu/43504898.html, 2016-01-30.

[112] 王培顺. 互联网教育舆情监测系统的设计与实现[D]. 武汉：华中师范大学，2011.

[113] 网界网. PB 级数据究竟有多大？[EB/OL]. http://software.cnw.com.cn/software-database/htm2013/20130415_267665.shtml, 2015-12-17.

[114] 网奕资讯. IRS 即时反馈系统[EB/OL]. http://www.habook.com.tw/eTeaching/products.aspx?BookNo=IRS_01, 2016-01-05.

[115] 网奕资讯. 个性化学习诊断系统[EB/OL]. http://www.habook.com.tw/eteaching/habook_epaper/2014/20140227_OSS/20140227_OSS.htm, 2016-02-01.

[116] 网奕资讯. 自动网络阅卷系统在 TEAM Model 智慧教室的整合运用[EB/OL]. http://www.habook.com.tw/eteaching/habook_epaper/2014/20140227_OSS/20140227_OSS.htm，2016-01-05.

[117] 魏顺平. 教育数据的挖掘、分析、应用[J]. 中小学信息技术教育，2013(10):18-21.

[118] 吴维宁，高凌飚. 学业评价模式的初步研究[J]. 华南师范大学学报（社会科学版），2005（6）：107-112+160.

[119] 希嘉教育. 希嘉教育声誉监控系统[EB/OL]. http://www.witschools.com/case2.html, 2016-1-18.

[120] 孝感论坛. 幼儿园教职工配备标准[EB/OL]. http://www.xgbbs.com/thread-54102-1-1.html, 2015-12-17.

[121] 辛涛，胡平平. 我国国家基础教育质量监测新进展[N]. 中国教育报，2013-03-27（9）.

[122] 新浪新闻. 教育大数据产业[EB/OL]. http://news.sina.com.cn/o/2015-11-19/doc-ifxkwuxx1559954.shtml, 2016-01-20.

[123] 晏齐宏，杜智涛，付宏. 国内在线学习主要模式演化的知识图谱分析[J]. 中国远程教育，2015（9）：25-31

[124] 杨静，李文平，张健沛. 大数据典型相关分析的云模型方法[J]. 通信学报，2013（10）：121-134.

[125] 杨秋平. 网络舆情智能检测与分析系统的设计[J]. 电脑知识与技术，2011（4）：759-761.

[126] 杨现民，陈耀华. 信息时代智慧教育研究[M]. 上海：上海交通大学出版社，2013.

[127] 杨现民，王榴卉，唐斯斯. 教育大数据的应用模式与政策建议[J]. 电化教育研究，2015（9）：54-69.

[128] 杨现民. 信息时代智慧教育的内涵与特征[J]. 中国电化教育，2014（1）：29-34.

[129] 姚益龙. 有关教育与经济增长理论的文献综述[J]. 学术研究，2004（3）：32-36.

[130] 余胜泉. 适应性学习——远程教育发展的趋势[J]. 开放教育研究，2000（3）：12-15.

[131] 俞士汶. 计算语言学概论[M]. 北京：商务印书馆, 2003.

[132] 臧莺. 卢湾一中心小学："云手表"巧助学生成"运动达人"[EB/OL]. http://www.shedunews.com/zhuanti/xinwenzhuanti/2013expo/2013expo_qxld/2013/04/14/507213.html, 2015-12-01.

[133] 翟葆光. 用科技撬动臃肿传统的政府职能[EB/OL]. http://www.pingwest.com/crowdfunding-public-projects/, 2016-02-02.

[134] 翟博. 树立科学的教育均衡发展观[J]. 教育研究, 2008（1）: 3-9.

[135] 张剑平，陈仕品，张家华. 网络学习及其适应性学习支持系统研究[M]. 北京：科学出版社，2010.

[136] 张蕾，章毅. 大数据分析的无限深度神经网络方法[J]. 计算机研究与发展，2016（1）：68-79.

[137] 张鹏高，张生，李宣宣. 基于大数据的基础教育综合评价[EB/OL]. http://www.eachina.org.cn/xietong，2016-1-20.

[138] 张升平. 数字化校园之校园一卡通的建设[J]. 重庆工商大学学报（自然科学版）, 2008（1）: 56-59.

[139] 张生."互联网+"时代 我们需要什么样的教育评价[J]. 中小学信息技术教育，2015（12）：16-18.

[140] 张渝江. 大数据时代，如何赢得教育的未来? [J]. 上海教育, 2013（17）：16-21

[141] 张月玲，李延晓. 基于云计算与物联网的智能后勤系统设计[J]. 计算机科学，2012（1）：212-213.

[142] 张韫. 大数据改变教育[J]. 上海教育，2013（4）：8-11.

[143] 张振虹，刘文，韩智. 学习仪表盘:大数据时代的新型学习支持工具[J]. 现代远程教育研究，2014（3）:100-107.

[144] 赵力，黄程韦. 实用语音情感识别中的若干关键技术[J]. 数据采集与处理，2014（2）：157-170.

[145] 郑燕林，柳海民. 大数据在美国教育评价中的应用路径分析[J]. 中国电化教育，2015（7）：25-31.

[146] 中国电信浙江公司. 天翼助力信息化应用——智慧校园整体解决方案[R]. 浙江: 中国电信浙江公司，2012.

[147] 中国供应商. 学生学业质量监测与评价体系[EB/OL]. http://www.china.cn/jiaoyujiaoxueruanj/1731547473.html, 2016-01-17.

[148] 中国基础教育质量监测协同创新中心. 中国义务教育质量地图系统 [EB/OL]. http://www.eachina.org.cn/xietong/decision/中国基础教育质量地图系统-2, 2015-12-26.

[149] 中国教育部. 国家教育管理信息系统建设总体方案[EB/OL]. http://www.ict.edu.cn/uploadfile/2013/0807/20130807034638675.doc, 2015-12-02.

[150] 中国教育新闻网. 打造国家教育科学决策服务系统[EB/OL]. http://www.jyb.cn/china/gnxw/201503/t20150320_616495.html, 2016-01-18.

[151] 中国教育新闻网. 大数据“导航”学生成长: 上海闵行区的教育管理信息化变革政策实效[EB/OL]. http://www.jyb.cn/basc/sd/201403/t20140326_575420.html, 2016-01-26.

[152] 中国教育在线. 2015年基础教育发展调查报告[EB/OL]. http://www.eol.cn/html/jijiao/report/2015/pc/index.html, 2015-12-21.

[153] 中国教育装备采购网. 闵行第二中学构建数字化校园侧记[EB/OL]. http://www.caigou.com.cn/News/Detail/192905.shtml, 2016-02-01.

[154] 中国教育装备采购网. 智慧课堂在丰台区师范学校附属小学的创新应用[EB/OL]. http://www.caigou.com.cn/News/Detail/141485.shtml, 2016-01-14.

[155] 中国系统集成网. 学生学业评价系统[EB/OL]. http://www.xtjc.com/product/201101/21-5485.html, 2016-01-17.

[156] 中国校长网. 大数据告诉你 2014 年江苏教育经费用在了哪儿[EB/OL]. http://www.zgxzw.com/news/html/197724.html, 2016-01-28.

[157] 中国新闻网. 北师大推出首个“教育评价云平台”[EB/OL]. http://www.chinanews.com/edu/2014/04-08/6039862.shtml, 2016-01-17.

[158] 中科文讯科技. 校园检测方案[EB/OL]. http://www.bicount.com/index.php?ac=article&at=read&did=74，2015-12-28.

[159] 钟婉娟, 杨润勇. 论区域教育政策制定[J]. 教育科学，2003（6）: 31-34.

[160] 周琦. 树立科学的学校发展性评价体系，促进学校内涵发展[EB/OL]. http://www.bjkecheng.cn/news_9465.html, 2016-01-26.

[161] 周伟涛. 教学信息化应用的基层样本[N]. 中国教育报，2015-06-11(008).

[162] 纵向数据系统[EB/OL]. https://slds.ndcloud.gov/SitePages/Default.aspx, 2016-01-18.

[163] 邹承明. 课堂教学行为大数据助力教师的专业学习[EB/OL]. http://www.etkeylab.com/Article/ShowArticle.asp?ArticleID=762, 2016-01-29.

[164] 刘兰，闫永君. 澳大利亚公共服务大数据战略研究[J]. 图书馆学研究，2014（5）:47-51.

[165] 中云网．日本：用大数据创建最尖端 IT 国家[EB/OL]. http://www.china-cloud.com/dashujuzhongguo/disanqi/2014/0114/22689.html, 2016-04-25.

[166] 廖瑾. 来自“智慧首尔 2015”的启示[J]. 上海信息化, 2012（1）:21-23.

[167] 魏顺平. Moodle 平台数据挖掘研究——以一门在线培训课程学习过程分析为例[J]. 中国远程教育，2011（1）:24-30.

[168] 魏顺平，韩艳辉，王丽娜．基于学习过程数据挖掘与分析的在线教学反思研究[J]. 现代教育技术，2015（6）:89-95.

[169] 梁振辉．高职院校学生在线学习特点及其影响因素研究[J]. 中国职业技术教育，2015（26）:5-14.

[170] Lori Breslow, David E. Pritchard, Jennifer DeBoer, Glenda S. Stump, Andrew D. Ho and Daniel T. Seaton. Studying Learning in the Worldwide Classroom Research into edX’s First MOOC. Research & Practice in Assessment, special summer 2013 issue.